감사합니다, 잊지 않겠습니다

한 권으로 읽는 유엔 참전국 이야기

Thank you, we remember you

The History of the UN Allied Nations read in one volume

글·황인희 / 사진·윤상구 / 번역·유엔평화기념관 유엔평화지속발전연구소
Written by Hwang In-hee / Photograpy·Yoon Sang-koo /
Translated by UN Peace Memorial Hall's Sustainable Development Institute (UNPMSDI)

YANG 양문 MOON

감사합니다, 잊지 않겠습니다
한 권으로 읽는 유엔 참전국 이야기

Thank you, we remember you
The History of the UN Allied Nations read in one volume

발행일 | 2022년 11월 11일

글 | 황인희
사진 | 윤상구
번역 | 유엔평화기념관 유엔평화지속발전연구소
펴낸이 | 김현중
디자인 | 박정미
책임 편집 | 황인희
관리 | 위영희

펴낸 곳 | ㈜양문
주소 | 01405 서울 도봉구 노해로 341, 902호(창동 신원베르텔)
전화 | 02-742-2563
팩스 | 02-742-2566
이메일 | ymbook@nate.com
출판 등록 | 1996년 8월 7일(제1-1975호)

ISBN 978-89-94025-91-9 03300

UN평화기념관

이 QR코드에 접속하면 유엔평화기념관 홈페이지로 연결되어 각 나라 참전 기념비를 촬영한 더 많은 사진과 국가가 담긴 동영상을 볼 수 있습니다.

Access this QR code and you will be connected to the website of the UN Peace Memorial Hall, where you can view more photos and videos of each combatant's war memorial.

이 책의 내용은 글로벌 시대에 걸맞게 한국어와 영어로 구성되어 있습니다. 이제 세계 여러 나라 사람들은 이 책을 읽고 대한민국을 오늘에 이르게 한 고마운 친구들에 대해 알게 될 것입니다. 또한 대한민국 국민이 그 친구들을 기억하고 감사하고 있음도 알게 되기 바랍니다. 그럼으로써 자유를 지키려는 마음에 세계인 모두 공감하기를 기대합니다.

In an age of globalization, the contents of this book consist of two versions, both in Korean and English. Now people from all over the world will read this book and learn about the grateful friends who made the Republic of Korea what it is today. I also hope they will know that the Korean people all remember and appreciate them. In doing so, I anticipate the whole world will sympathize with the desire to protect freedom.

Contents

추천사 ·· 6
Word of recommendation • 8

대한민국 젊은이에게 ·························· 10
To the next generations of Korea • 12

6·25전쟁 참전 용사들께 보내는 편지 ········· 14
A letter to the veterans of the Korean War • 16

1. 에티오피아 ······································ 18
1. Ethiopia • 30

2. 남아프리카공화국 ·························· 40
2. Republic of South Africa • 51

3. 그리스 ··· 60
3. Greece • 68

4. 프랑스 ··· 74
4. France • 83

5·6. 벨기에와 룩셈부르크 ················· 90
5·6. Belgium and Luxembourg • 97

7. 네덜란드 ·· 102
7. Netherlands • 110

8. 영국 ·· 116
8. United Kingdom • 129

9. 튀르키예 ··· 140

　9. Turkiye • 150

10. 필리핀 ··· 158

　10. Philippines • 167

11. 태국 ··· 174

　11. Thailand • 184

12. 오스트레일리아 ··· 192

　12. Australia • 200

13. 뉴질랜드 ··· 206

　13. New Zealand • 212

14. 캐나다 ··· 216

　14. Canada • 224

15. 콜롬비아 ··· 230

　15. Colombia • 237

16. 미국 ··· 242

　16. The United States of America • 264

의료지원국 ··· 282

　Medical Support Countries • 295

유엔 ··· 306

　United Nations • 313

추천사

우리 대한민국은 유엔의 도움을 받아 1948년 8월 15일, 자유민주주의 정부를 수립하였습니다. 또 공산 집단의 침략으로 나라가 위기에 처했을 때도 유엔의 깃발 아래 달려와 준 유엔군의 도움으로 자유를 지키고, 평화를 유지할 수 있었습니다.

세계 유일의 유엔군 묘지인 유엔기념공원이 내려다보이는 홍곡산 기슭에 세워진 유엔평화기념관은 6·25전쟁 당시 잘 알지도 못했던 나라, 만난 적도 없었던 국민의 자유와 평화를 지켰던 유엔 참전 용사와 유엔 참전국을 알리기 위해 2014년부터 꾸준히 힘써왔습니다. 즉, 유엔 참전 용사의 명예를 선양하고 유엔 참전국과의 우호를 증진하기 위해 일하고 있는 것입니다.

이러한 유엔평화기념관의 노력에 큰 힘이 되어줄 책이 출간되어 얼마나 다행스러운지 모르겠습니다. 특히 이번에 출간되는 〈감사합니다, 잊지 않겠습니다-한 권으로 읽는 유엔 참전국 이야기〉는 6·25전쟁을 제대로 알리고자 심혈을 기울여온 윤상구·황인희 부부 작가께서 전국에 산재한 참전국 기념비를 찾아다니며 사진을 찍고 취재하여 글을 써서, 한·영 합본으로 만든 귀중한 책입니다.

정부 기관이나 관련 단체에서도 이루기 쉽지 않은 일을 부부 작가께서는 각고의 노력으로 우리나라와 세계의 젊은이들이 유엔헌장에 나와 있는 국제 평화와 안전을 지키기 위한 유엔군의 참전 의미를 이해토록 하셨습니다. 참전국과 참전 용사에 대한 기억과 감사의 마음을 갖도록 하는 동시에, 정전협정 체결 70주년을 앞두고 있는 시점에서 세계 평화를 위해 기여토록 하는 마음을 길러주고자 큰 업적을 이룬 것입니다.

많은 젊은이가 이 책을 읽고, "유엔 참전국은 어떤 나라들이며, 유엔 참전 용사는 6·25전쟁 때 어디에서 우리나라와 소중한 인연을 맺었는지" 고마운 나라와 참전 용사들의 고귀한 희생의 뜻을 되새기며, 보다 평화로운 세계 만들기에 주요한 역할을 하는 인재들로 거듭나길 기대합니다.

귀한 책을 만들어 주신 두 분 작가님, 그리고 함께 일해 주신 모든 관계자 분께 다시 한번 감사의 말씀을 드립니다.

유엔평화기념관장

박종왕

Word of recommendation

Republic of Korea established a liberal and democratic government on August 15, 1948 with the help of the United Nations. Even when the country was in crisis due to aggression by communist North Korea, with the help of the United Nations forces that ran under the flag of the United Nations, was able to keep freedom and peace.

The United Nations Peace Memorial, built at the foot of Mt. Honggok overlooking the UN Memorial Cemetery in Korea- the only UN Cemetery Park in the world, has been working steadily since 2014 to inform the sacrifice of UN veterans and countries that participated in the Korean war, who kept the freedom and peace of the people they had never met, a country they did not know well. In other words, the UNPM is working to enhance the honor of UN veterans and to strengthen friendship with those countries and veterans.

I can't tell you how fortunate I am because this book could be great help for one of the UNPM efforts. This book, <Thank you, we remember you. - The History of the UN Allied Countries read in one volume> is an easy-to-read article written by a couple writer Yoon Sang-koo and Hwang In-hee, who have worked hard to properly inform the Korean War. This is a valuable book written in a Korean-English combination in size. In order to write this book, Yoon Sang-koo and Hwang In-hee visited each of the UN monuments of the Korean War scattered across the country, took photos, reported, and wrote.

Even though it is not easy for government agencies or related organizations to make the global youth understand the importance of the international peace and safety listed in the UN Charter, the couple writer did it through their own efforts.

They made a miracle achievement that let people remind sacrifice and service of the UN allied nations and veterans in the Korean War, at the time of the 70th anniversary of the armistice agreement.

So, I expect that many young people will read this book and learn 'what countries are the UN allied nations and where and how the UN forces fought against communists during the Korean War.' And I also hope that they 'youths' will be reborn as talented people who play a major role in creating a more peaceful world, reflecting on the noble sacrifices of the countries and veterans.

Once again, I would like to express my gratitude to the two authors who made this invaluable book and to those involved in working with them.

Park Jong-wang, Director of the UN Peace Memorial Hall

대한민국 젊은이에게

우리 대한민국은 유엔의 도움으로 세워진 나라입니다. 또 한반도에 단 하나밖에 없는 합법적인 국가로 유엔이 인정한 나라입니다. 그에 비해 북한은 유엔의 승인을 받지 못한, 불법 단체에 지나지 않지요. 그런 북한이, 1950년 6월 25일 대한민국을 침략한 것은 유엔의 권위에 대한 도전으로 여겨졌습니다. 곧바로 유엔은 '세계 평화와 한반도의 자유를 보장하기 위해 공동 행동'을 하기로 결의했습니다. 유엔 결의에 뜻을 같이 한 16개 나라는 전투 부대를, 여섯 나라는 의료지원단을 보냈고, 38개 나라는 물자를 지원했지요. 이들 덕분에 우리 대한민국은, 공산주의자들에 의해 나라가 없어질 뻔한 위기에서 벗어날 수 있었습니다.

물론 이 일은 70년도 더 된, 저도 태어나기 전에 일어난 일입니다. 그런 오래 전의 일에 대해 이렇게 책으로 만든 이유는 세 가지입니다.

첫째, 우리는 몇 번이라도 이 이야기를 나누고 감사의 마음을 되새겨야 하기 때문입니다. 6·25전쟁 때 유엔군이 우리를 도와주지 않았다면 우리 대한민국은 지금 지구상에 남아 있지 않을 가능성이 큽니다. 우리가 대한민국 국민으로 사는 한, 아무리 세월이 흘러도 이들 참전국과 참전 용사들의 이야기는 절대 잊어서는 안 됩니다. 우리가 몸 담고 있는 자유 대한민국은 그들이 구해낸 나라이고 우리는 그 대한민국의 빛나는 번영을 함께 누리고 있기 때문입니다.

둘째, 6·25전쟁 때 어떤 나라가 와서 어떤 도움을 주었는지 여러분께 좀더 자세히 들려주고 싶어서입니다. 우리는 참전국에 대해 잘 알지 못하는데, 무엇에 감사해야 하는지 제대로 모르는 채 감사의 마음을 갖기는 어렵지요.

셋째, 우리를 도와준 그들에게 감사의 마음을 어떻게 전달할지 함께 생각해보기 위해서입니다. 전쟁이 끝난 후 우리나라는 피해를 복구하고 가난에서 벗어나고자 힘든 세월을 겪었습니다. 그러느라 감사의 뜻을 표현할 겨를도 없었어요. 그러나 이제는 선진국이 된 우리나라가 그들에게 감사하는 마음을 제대로 전해야 할 것입니다.

참전국들은 3년 동안 우리 땅에서 수많은 전투를 치르고 수많은 작전을 수행했습니다. 이 책에는 참전한 나라와 그 나라 군대가 참여했던 전투 및 작전 중 인상적인 부분만을 소개합니다. 또 전국에 흩어져 있는 6·25전쟁 전적비와 참전비 중 각 나라의 대표적인 참전기념비의 정보를 소개했습니다.

저는 여러분이 이 책을 통해 참전국과 참전 용사들에 대해 큰 관심을 갖게 되기를 바랍니다. 이 책을 읽고, 혹은 이 책을 들고 여러분이 전국에 있는 참전비를 찾아가 그들을 기억하고 그 고마움을 되새기는 기회로 삼기를 바랍니다. 그런 활동이 감사의 마음을 표시하는 첫걸음이 될 테니까요. 무엇보다 이 나라의 미래를 이끌어나갈 젊은 여러분의 마음속에 참전국과 참전 용사들에 대한 감사의 마음이 늘 자리 잡기 바랍니다. 또 그들처럼 남을 돕는 일이 얼마나 아름답고 숭고한지 깨달아 여러분도 이를 실천할 수 있게 되기를 바랍니다.

끝으로 이 책이 발간되기까지 영문 번역 등 많은 도움을 주신 유엔평화기념관 박종왕 관장님과 최태영 박사님 외 관계자들, 흔쾌히 이 책을 발간해주신 도서출판 양문 김현중 대표, 함께 취재하며 멋진 사진과 동영상을 찍고 편집해준 윤상구 작가께 감사의 인사를 드립니다. 감사합니다.

2022년 10월

황인희

To the next generations of Korea

Republic of Korea was founded with the help of the United Nations. It is also the only legitimate country that is recognized by the United Nations on the Korean Peninsula. On the contrary, North Korea is nothing but an illegal organization that receives no endorsement from the United Nations. North Korea's invasion of South Korea on June 25th 1950 was considered a head-on confrontation to what United Nations stand for, and to its authority that allows it to mediate peace on Earth. United Nations reacted immediately to the Korean War by approving a resolution of 'a joint action to ensure world peace and freedom on the Korean Peninsula.' Among those countries who agreed with the UN resolution, 16 countries sent combat troops, 6 countries sent medical support groups, and 38 countries provided supplies. Thanks to them, Korea was able to get out of the crisis that almost destroyed the country by the communists.

This happened a long time ago; more than 70 years. Why did then I write a book about an event that happened even before I was born? There are three reasons:

First, we need to share this story as many times as we can and reflect on our gratitude. If the UN forces did not help us during the Korean War, there is a very high probability that Republic of Korea does not exist on Earth today. As long as we live as citizens of the Republic of Korea, no matter how many years pass, we must never forget the stories of these countries and veterans. The liberal country where we live today was saved by those who fought and died for us, and thanks to them, we survived and later went on to build a prosperous nation that we enjoy today.

Second, it is my wish to tell you in more detail about these countries that came: who they were, what they provided, and how they fought during Korean War. It is difficult to reflect on our gratitude without knowing what to be thankful for.

Third, to think together about how to express our gratitude to those who have helped us. After the war, our country went through difficult years to recover from damage and to get out of poverty. There was no time to think about and express our gratitude. But now that Republic of Korea is a developed country, we are at a position to properly convey our gratitude to those who helped us during one of our most difficult times.

The combatants fought and performed numerous battles and operations during the three-years of the war. This book describes only a few that represent the most memorable parts of the wars fought by the UN force. Additionally, this book also gives information on the main monuments of the Korean War that can be found in different regions of South Korea.

I hope that this book will inspire a great interest in the combatants and veterans for the Korean War. I hope that after reading this book, or with this book in your hand, you will visit the monuments and memorials of Korean War and its veterans and take an opportunity to reflect on our gratitude to them. This can be your first step to say thank you to them. Most of all, it is my hope that gratitude towards those who helped us can stay strong within the heart of our young people who will lead the future of this country. Furthermore, I hope you will realize how beautiful and noble it is to help others and that you will act on behalf of this realization, like those who helped us.

Finally, I would like to thank Park Jong-wang, director of the UN Peace Memorial Hall and other officials who supported the publication of this book in many ways, including the translation of this book to English, and thank Kim Hyun-jung, CEO of Yangmoon Publishing, who willingly agreed to publish this book. And I would like to especially thank photographer Yoon Sang-koo who covered and edited the wonderful photos and videos together. Thank you very much.

October, 2022
Hwang In-hee

6·25전쟁 참전 용사들께 보내는 편지

저는 6·25전쟁이 일어난 지 한참 후 태어난 대한민국 젊은이입니다. 전쟁에 대해 관심도 없었으며 공부조차 제대로 하지 않았지요. 그런데 몇 년 전 튀르키예로 여행 갔다가 거리에서 우연히 참전 용사를 만났습니다. 그분은 6·25전쟁 때의 공로를 기리는 훈장을 가슴에 달고 계셨어요. 저에게 그 훈장을 자랑스럽게 보여주셨고 낯선 외국인인 저를 친구처럼 아주 따뜻하게 대해주셨습니다. 정작 잊지 않고 고마워해야 할 사람은 저인데 튀르키예의 참전 용사는 한국인인 저에게 먼저 손을 내밀어주셨고 저와의 만남을 무척 반가워하셨습니다. 그때 저는 참전 용사들이, 우리가 고통당할 때 먼길 달려와 도와주었고 여전히 한국을 기억하고 있는 진정한 '한국의 친구'임을 실감했습니다.

저는 이 책을 펴내기 위한 답사와 취재에 부모님과 계속 동행했습니다. 이번에 가장 절실하게 느낀 것은 6·25전쟁이 '한국만의 전쟁'이 아니었다는 점입니다. 물론 이 전쟁은 한국 땅에서 일어났고 한국은 아직 전쟁이 끝나지 않은, 여전히 분단된 나라로 남아 있습니다. 하지만 위기에 처한 한국과 절망에 빠진 한국인들을 위해 여러 나라와 그 나라의 장병들이 우리 편이 되어주었기에 한국만의 외로운 전쟁을 치른 것은 아닙니다. 함께 적과 맞서줄 '우리 편'이 있다는 것은 정말 큰 힘이 되고 감사한 일이니까요.

참전 용사들은 한국이 지구상 어디에 위치하는지, 그 땅에 어떤 사람들이 사는지 몰랐을 수도 있습니다. 그러나 참전 용사들은 한국과 한국인을 위해

목숨을 바쳤지요. 몇 대에 걸쳐서도 다 갚을 수 없을 정도로 커다란 도움을
준 참전국 영웅들께 감히 말씀드리고 싶습니다.

"참전을 결정한 나라들과 여러분의 도움으로 내가 이 나라에 태어날 수 있
었고 지금 가족과 행복하고 안전한 삶을 살고 있습니다. 한국인들은 여러분
의 희생과 헌신을 백 년, 천 년이 지나도 절대 잊지 않을 것입니다. 아니, 잊지
못할 것입니다. 어떻게 해도 우리의 감사 인사가 부족하다는 걸 알지만 다시
한번 감사 인사를 드립니다. 감사합니다. 여러분은 영웅입니다."

윤해인 / 취재 동행

A letter to the veterans of the Korean War

I am a young Korean born long after the Korean War. I had no interest in this war and had never studied it properly. But a few years ago, on a trip to Turkiye, I met a Korean war veteran on a street by chance. He was wearing a medal that commemorates his service during the Korean War. He proudly showed me the medal and treated me, a foreign stranger, very warmly like a friend. I am the one who should remember people like him and be grateful, but this veteran from Turkiye reached out to me first and he was very pleased to meet me. It was then that I realized that the veterans were the true 'friends of Koreans' who came to help us when we were in a crisis and who still remember Korea.

I was always with my parents during the expeditions and investigations to publish this book. What I felt most strongly during this time was that Korean War was not just a 'Korean' war. Of course, the war took place on Korean soil, and Korea remains a divided country, where the war has not ended yet. However, thanks to all those countries and their troops that fought for Koreans who were in despair, it was not a lonely war for Korea. Having 'allies' who can fight against the enemies together is an insurmountable support, and something to be really grateful for.

The veterans, they might have not known where the Korea is located, and who lived in this country. However, they dedicated their lives for Korea and its people. We cannot possibly pay this help back, even through multiple generations. I can only express my sincere gratitude towards all combatants and their veterans, the heroes.

"I was born in this country, thanks to you, all those who were part of Korean War, and thanks to you, I am living a happy and a safe life with my family. Korean people will never forget your sacrifice for the next hundreds, thousands years. No, we will never be able to forget it. I know nothing can be sufficient to express my gratitude, but I want to say it again. Thank you. You are our heroes."

Yoon Hae-in / accompanying reporter

에티오피아 참전 기념비
Korean War Monument for Ethiopia

1. 에티오피아

자신들의 아픈 체험을 헌신으로 승화

6·25전쟁 때 아프리카에서 군대를 보내온 나라는 에티오피아와 남아프리카공화국, 두 나라입니다. 그중 에티오피아는 아프리카에서 가장 오래된 독립국입니다. 또 지금까지 발견된 것 중 가장 오래된 인류 화석 루시의 고향이기도 하지요. 나라 크기는 한반도의 다섯 배인데 국토의 많은 부분이 해발 2,000m가 넘는 고원 지대에 자리하고 있습니다. 낮은 지대는 기온과 습도가 높은 열대 기후이지만 고산 지대는 1년 내내 쾌적한 날씨가 계속되고 곳곳에 그림 같은 호수와 아름다운 계곡이 펼쳐져 있지요.

에티오피아는 1935년 10월부터 1941년 5월까지 이탈리아로부터 침공당한 아픈 역사를 가지고 있습니다. 이탈리아는 비행기로 독가스 뿌렸고 그 때문에 많은 에티오피아 사람과 가축이 죽고 나무와 풀들은 말라버렸어요. 에티오피아는 국제연합(유엔)처럼 세계 평화를 지키기 위해 만들어졌던 국제연맹에 도움을 청했습니다. 그러나 국제연맹을 비롯한 국제 사회는 에티오피아를 돕지 않았어요. 결국 에티오피아는 6년 동안 외세의 지배를 받았고 하일레 셀라시에 황제는 외국으로 망명하여 독립운동을 펼쳐야 했습니다. 이때 셀라시에 황제는 한 나라가 위기에 빠졌을 때 다른 나라들이 함께 돕는 일이 얼마나 중요한지 뼈저리게 느끼게 되었습니다. 그래서 한국에서 전쟁이 일어난 지 열흘도 안 된 1950년 7월 2일, 에티오피아는 "유엔의 결의를 적극적으로 지지한다"라는 성명을 공식적으로 발표했지요. 그리고 8월 중순 1개 보병 대대 규모인 1,200여 명을 파병하기로 결정했습니다.

하지만 그때 에티오피아에는 군대가 제대로 없었습니다. 제2차 세계대전 때 이탈리아 군대에 의해서 무장 해제를 당했기 때문이에요. 셀라시에 황제는 자신을 지키기 위해 조직된 황실근위대에서 병사를 뽑기로 했습니다. 엘리트 교육을 받은 근위대 병사들에게 파병군 모집 공고를 내니 병사들은 앞다투어 지원했습니다. 치열한 경쟁을 뚫고 선발된 에티오피아 군인들은 영국군 교관으로부터 전투 훈련을 받았습니다. 그들은 "훈련 때 쏟는 땀 한 방울이 실전에서 피 한 동이를 구한다"라는 생각으로 열심히 훈련에 임했습니다. 셀라시에 황제는 그들의 부대에 '각뉴'라는 이름을 지어주었어요. '각뉴'는 에티오피아어로 '혼돈에서 질서를 찾는다' 혹은 '격파하라'라는 뜻입니다. 훈련을 마친 에티오피아군은 1951년 4월 16일 동아프리카의 지부티 항구를 떠나 5월 6일 부산항에 도착했습니다. 다시 6주 동안 한국 지형에 적응하는 훈련을 받은 에티오피아군은 미 제7사단 제32연대 제4대대에 배속되었습니다.

각뉴부대의 용맹성 알린 적근산 전투

에티오피아 각뉴부대의 첫 전투는 1951년 8월, 화천군 적근산 전방 최전선에서 벌어졌습니다. 1,073m의 적근산은 전략적으로 매우 중요한 곳이었기 때문에 공산군은 이 고지를 빼앗으려 쉴 새 없이 공격해왔지요. 처음에는 각뉴부대에 정찰 임무가 주어졌습니다. 아직 그들의 전투 능력을 알 수 없을 때였습니다. 8월 14일 오후 각뉴부대 제1소대는 정찰 후 각기 숨어서 적의 접근을 기다렸습니다. 에티오피아 병사들은 '고양이 눈'이라는 별명을 얻을 만큼 밤눈이 밝았습니다. 하지만 적이 꼼짝도 하지 않았기 때문에 적의 위치를 알 수 없었어요. 자정이 지나도 움직이지 않던 적은 다음 날 새벽, 숨어 있는 소대를 발견하고 박격포탄을 엄청나게 많이 쏘아댔습니다. 심지어 한 무리의 공산군이 제1소대를 기습 공격하였지요.

에티오피아군 참전 기념비에 새겨진 '황금 사자' 조형물 / The 'Golden Lion' is engraved on the monument to the participation of the Ethiopian Army

　그 공격으로 각뉴부대의 피가르 일병이 전사했습니다. 에티오피아군의 첫 희생자였습니다. 이 광경을 본 기파르 피탈라 일병이 달려가 피가르의 시신을 들쳐 업고 50여m를 달렸습니다. 전우의 시신을 안전한 곳으로 옮긴 기파르 일병은 달려드는 적을 향해 자동 소총을 퍼부었어요. 혼자서 수십 명의 적을 무찌르는 기파르 일병의 기세에 놀란 공산군은 조금씩 흩어지기 시작했습니다. 제1소대는 적과 네 시간 동안 맞붙어 싸운 끝에 30여 명을 사살하고 적의 포위망을 뚫은 뒤 진지로 돌아왔습니다. 전사한 피가르 일병의 시신도 옮겨왔고요. 에티오피아 병사들의 용맹성과 활약을 지켜본 미 제7사단은 각뉴부대를 전투에 적극 활용하기로 결정했습니다. 각뉴부대의 능력을 인정한 것이지요.

참전 기념비에 새겨진 인명 피해 현황과 전투 지역
The status of casualties and battle areas engraved on
the monument

9월 12일에 펼친 수색 작전에서 각뉴부대는 단결과 희생 정신의 참 모습을 보여주었습니다.

이날 새벽 제1중대 제3소대는 700고지 부근으로 수색을 나섰다가 두 시간만에 적과 마주쳤습니다. 제3소대는 적과 치열하게 싸워 '악마고지'를 점령했어요. 그러나 고지 뒤에는 수많은 중공군이 숨어 있었습니다. 바닷물이 밀려오는 듯 병사 수가 많았던 중공군은 제3소대가 꼼짝할 수 없도록 겹겹이 포위했습니다. 제3소대는 전멸할 위기에 처한 거지요. 이때 각뉴부대의 기관총 사수 레마 마루 일병이 혼자서 높은 지대로 달려가 총을 쏘기 시작했습니다. 예상치 못한 총격이 높은 곳에서 쏟아지자 중공군은 순식간에 혼란에 빠졌어요. 이때 제2소대가 도착하여 박격포를 쏜 덕분에 제3소대는 포위를 뚫을 수 있었습니다.

그렇게 제3소대가 철수를 시작했는데도 마루 일병은 끝까지 고지에 남았습니다. 중공군들이 계속 몰려들어 다시 포위될 위기에 처한 소대를 구하기 위해서였어요. 적에게 기관총을 쏘며 다른 소대원의 철수를 돕던 마루 일병은 그곳에서 전사했습니다. 마루 일병은 죽는 순간까지 기관총을 놓지 않았답니다. 마루 일병은 '하나는 전체를 위하여, 전체는 하나를 위하여'라는 에티오피아 군인들의 각오를 실제로 보여준 것입니다.

각뉴부대는 그 후로도 여러 전투에서 용맹함을 보여주었습니다. 1951년 9월 21일에는 제1중대가 602고지를 공격하고 있었습니다. 적의 강한 저항으로 시간만 자꾸 흐르자 중대장 테페라 대위는 두 손에 수류탄을 들고 앞장 서서 돌격을 명령했습니다. 중대장이 부상할 정도로 치열하게 싸웠지만 고지를 점령하는 데는 실패했어요. 대대장은 제1중대 대신 다른 중대를 보내려 했습니다. 하지만 제1중대원들은 고지 점령은 자신들이 꼭 해야 한다며 마저 싸울 수 있도록 간곡히 요청했습니다. 제1중대는 적의 진지로 돌격해 들어갔고 고지 정상 부근에서는 치열한 백병전이 벌어졌지요. 백병전은 칼 등 각자 몸에 지닌 기본 무기만 가지고 몸을 부딪쳐 싸우는 전투입니다. 결국 제1중대는 고지를 점령하여 적의 모든 시설물을 파괴하고 본부로 돌아왔습니다.

폭탄도 두려워하지 않는 용맹함

에티오피아의 각뉴부대원들은 폭탄도 두려워하지 않는, 정말 몸을 사리지 않는 용감한 군인들이었습니다. 1952년 10월 23일에는 각뉴부대의 구리라트 알베랄 소위가 맡은 계곡으로 중공군이 개미 떼처럼 몰려왔습니다. 적의 박격포 공격이 있은 지 20분 만이었어요. 에티오피아 전사들은 중공군이 130m 앞까지 다가오기를 기다렸습니다. 적이 가까이 오자 각뉴부대는 그제야 자동 소총으로 공격했습니다. 중공군은 속수무책으로 총에 맞아 쓰러졌습니다. 하지만 더 많은 중공군이 시체를 넘고 넘어 몰려왔습니다. 쓰러뜨려도 쓰러뜨려도 계속 몰려오는 적을 대할 때 얼마나 두려웠을지 상상하기도 어렵지요. 구리라트 소위는 총에 맞아 중상을 입었지만 끝까지 자리를 지켰습니다. 하지만 피를 많이 흘려 끝내 전사하고 말았어요. 대대장 아스포 중령은 총탄을 피해 참호들을 뛰어다니며 부하들이 사기를 잃지 않도록 독려했습니다. 그럼에도 끝없이 쏟아져 나오는 중공군에 각뉴부대의 전선은 무너질 위기에 처했습니다.

그때 아스포 중령은 미군 포병 부대에 지원을 요청했습니다. 포격할 지점

에티오피아 참전 기념관 / Korean War Museum for Ethiopia

을 알려주는데 그곳은 에티오피아군 25m 앞이었습니다. 그 명령을 받은 미군 포병들은 깜짝 놀랐습니다. 원래 폭격 지점은 아군으로부터 70m 거리를 유지해야 했기 때문이에요. 에티오피아 병사들의 피해가 클까 염려한 미군 포병들은 포 쏘는 것을 주저했습니다. 그러자 아스포 중령은 크게 화를 내며 빨리 포를 쏘라고 다시 명령했습니다. 자신도 그 포격에 목숨을 잃을 수 있는데도 말이지요. 결국 미군 포병들은 각뉴부대의 25m 앞에까지 포를 쏘았습니다. 자신을 희생할 각오로 위험을 무릅쓴 각뉴부대 장병들의 결단으로 중공군을 막아낼 수 있었던 것입니다.

그렇게 용감하고 강인한 각뉴부대원들에게도 이겨내기 힘든 적이 있었습니다. 그것은 우리나라의 혹독한 겨울 추위였습니다. 에티오피아의 고원이 서늘한 기온을 유지한다고 해도 연중 평균 기온은 섭씨 16~22도였습니다. 그런 곳에서 살던 에티오피아 장병들이 영하 30도를 넘나드는 추위를 견디기는 쉽지 않았을 테지요. 방한모를 쓰고 방한복을 입었지만 추위는 몸속 깊이 파고들었고 손이 얼어 총의 방아쇠를 당기는 것조차 어려웠습니다. 더구나 눈을 경험하지 못한 그들에게는 눈 덮인 길을 걷는 것조차 쉽지 않았습니다. 1950년 12월 25일 눈이 하얗게 내린 밤, 수색에 나선 소대는 하얀 옷으로 위장하고 숨어 있던 중공군에게 습격을 당하기도 했습니다. 각뉴부대 병사들은 적뿐만 아니라 자연과도 전투를 벌여야 했던 것이에요.

"전우의 시신조차도 적의 손에 두지 않는다"

에티오피아 각뉴부대에는 6·25전쟁 때 포로로 잡힌 사람이 하나도 없었습니다. 대개 부상 때문에 낙오되었다가 적에 붙들려 포로가 되는 경우가 많았어요. 그런데 에티오피아 군인들은 부상한 동료를 포기하지 않는 것은 물론 전사한 동료의 시신까지도 모두 진지로 옮겨왔습니다. 동료가 적에 붙들리는 것을 보면 곧바로 뛰어가 동료를 구해냈지요. 1952년 10월 각뉴부대원 한 명이 중공군에게 붙잡혀 전화선으로 묶인 채 끌려가고 있었습니다. 도와달라는 그 병사의 다급한 외침을 들은 페켄사 겔라타 상병은 앞뒤 가리지 않고 뛰어나가 중공군을 총으로 쏘아 쓰러뜨리고 동료를 구해왔습니다. 또 부상한 동료를 업고 먼 길을 뛰는 것은 에티오피아 장병들 사이에서 흔히 있는 일이었어요.

에티오피아 군인들에게는 "전쟁에서 전사한 영웅들의 시신은 반드시 수습한다"라는 전통이 있다고 합니다. 각뉴부대도 그 전통을 확실하게 보여주었지요. 1952년 7월 정찰 활동 중 제1중대 제3소대장 티라이예 중위 등 네 명이 전사하는 일이 있었습니다. 적이 계속 포를 쏘아대니 소대원들은 전사자들의 시신을 임시로 땅에 묻고 아군 진지로 돌아올 수밖에 없었습니다. 그런데 아군 전사자를 적진에 남겨두는 것을 불명예로 생각한 에티오피아군의 아스포 중령은 전 부대원이 나서서 시신을 구해오기로 했어요. 그는 보병을 동원하여 시신을 찾아오겠다고 미 제32연대장에게 요청하여 승인받았습니다. 미군도 전차부대를 보내 이 작전을 돕기로 했습니다. 각뉴부대는 미군 전차 네 대를 앞세우고 출동하여 시신 네 구를 수습해 돌아왔습니다.

1953년 5월 연천 전투에서도 비슷한 경우가 있었습니다. 적에게 포위되어 있던 제3대대 1소대는 미군의 포격 지원으로 적의 포위망을 뚫고 간신히 철수할 수 있게 되었습니다. 그런데 소대장이 대원들을 모았을 때 한 명이 보이지 않았습니다. 소대장은 철수를 미루고 조명탄을 쏘도록 요청했습니다. 조명탄이 터지자 개천에 소총을 안은 채 전사한 병사가 보였습니다. 에티오피아 병사들은 전사자를 안전한 곳에 옮겼다가 전투가 끝난 후 부대로 호송했어요. 전투가 완전히 끝나지 않은 밤, 조명탄을 터트리는 것은 자신들의 위치를 적에게 드러내는, 아주 위험한 행동입니다. 그들은 자신들이 위험해지더라도 전우의 시체를 찾아 옮겨야 한다고 생각한 것입니다.

1952년 6월에는 각뉴부대 병사가 한국인 노무자를 돕다가 함께 희생된 일도 있었습니다. 당시 한국인 노무자들이 각뉴부대에서 통신 전선을 복구하고 있었는데 적진에서 박격포탄이 날아오기 시작한 거죠. 미처 피하지 못한 한국인 노무자 두 명이 중상을 입고 쓰러졌습니다. 이를 본 각뉴부대 멜레세 베르하누 일병이 노무자들을 구하러 나섰습니다. 그가 노무자 한 명을 부축하고 일어났을 때 두 사람의 바로 옆에서 포탄이 터졌습니다. 나중에 두 사람은 서로 끌어안고 숨진 상태로 발견되었습니다. 이 두 사람은 부산 유엔기념공원에 함께 묻혔습니다. 자유를 지키기 위해 함께 싸운 상징이 된 거지요.

'한국촌' 주민들이 받은 고통을 잊지 말자

전쟁이 끝나 가는 1953년 4월, 에티오피아 군인들은 경기도 동두천에 보화 고아원을 설립하였습니다. 각 뉴부대 전 장병이 식사를 줄여 모은 음식물, 옷가지와 성금을 고아원에 전달하고 고아들을 수용할 막사도 지어주었습니다. 이 고아원은 1956년 3월까지 운영되었는데 에티오피아 병사들은 자신들의 침낭에 고아들을 따뜻하게 재우고 빵을 나눠 먹었습니다. 또 운동과 놀이도 함께 하며 고아들을 보살폈어요. 에티오피아 군인들은 자신을 희생하여 전투를 치른 것은 물론 한국의 전

하일레 셀라시에 황제가 한국에 온 기념으로 심은 나무(유엔기념공원) / The tree planted by Ethiopian Emperor Selassie(UNMCK)

쟁 고아들이 입은 마음의 상처까지 보듬어주려고 많은 노력을 한 것입니다.

전쟁이 끝나고 고국으로 돌아간 병사들은 한때 영웅 칭호를 받는 등 훌륭한 대우를 받았습니다. 하일레 셀라시에 황제는 귀국한 참전 용사들이 정착하여 살 수 있도록 수도 아디스아바바에 '한국촌'이라는 마을을 만들어주었습니다. 하지만 황제가 쫓겨나고 에티오피아에 공산 정부가 들어서면서 참전 용사들은 모든 지위와 명예를 박탈당했지요. 황제의 편에 서서 공산주의자들과 싸웠다는 것이 그들의 죄였습니다. 공산 정권 아래서는 6·25전쟁에 대해 이야기하는 것조차 금지되었습니다.

다행히 1991년 에티오피아의 공산 정권이 쫓겨났습니다. 하지만 오랜 내전과 가뭄, 높은 인구증가율 등으로 에티오피아의 경제는 무척 어려운 상황입

참전 기념비 앞에서 휘날리는 에티오피아 국기와 태극기 / Ethiopian and Korean flags waving in front of the monument

니다. 1인당 국민소득 500달러 미만으로 세계에서 가장 가난한 나라 중 하나가 되었어요. 지금도 아디스아바바의 한국촌에는 참전 용사의 후손들이 살고 있습니다. 그들은 자신들의 아버지 혹은 할아버지가 자유를 지키기 위해 지구의 반 바퀴를 돌아 먼 나라에 가서 싸웠다는 자부심과 그 때문에 공산주의자들에게 받은 고통을 한국이라는 이름과 함께 기억하겠지요. 참전 용사들은 물론 그 후손들은 한국을 도와 공산주의자들과 싸웠다는 사실 때문에 핍박과 고통을 겪었습니다. 우리는 아디스아바바의 '한국촌'도 잊으면 안 됩니다. 6·25전쟁은 끝났지만 참전 용사와 그 후손들이 받은 고통은 아직도 우리가 갚아야 할 커다란 빚으로 남아 있기 때문입니다.

⊙ 에티오피아군 참전 기념비(강원도 춘천시 이디오피아길 1)

높이 16m의 에티오피아 참전 기념비 중앙에는 그 나라를 상징하는 황금 사자가 새겨져 있습니다. 1968년 5월에 세워진 이 기념비 제막식에는 하일레 셀라시에 황제가 참석했습니다. 셀라시에 황제는 제막식 연설에서 "이 세상 모든 것은 변하지만 한국과 에티오피아의 우정은 역사에 기록되어 영원히 변하지 않을 것"이라 말했습니다. 기념비 앞과 유엔기념공원에 셀라시에 황제가 기념으로 심은 나무가 지금도 잘 자라고 있습니다.

기념비 길 건너에는 에티오피아 참전 기념관이 있지요. 에티오피아 전통 가옥 형태로 지어진 기념관 1층에는 에티오피아군의 참전 과정과 전투 상황, 당시 사용했던 물품 등이 전시되어 있습니다. 또 2층에는 에티오피아의 역사, 문화, 풍습 등을 볼 수 있는 전시가 마련되어 있습니다.

1. Ethiopia

Sublimating their painful experiences into devotion

During the Korean War, the two countries that sent troops from Africa were Ethiopia and South Africa. However, since South Africa only sent air force, Ethiopia was the only country in Africa that sent ground combat troops.

What kind of country is Ethiopia, which has come from afar to help us?

Ethiopia is the oldest independent country in Africa. It is also home to Lucy, the oldest human fossil ever discovered. The size of the country is 1,114 thousand square kilometers, which is five times the size of the Korean Peninsula. The lowlands have a tropical climate with high temperature and humidity. However, the alpine region enjoys pleasant weather year-round, with picturesque lakes and beautiful valleys scattered throughout.

Ethiopia has a painful history of being invaded by Italy from October 1935 to May 1941. Italy sprayed Ethiopia with poison gas by plane, which killed people and livestock and dried up trees and grass. Ethiopia appealed to the League of Nations for help. The League of Nations was created with the goal of maintaining world peace, like the later United Nations (UN). However, it was not as influential as the United Nations. Despite Ethiopia's appeal, the international community, including the League of Nations, did not help Ethiopia.

In the end, Ethiopia was ruled by foreign powers for six years, and Emperor Haile Selassie had to flee abroad to fight for independence. At this time, Emperor Selassie deeply realized how important it is for other countries to help together when one country is in crisis.

He "defends countries that have been attacked unjustly, defends world peace in the spirit of collective security, and defends freedom and civilization."

Emperor Selassie decided to send troops to Korea with this belief. On July 2, 1951, less than ten days after the war broke out in Korea, Ethiopia first officially issued a statement saying, "We are observing the crisis in Korea and actively support the resolution of the United Nations." And on August 5th, about 14,000 pounds of funding was provided, and the final decision was made to dispatch troops in mid-August. It was decided to dispatch 1,200 men, the size of one infantry battalion.

But at that time, Ethiopia did not have a proper army. It was forcibly disarmed by the Italian army during World War II. Emperor Selassie decided to recruit soldiers from the Imperial Guard, which was organized to protect him. When an announcement was made to recruit dispatched troops to the elite-educated Guards, the soldiers rushed to apply. So they had to think about who to choose.

Ethiopian soldiers, selected through fierce competition, received combat training from British military instructors. They practiced hard with the thought that "every drop of sweat during training saves a whole bunch of blood in battle." Emperor Selassie gave their troops the name 'Kagnew'. 'Kagnew' has two meanings in Ethiopian, one is 'to find and correct order out of chaos' and the other is 'break through and defeat'.

After completing the training, the Ethiopian Army left the port of Djibouti in East Africa on April 16, 1951 and arrived at the Port of Busan on May 6, 'rounding the globe halfway. After another six weeks of training to adapt to the Korean terrain, the Ethiopian Army was assigned to the 4th Battalion, 32nd Regiment, US 7th Division.

The battle of Jeokgeunsan, which showed the bravery of the Kagnew units

The first battle of the Ethiopian Kagnew Unit took place in August 1951 at the front line of Hwacheon-gun Jeokgeunsan. Since Jeokgeunsan, which is 1,073m high, was strategically very important, the communist forces continued to attack to seize this hill. Initially, the Kagnew unit was given a reconnaissance mission. It was a time when their fighting abilities were not yet known.

On the afternoon of August 14, the 1st Platoon of the Kagnew Unit each hid after reconnaissance and waited for the enemy to approach. The Ethiopian soldiers had bright night eyes, earning them the nickname 'cat eyes'. But the enemy's location was unknown. Because the enemy didn't even move. The enemy, who did not move even after midnight, discovered the hidden platoon at dawn the next day and fired a massive mortar shell. Even a group of communist forces attacked the 1st Platoon by surprise.

In that attack, Private Figgar of the Kagnew unit was killed. He was the first victim of the Ethiopian army. Seeing this scene, Private Ghipar Pitala ran to pick up the body of Figgar and ran for about 50m. Having moved the body of a comrade to safety, Private Ghifar fired his automatic rifle at the rushing foe. Surprised by Private Gipar's momentum as he defeated dozens of enemies alone, the communist forces began to disperse little by little. After fighting the enemy for four hours, the 1st Platoon killed about 30 people, broke through the enemy's encirclement and returned to the camp. The body of the fallen Private Figgar was also moved. The US 7th Division, observing the bravery and performance of the Ethiopian soldiers, decided to actively utilize the Kagnew units in battle. It was an acknowledgment of the capabilities of the Kagnew units.

In the search operation carried out on September 12, the Kagnew unit showed the true spirit of unity and sacrifice.

In the early morning of that day, the 3rd Platoon of the 1st Company went to search near Hill 700 and encountered the enemy two hours after dispatching. The 3rd Platoon fought fiercely with the enemy and occupied 'Devil Hill'. However, behind the hill, many Chinese troops were hiding. The Chinese army, which had a large number of soldiers, surrounded the 3rd Platoon, layer after layer, so that the

3rd Platoon could not move. The 3rd Platoon was on the verge of annihilation.

At this time, Private Rema Maru, the machine gunner of the Kagnew unit, alone ran to the high ground and started firing his gun. An unexpected gunshot fell from a high place, and the Chinese forces quickly fell into chaos. At this time, the 2nd Platoon arrived and fired mortars, allowing the 3rd Platoon to break through the siege.

Even when the 3rd Platoon began to withdraw, Private Maru remained on the high ground until the end. It was to save the platoon, which was in danger of being surrounded again by the continuous influx of Chinese troops. Private Maru, who helped the other platoon members withdrew by firing machine guns at the enemy, was killed there. Private Maru did not release his machine gun until the moment of his death. Private Maru really showed the determination of the Ethiopian soldiers, 'one for all, all for one'.

The Kagnew units continued to show their valor in many battles after that. On September 21, 1951, 1st Company was attacking Hill 602. As time continued to pass due to the strong resistance of the enemy, Company Commander Captain Tefera took the lead and ordered an assault with a grenade in both hands. They fought so fiercely that the company commander was injured, but failed to occupy the high ground.

The battalion commander tried to send another company instead of the 1st company. However, the members of the 1st Company earnestly requested that they be able to fight even to the point that they must occupy the hill. The 1st Company attacked again and charged into the enemy's position. A fierce hand-to-hand battle took place near the top of the hill. Hand-to-hand combat is a battle in which each body clashes with only the basic weapon they have, such as a sword. In the end, the 1st Company occupied the hill, destroyed all the enemy's facilities, and returned to the headquarters.

Bravery, even not afraid of bombs

The Ethiopian 'Kagnew' units were brave soldiers who were not afraid of bombs and did not afraid of sacrifice themselves. On October 23, 1952, the Chinese Communist forces flocked like ants to the valley in charge of Lieutenant Gurilat Alberal of the 'Kagnew' Unit. It had only been 20 minutes since the enemy's mortar attack. Ethiopian warriors waited for the Chinese to approach 130 meters ahead.

As the enemy approached, the Kagnew units attacked with automatic rifles only then. The Chinese army was helpless and was shot down. However, more and more Chinese troops rushed over the corpses. It's hard to imagine how terrifying it must have been to face the enemies that keep coming even if you knock them down.

Second Lieutenant Gurirat was shot and seriously wounded, but he held on to the end. But he shed a lot of blood and ended up being killed. Battalion commander Lieutenant Colonel Aspo ran through his trenches to avoid bullets, encouraging his men not to lose their morale. Nevertheless, the front line of the 'Kagnew' unit was in danger of collapsing due to the endless pouring of Chinese forces.

At that time, Lieutenant Colonel Aspo requested assistance from the US artillery units. He points out where to fire, which is up to 25 meters in front of the Ethiopian army. The American artillerymen who received the order were astonished. This is because the original bombing point had to be kept 70 meters away from the friendly forces. U.S. artillerymen were hesitant to fire, fearing that the Ethiopian soldiers would suffer heavy damage.

Then, Lieutenant Colonel Aspo became very angry and ordered again to fire the cannons quickly. Even though he himself could lose his life in the bombardment

That is. In the end, the American artillery fired artillery up to 25 meters in front of the Kagnew unit. With the determination of the soldiers of the Kagnew unit, who were willing to sacrifice themselves, they were able to stop the Chinese army.

There were times when it was difficult to overcome even the brave and strong Kagnew members. It was the harsh winter cold of our country. Even though Ethiopia's plateau maintains cool temperatures, the average year-round temperature is between 16 and 22 degrees Celsius. It must not have been easy for the Ethiopian soldiers who lived in such a place to endure the cold temperatures exceeding minus 30 degrees Celsius. I wore a winter hat and winter clothes, but the cold felt on my body did not go away easily, and my hands were frozen, making it difficult to even pull the trigger of the gun.

Moreover, even walking on the snowy road was not easy for those who had never experienced snow. On a snowy night on December 25, 1950, the platoon that went to search was attacked by the Chinese Communists who were hiding in white clothes. At that time, The soldiers of the 'Kagnew' unit had to fight not only the enemy but also nature.

"Even a dead body is not put into the hands of the enemy."

Ethiopia's Kagnew unit had no prisoners of war during the Korean War. Prisoners were often left behind because of injuries and then captured by the enemy. However, the Ethiopian soldiers not only did not give up their wounded comrades, but also moved the bodies of their fallen comrades to the camp. If I saw my comrade being caught by the enemy, I immediately ran and rescued him.

In October 1952, a member of Kagnew's unit was captured by the CCP and was dragged away with a telephone line. Hearing the soldier's urgent cry for help, Corporal Pekensa Gelata rushed back and forth, shot down the Chinese forces and rescued his comrades. It is also common among Ethiopian soldiers to run long distances carrying an injured comrade.

They say that there is a tradition among Ethiopian soldiers that "the bodies of heroes who died in war must be retrieved". The Kagnew unit also clearly demonstrated that tradition. In July 1952, during reconnaissance activities, 4 people, including 1st Company's 3rd Platoon Commander, Lieutenant Tiraiye, were killed. As the enemy continued to fire artillery, the platoon members had no choice but to temporarily bury the dead bodies in the ground and return to the friendly positions.

However, the Ethiopian soldiers considered it a disgrace to leave their dead in the enemy area. So the battalion commander, Lieutenant Colonel Aspo, decided to come forward and retrieve the body from all of his troops. He asked and approved the commander of the 32nd U.S. Regiment to mobilize his infantry to retrieve the body. The U.S. military also decided to send a tank unit to help with this operation. The 'Kagnew' unit mobilized with four U.S. tanks and recovered four bodies and returned to their original position.

A similar case occurred at the Battle of Yeoncheon in May 1953. The 1st Platoon of the 3rd Battalion, which was surrounded by the enemy, was able to withdraw through the enemy's encirclement with the support of the US artillery fire. The platoon commander brought his men together. However, one crew member was nowhere to be seen. The platoon commander delayed the evacuation and requested that flares be fired. As the flares went off, a dead soldier with a rifle was seen in the creek. Ethiopian soldiers moved the dead to a safe place and escorted them to the unit after the battle was over. At night when the battle is not over, setting off flares is a very dangerous act, revealing your location to the enemy. They thought that even if they were in danger, they should find the body of a dead comrade and move it.

In June 1952, a soldier from the Kagnew unit was also sacrificed while helping Korean laborers. At that time, Korean laborers at the Kagnew unit were restoring communication lines, and mortar shells started flying from the enemy camp. Two Korean laborers who could not escape were seriously injured and collapsed. Seeing this, Private Melese Verhanu of the Kagnew unit set out to rescue the laborers. When he got up supporting one of the laborers, shells went off right next to them. The two were later found dead, hugging each other. The two were buried together at the UN Memorial Cemetery in Busan. It has become a symbol of fighting together to protect freedom.

Let's not forget the suffering suffered by the residents of 'Korea Village'

In addition to this, the activities of the Ethiopian Kagnew unit are numerous. But they didn't just fight for us. In April 1953, when the war ended, Ethiopian soldiers established Bohwa Orphanage in Dongducheon, Gyeonggi-do. Former soldiers of the Kagnew unit reduced meals and delivered food, clothes, and donations to the orphanage, and built a barracks to accommodate orphans. The orphanage operated until March 1956, and Ethiopian soldiers took care of the orphans by putting them to bed warm in their sleeping bags, sharing bread, exercising and playing together. The Ethiopian soldiers sacrificed themselves for battle and made great efforts to heal the broken hearts of Korean war orphans.

Soldiers who returned to their homeland after the war were treated with great respect, including at one time receiving titles of heroes. Emperor Haile Selassie created a village called 'Korea Village' in Addis Ababa, the capital, so that returning veterans could settle down and live. However, with the overthrow of the emperor and the establishment of a communist government in Ethiopia, the veterans were stripped of all positions and honors. It was their sin to stand on the side of the emperor and fight the communists. Under the communist regime, even talking about the Korean War was forbidden.

Fortunately, the communist regime in Ethiopia was overthrown in 1991. However, the economy of Ethiopia is very difficult due to the long civil war, drought and high population growth rate. With a per capita income of less than $500, it has become one of the poorest countries in the world.

Descendants of war veterans still live in the Korean village of Addis Ababa. They seem to have two feelings about Korea. They will remember the pride that their fathers or grandfathers had to fight halfway around the globe to fight for their freedom, and the suffering suffered by the communists because of it.

The veterans, as well as their descendants, suffered persecution and suffering because of the fact that they helped Korea fight the communists. We must not forget the 'Korean Village' in Addis Ababa. This is because, although the Korean War is over, the suffering suffered by veterans and their descendants still remains as a huge debt that we must repay.

◉ Monument to the Participation of the Ethiopian Army
(1, Ethiopia-gil, Chuncheon-si, Gangwon-do)

In the center of the 16-meter-tall Ethiopian Army Monument, a lion, an animal that symbolizes the country, is engraved. The unveiling of the monument, erected in May 1968, was attended by Emperor Haile Selassie. In his unveiling speech, Emperor Selassie said, "Everything in this world changes, but the friendship between Korea and Ethiopia will be recorded in history and will not change forever." In front of the monument, a tree planted by Emperor Selassie as a memorial is still growing.

Across the street from the monument is the Ethiopian Veterans Memorial. Built in the shape of a traditional Ethiopian house, on the first floor of the memorial hall, the process of participation of the Ethiopian army, the battle situation, and items used at the time are displayed. Also on the 2nd floor, there is an exhibition where you can see Ethiopia's history, culture, customs, etc.

공군 전투 부대 참전을 상징하는 남아공군 참전 기념비의 조형물 / The decoration of the monument to the participation of the South African Army, which symbolizes the participation of the Air Force

2. 남아프리카공화국

전투 비행 대대 '나르는 치타'를 파병한 남아공

남아프리카공화국(이하 남아공)은 아프리카 대륙 가장 남쪽에 있는 나라입니다. 나라 크기는 한반도의 5.5배나 되지만 인구는 우리나라와 비슷합니다. 6·25전쟁에 유엔군을 파견한다는 소식을 들은 남아공은 8월 초, 특별회의를 소집했습니다. 외국으로 군대를 보낼 수 있도록 법을 만들고 파병안을 논의하기 위해서였지요. 한국 파병안은 의회에서 만장일치로 통과되었습니다. 남아공 정부는 1개 전투 비행 대대와 지상군을 파병하기로 결정했어요. 한국으로 갈 장병을 모집한다는 소식이 전해지니 정규군 외에도 수많은 예비역이 지원했습니다. 남아공의 한 신문에는 "정부 결정이 아침에 전달되었는데 오후가 되기도 전에 지원자가 물밀 듯 몰려들고 있다. … 현역만 뽑으려 했지만 예비역 지원자들도 등록하고 있다"라는 기사가 실리기도 했지요. 지원자들은 지위가 높으나 낮으나 한국에서 유엔군으로 복무할 기회 얻는 것을 대단한 영광으로 생각했습니다.

그런데 새롭게 부대를 편성하려던 계획이 바뀌어 기존에 있던 남아공 공군 제2전투대대를 파병하기로 결정되었습니다. 남아공의 제2전투대대는 제2차 세계대전 때 용맹을 떨쳐 '나르는 치타'라는 별명을 얻은 부대예요. 전투에 쓰일 F-51 무스탕기와 장비는 일본에 와서 미국으로부터 넘겨받기로 했습니다. 비행 대대 장병들은 배를 타고 44일만인 1950년 11월 5일 일본 요코하마 항에 도착했습니다. 미군으로부터 무스탕기를 받아 훈련을 마친 남아공 비행 대대는 11월 말, 북한 지역으로 이동하라는 명령을 받았습니다. 북한까지

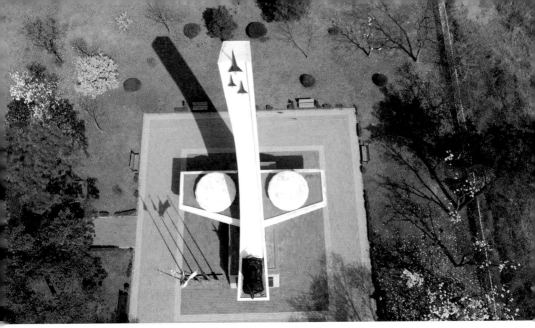

공중에서 내려다본 비행기 모양의 참전 기념비
The airplane-shaped monument viewed from the air

밀고 올라간 유엔군의 '크리스마스 공세'를 지원하기 위해서였어요. 10월 말 중공군이 참전했다는 것을 알게 된 맥아더 사령관은 공산군이 조직적으로 공격을 시작하기 전에 대공세로 전쟁을 끝내려 했습니다.

남아공 비행 대대는 11월 말 평양 미림비행장으로 이동했습니다. 그런데 미림비행장은 모든 시설이 잿더미가 되었고 활주로에는 깊숙한 웅덩이가 여러 개 패여 있었습니다. 남아공 공군은 무스탕기의 이륙과 착륙이 가능하도록 활주로부터 복구해야 했습니다. 제대로 활주로를 다시 만들 여유가 없어서 진흙으로 구덩이를 메우고 활주로 표면에만 살짝 잔디를 입혔지요. 아스팔트가 제대로 덮인 활주로가 아니었기에 비행기가 뜨고 내릴 때마다 진흙 먼지가 잔뜩 일었습니다. 조종사들은 그 먼지 때문에 앞이 잘 보이지 않아 무척 고생했어요. 유선 교신도 제대로 안 되어 함께 작전을 펼쳐야 할 미 제5공군으로부터의 정보를 얻을 수도 없었습니다. 그런 불리한 상황에서도 남아공 대대는 청천강 북쪽 군우리의 개친 싱공으로 출격하여 공산군의 보급 차량을 공격하였습니다. 전쟁의 가장 중요한 요소 중 하나인 보급의 길을 끊었으니 적에게는 큰 타격이 되었지요.

악조건들 속에서 보여준 비행 대대의 활약

따뜻한 나라에서 살던 남아공 장병들에게도 우리나라의 추운 날씨는 커다란 장해가 되었습니다. 남아공 장병들은, 껍데기만 만든 막사 안 진흙 바닥에 담요를 깔고 침낭 속에서 추위에 떨며 잠을 자야 했어요. 그들이 추위를 피할 수 있는 장소는 무스탕기 조종실밖에 없었습니다. 추위를 피하기 위해 출격을 기다리기도 했다는 참전 용사의 경험담도 있습니다. 또 눈보라가 치고 흰 눈이 쌓인 것에 익숙지 않은 남아공 조종사들은 공격 목표를 확인하는 데 애를 먹기도 했습니다.

무엇보다 조종사들을 가장 힘들게 했던 것은 공산군의 위장술이었지요. 목표를 발견하고 공격하기 위해 비행기 기수를 내리면 어딘가에 숨어 있던 적이 비행기를 향해 총을 쏘곤 한 것입니다. 11월 24일 신의주 도로 상공에서 정찰하던 존슨 중위는 적의 차량 발견하고 기수를 낮췄습니다. 그런데 주변에 있던 벼 짚단 속에서 적들이 뛰어나와 총을 쏘아댔습니다. 하마터면 격추당할 뻔한 위기를 넘긴 후 남아공 전투 비행대는 벼 짚단을 발견하면 무조건 태워버렸다고 합니다. 공산군은 이렇게 차량과 대포 등을 설치해놓고 유엔군 비행기를 유인하여 격추시키는 '비행기 사냥'도 했습니다.

중공군이 생각보다 훨씬 많이 참전한 것을 알게 된 맥아더 사령관은 유엔군에 전면 철수를 명령했어요. 남아공 비행 대대도 미림비행장을 떠나 수원 비행장으로 이동했습니다. 비행기로 이동할 수 없는 장비와 일부 병력은 배를 타고 오거나 육로로 철수했습니다. 육로로 오는 길은 너무도 험했습니다. 곳곳에서 중공군이 발목을 잡았기 때문이에요. 그 통에 장비의 상당 부분

참전 기념비 전면에 있는 남아공의 상징 동물 스프링
복 동상 / A sculpture of springbok, a symbol of
South Africa, on the facade of the monument

은 부서지거나 잃어버리기도 했습니다. 유엔군의 모든 부대가 남쪽으로 후퇴하고 있을 때 남아공 전투 대대는 다시 북쪽으로 날아갔습니다. 철수하는 지상군을 엄호하고 유엔군이 미처 가져오지 못하고 북쪽에 남긴 장비들을 폭파하기 위해서였습니다.

국적을 넘어선 공군들의 전우애

이런 급박한 상황에서도 유엔군 장병들은 국적을 넘어선 전우애를 보여주었습니다. 1950년 12월 5일, 유엔군이 미처 가져오지 못한 폭발물 실은 화차를 파괴하기 위해 남아공의 데이비스 대위와 리파우스키 대위가 수원비행장을 출발하였습니다. 청천강 북쪽 안주 상공에서 목표물 발견했지요. 데이비스 대위가 저공 비행으로 화차에 로켓탄을 쏘고 리파우스키 대위는 그 위에서 엄호 비행을 하고 있었습니다. 그런데 데이비스 대위의 비행기는 폭발한 화차의 파편에 맞아 야산에 추락했습니다. 다행히 한쪽 날개가 나뭇가지에 걸려 데이비스 대위는 어깨에 가벼운 부상만 입었어요.

리파우스키 대위는 추락 지점 주위를 경계하며 본부에 구조 헬기를 요청했습니다. 그런데 그 부근에서 관측 비행을 하던 미 제25사단 헬기가 현장을

목격했지요. 그 헬기에는 미군의 로렌스 대위와 밀럿 대위가 타고 있었습니다. 헬기가 사고 지점에 착륙했지만 자리가 부족했습니다. 미군의 밀럿 대위는 부상한 남아공의 데이비스 대위를 자신의 좌석에 태우고 자신은 적진에 홀로 남았습니다. 물론 그날 해지기 전 밀럿 대위도 구출되었어요. 이 소식이 전해지자 유엔군 조종사들은 밀럿 대위의 목숨을 건 헌신과 희생 정신을 길이 되새기곤 했습니다.

남아공 비행 대대는 남쪽으로 쫓아오는 중공군을 막고 적의 보급을 끊는 데 많은 힘을 기울였습니다. 주로 폭격으로 철교나 자동차가 다니는 다리를 끊었지요. 그런데 1951년 1월 신정 공세 이후 중공군의 움직임이 보이지 않았습니다. 중공군은 혹독한 추위에도 지쳤고 식량 보급도 제대로 이뤄지지 않아서 불안해지기 시작한 것입니다. 또 너무 남쪽으로 내려오면 인천상륙작전 같은 상륙 작전으로 허리가 끊길 수 있다고 생각한 중공군 사령관 펑더화이는 더 이상 남쪽으로 내려가지 말라고 지시했습니다. 적이 주춤하는 틈을 타서 유엔군은 한강 전선까지 되찾았고 그 반격 작전을 위해 남아공 비행 대대도 유엔군 가까이서 항공 지원을 했어요. 남아공 비행 대대는 양평 지평리 전투에도 투입되어 중공군의 2월 공세를 무찌르는 데 커다란 힘을 보탰습니다.

1951년 3월에 서울을 되찾은 후 5월, 남아공 비행 대대는 미 극동 공군과 함께 신의주비행장 폭격 작전에 나섰습니다. 중국 단둥에서 출격하던 공산군의 미그-15기가 북한 기지로 이동한다는 소문이 있었거든요. 300대 이상의 폭격기가 참여하여 신의주비행장과 그 주변을 빠짐없이 폭격하여 비행장을 아예 사용하지 못하게 만드는 작전이었습니다.

7월에는 F-51기 편대 중 편대장 포함 세 명의 조종사가 행방불명되는 안타까운 일도 있었습니다. 편대장 베이커 대위, 프루이 중위, 그린 소위, 할리 소위 등이 조종하는 네 대의 비행기는 서해안에서 정찰 임무를 마치고 기지로 돌아오던 중이었지요. 그런데 적진인 황해도를 벗어나기 전 갑자기 날씨가 나빠지기 시작했습니다. 하지만 공격 목표를 발견한 편대는 저공 비행을 했습니다. 그때 갑자기 베이커 대위의 비행기에서 검은 연기가 일었습니다. 심지어 비행기 덮개가 떨어져나가고 왼쪽 날개는 불길에 휩싸였어요. 베이커 대위의 비행기는 폭발하며 추락했습니다. 그린 소위는 베이커 대위의 비행기에서 날아오는 파편을 피하려고 급하게 방향을 돌린 탓에 자동 방향 조정기가 고장났습니다. 가까스로 상황을 수습하고 난 후 야산에 추락한 베이커 대위의 비행기를 발견했지요.

그런데 그때 또 다른 낙하산이 보였습니다. 기관 고장으로 비상 탈출한 할리 소위였습니다. 프루이 중위와 그린 소위는 동료들이 추락하거나 탈출한 지점을 엄호하며 구조 요청을 했습니다. 그러나 통신 상태가 나빠 구조 요청을 할 수 없었어요. 어쩔 수 없이 프루이 중위가 현지에 남고 그린 소위가 쏟아지는 적의 총탄을 뚫고 교신이 가능한 지역으로 이동했습니다. 프루이 중위는 적이 할리 소위를 붙잡아가지 못하도록 기총 소사를 퍼부었습니다. 하지만 한 시간 가까이 되니 탄약이 떨어져 더 이상 힐리 소위를 엄호할 수 없게 되었지요. 그린 소위가 구조 헬기를 안내하여 현장에 도착했을 때 할리 소위는 이미 포로가 된 후였습니다.

프루이 중위와는 교신도 되지 않았습니다. 조금 후 무스탕기가 추락하는 것과 조종사의 낙하산이 보였지만 그린 소위는 낙하 지점을 확인하지 못했습니다. 구조 헬기를 엄호해야 했기 때문입니다. 수색을 펼치던 그린 소위의 비행기는 연료가 떨어져 기지로 돌아와야 했어요. 사로잡혔던 할리 소위는 중공군 포로가 되었다고 확인되었습니다. 하지만 베이커 대위와 프루이 중위는 끝내 행방불명되고 말았습니다. 그들의 전우애와 희생 정신만 우리 곁에 남게 된 것이에요.

"북한 지역의 모든 비행장을 파괴하라"

1951년 7월 휴전회담이 시작되면서 전선은 잠시 조용해졌습니다. 남아공 비행 대대는 그 기회를 이용하여 적이 보급품과 장비를 전선으로 옮기는 것을 막기로 했습니다. 공산군은 주로 철도로 보급품을 옮겼습니다. 기차에는 짐을 많이 실을 수 있고 연료인 석탄은 북한에서 쉽게 구할 수 있었기 때문입니다. 비행 대대는 철로와 다리뿐만 아니라 남쪽으로 내려오는 적의 수송 차량에도 폭격하였어요. 1952년 남아공 비행 대대가 속해 있는 극동 공군 사령부는 북한의 철도 차단 작전의 경험을 바탕으로 프레셔작전이라는 새로운 작전을 세웠습니다. 이 작전의 목표는 첫째, 공중에서의 전투와 비행장 파괴로 제공권 유지, 둘째, 공산군 병력과 보급품, 장비, 시설 등 파괴, 셋째, 공산군의 보급품과 장비 및 병력 이동 지연, 넷째, 지상군 근접 지원이었습니다.

북한의 발전 시설을 폭격하라는 사령부의 지시도 있었습니다. 이에 1952년 6월 500여 대의 유엔군 전투기가 북한의 수풍·부전·장진·허천발전소를 파괴하기 위해 날아올랐습니다. 이 작전으로 북한의 발전 시설 90%가 움직일

참전 기념비 옆면에 새겨진 공중 전투 장면 / Aerial battle scenes engraved next to the monument

수 없는 상태가 되었습니다. 발전소에서 전기를 생산할 수 없으면 전쟁을 치르는 데 필요한 물자를 만드는 군수공장을 돌릴 수 없지요. 이 작전에서 남아공 대대는 부전호 남쪽 발전소를 폭격하여 완전히 파괴하는 전과를 세웠습니다. 1952년 7월 11일 남아공 비행 대대가 포함된 유엔군은 평양을 폭격했습니다. 공군뿐만 아니라 전함에 실려온 미 해병대의 비행기들도 총동원되었어요. 이날 폭격으로 평양은 거의 폐허가 되었습니다. 북한의 수도 평양에는 북한군 최고 사령부 등 주요 군사 시설이 있었습니다. 그 시설들을 파괴하고 공산군을 지원하는 평양 시민들의 사기를 꺾기 위한 작전이었습니다.

6·25전쟁 때 공산군은 미그-15기라는 소련제 비행기를 사용하고 있었습니다. 그런데 유엔군의 F-51기는 미그-15기에 비해 속도가 느려 공중전에 불리했지요. 또 지상에서의 공격에도 빠르게 피할 수 없었습니다. 그래서 유엔군의 전투기를 F-86 제트기로 바꾸기로 했습니다. 전쟁 중 사용하던 전투기를 바꾸는 것은 쉬운 일이 아니었습니다. 조종사들은 새 비행기에 적응할 수 있도록 훈련을 받아야 했고 정비사 훈련도 다시 해야 했어요.

게다가 한국 내 비행장들은 새로운 제트기를 운영하기에 적합하지 않았습니다. 그래서 미군은 항공 건설 여단을 보내 기존의 비행장을 넓히고 새로운 비행장을 건설하기로 했습니다. 얼마 후 대구와 수원비행장에 콘크리트 활주로가 새로 만들어졌고 김포·여의도·부산 수영·김해·평택비행장은 활주로를 확장했으며 군산과 오산에 새 비행장을 만들었어요. 남아공 비행 대대는 1953년 3월 중순부터 F-86기로 작전 임무를 수행할 수 있었습니다.

휴전이 가까워져도 남아공 비행 대대는 쉴 틈이 없었습니다. 적 공군의 활동을 감시하기 위해 하루 41회 출격하는 대기록을 세우기도 했지요. 7월 18일부터 정전협정이 맺어진 7월 27일까지 열흘 동안에도 유엔군 공군은 북한 비행장 폭격을 계속했습니다. 그 무렵 유엔군 사령관은 극동 공군 사령관에게 "휴전 후 공산군이 공군을 다시 만들 수 없도록 북한 내의 모든 비행장을 파괴하라"라는 명령을 내렸습니다. 그때 남아공 비행 대대는 신의주와 의주 비행장을 폭격하여 수많은 공산군 비행기를 파괴했습니다.

1953년 7월 27일 오전 열 시 정전협정이 맺어지고 열두 시간 후인 그날 밤열 시에 그 효력이 발생되었습니다. 이에 따라 모든 유엔군 비행기가 휴전선 아래로 내려와야 했어요. 남아공 제2전투비행대대를 포함한 미 제18전투폭격비행단은 다음날 오산비행장에서 해단식을 가졌습니다. 그때 남아공 조종사들은 F-86 제트기로 화려한 공중 분열식을 펼쳤습니다. 함께 생사를 넘나들었던 미군 조종사들과의 합동 분열식이었습니다. 1953년 9월 7일 항공기를 미 공군에 반납한 남아공 비행 대대는 10월 29일에 한국을 떠났습니다.

6·25전쟁 때 공군을 보내온 나라는 몇 있었어요. 하지만 전투 비행대를 보내온 나라는 미국과 호주, 남아공뿐이었습니다. 전투는 땅 위에서만 치르는 것이 아닙니다. 또 해군이라고 바다에서만 싸우고 공군이라고 공중에서만 싸우는 것은 아닙니다. 공군도 해군도 육지에서의 전투를 지원합니다. 특히 공군의 지원은 육군이나 해군에게 엄청난 힘이 되지요. 남아공의 전사자 중에는 특히 소위, 중위 등 장교가 많습니다. 전투기 조종사들이 주로 전사했

영양의 일종인 스프링복의 모습 / A springbok, a type of antelope

기 때문입니다. 그들의 희생은 6·25전쟁에서 총 1만 2,400여 회 출격하여 엄청난 전과를 올린 기록과 함께 오래도록 기억될 것입니다.

◉ 남아프리카공화국 참전 기념비(경기도 평택시 용이동 산1-7)

남아프리카공화국 참전비 꼭대기에는 은빛 비행기 세 대가 조각되어 있습니다. 탑 모양도 마치 세 대의 비행기가 하늘을 향해 치솟는 듯한 형태예요. 위에서 내려다 본 탑의 양 날개는 비행기의 날개와도 같습니다. 이런 기념비의 모습은 남아공이 공군 전투 부대를 파병한 것을 상징하지요. 탑 앞부분에는 남아공의 보호 동물인 스프링복 동상이 서 있습니다. 영양의 일종인 스프링복의 동상은 거의 실물 크기라고 합니다. 탑 아래 부조에는 작전을 수행하는 남아공 공군 전투기의 모습이 새겨져 있습니다. 앞면 아래쪽에 붙어 있는 은색 철판에는 37명 전사자의 이름과 계급, 사망 일자가 적혀 있는데 대부분 장교임을 확인할 수 있습니다.

2. Republic of South Africa

South Africa dispatched combat squadron 'Flying Cheetah'

South Africa (hereinafter referred to as South Africa) is a participating country in Africa. Even the southernmost country on the African continent is not tropical. With a subtropical climate, the average annual temperature is around 17 degrees Celsius, and Cape Town, the legislative capital, has a Mediterranean climate with a pleasant climate all year round. The size of the country is 5.5 times that of the Korean Peninsula, but the population is similar to that of Korea.

When South Africa heard the news that UN was sending forces to the Korean War, in early August, a special assembly was convened. To make a law that would allow the sending of troops abroad . The bill to send troops to Korea was passed unanimously in the parliament. The South African government has decided to deploy one combat squadron and a ground force.

When the news broke that they were recruiting soldiers to send to Korea, a number of reservists and regular army applied. A South African newspaper reported, "The government's decision was delivered in the morning, but before the afternoon, applicants are flooding in. … There was also an article that said, "I was only going to recruit active duty service members, but reserve service applicants are also registering." The applicants, despite their high and low status, considered it a great honor to have the opportunity to serve in the United Nations forces in Korea. However, the plan to organize a new unit changed and it was decided to dispatch the existing 2nd Combat Battalion of the South African Air Force.

South Africa's 2nd Combat Battalion earned the nickname 'Flying Cheetah' for its bravery during World War II. The F-51 Mustangs and equipment to be used in battle were to take over from the United States in Japan. Squadron soldiers arrived at Yokohama Port, Japan on November 5, 1950, after 44 days by boat.

The South African Squadron, which received and trained Mustangs at a US base near Tokyo, was ordered to move to North Korea at the end of November. It was to support the "Christmas Offensive" of the UN forces that had pushed up to North Korea. When Commander MacArthur learned that Chinese forces had entered the war at the end of October, he attempted to end the war with a grand offensive before the communist forces launched an organized attack.

The South African Squadron moved to Pyongyang Mirim Airfield at the end of November. However, all facilities at Mirim Airfield were in ashes, and there were several deep puddles on the runway. The South African Air Force had to recover from the runway to allow takeoff and landing of the F-51 Mustang. We couldn't afford to properly rebuild the runway, so we filled the pit with mud and only lightly grassed the runway surface. The runway was not properly covered with asphalt, so every time the plane took off and landed, there was a lot of muddy dust which made the sight hard.

It wasn't just that. Wire line communication was also not working properly, so it was impossible to obtain information from the US 5th Air Force, which was supposed to work together. Even in such unfavorable circumstances, the South African Battalion scrambled over Gunuri and Gaecheon to the north of the Cheongcheon River and attacked the communist supply vehicles. They cut off one of the most important elements of the war, supply, which was a huge blow to the enemy.

The flight battalion's performance in unfavorable conditions

The cold weather in Korea was a big obstacle for South African soldiers who lived in warm countries. South African soldiers had to sleep in the cold in their sleeping bags with blankets spread on the muddy floor inside the barracks made of shells only. Their only escape from the cold was the Mustangi cockpit. There are also stories of veterans who even waited for sortie to escape the cold.

South African pilots unaccustomed to blizzards and white snow also struggled to identify their targets. What made the pilots the most difficult above all else was the camouflage of the communist army. When the nose of the plane was lowered to spot and attack the target, the enemy hiding somewhere would shoot at the plane.

On November 24, while scouting over Sinuiju Road, Lt. Johnson spotted an enemy vehicle and lowered the nose. However, the enemies jumped out from the piles of rice straw nearby and opened fire. It is said that after overcoming the crisis of being shot down, the South African combat squadron unconditionally burned the rice straw when it found it. The communist forces installed vehicles and cannons in this way to lure and shoot down UN military planes, 'airplane hunting'.

When Commander MacArthur learned that the Chinese Communist forces had been involved in the war much more than expected, he ordered a complete withdrawal. The South African Air Squadron also left Mirim Airfield and moved to Suwon Airfield. Equipment that could not be transported by plane and some troops were either by boat or withdrawn by land. The withdrawal to the road was very difficult. The Chinese Communist Army has caught up with them everywhere. Most of the equipment was broken or lost.

The South African Combat Battalion flew north again while all UN forces were retreating south. It was to cover the withdrawing ground forces and to blow up the equipment left in the north that the UN forces could not bring.

The transnational friendship of the Air Force .

Even in such an urgent situation, the UN soldiers showed comradeship that transcends nationalities.

On December 5, 1950, South African Captains Davis and Lipauski departed from Suwon Airfield to destroy a wagon loaded with explosives that the UN forces could not bring. The target was found in the sky above Anju, north of the Cheongcheon River. Captain Davis was flying low and firing rockets at the wagon, and Captain Lipauski was in cover flight above it. However, debris from the detonated wagon hit Captain Davis' plane. Captain Davis' Mustangi crashed into the mountain. Fortunately, one of his wing caught on a branch and Captain Davis suffered only minor injuries to his shoulder.

Captain Lipauski looked around the crash site and called for a rescue helicopter. However, by chance a helicopter of the 25th Division, which was making an observation flight in the vicinity, witnessed the scene. U.S. Army Captains Lawrence and Milott were in the helicopter. The helicopter landed at the accident site, but there were not enough seats. American Captain Milott put the wounded South African Captain Davis in his seat, leaving himself alone in the enemy line. Of course, Captain Millett was also rescued before sunset that day. As the news spread, the UN military pilots were reminded of the dedication and spirit of sacrifice that risked his life.

The South African Squadron tried hard stopping the Chinese pursuing southward and cutting off the enemy's supplies. It is mainly used to destroy railway bridges or automobiles pass by bombing them. However, after the New Year's Offensive in January 1951, there was no movement of the Chinese Communist forces. The Chinese army was exhausted from the harsh cold, and food supplies were not enough, so they began to feel anxious. Also, the commander of the Chinese Communist Forces, Peng Dehuai, believed that if he went too south, his back could be cut due to amphibious operations such as the Operation Chromite, and ordered not to go further south.

Taking advantage of the enemy's pause, the UN forces reclaimed the Han

River Front, and for the counter-attack operation, the South African Squadron also provided air support close to the UN forces. The South African Squadron participated in the Battle of Jipyeong-ri, Yangpyeong, and contributed greatly to defeating the February Offensive of the Chinese Communist Army.

After reclaiming Seoul in March 1951, in May, the South African Squadron, together with the US Far East Air Force, launched an operation to bomb the Sinuiju Air Base. There were rumors that the MIG-15 of the Communist Army, which was sortie from Dandong, China, was moving to a base in North Korea. It was an operation that made the airfield completely unusable by bombing with the participation of more than 300 bombers.

In July, there was an unfortunate incident where three pilots from the F-51 squadron, including the squadron commander, went missing. The four planes, piloted by flight leader Captain Baker, Lieutenant Fruy, Lieutenant Green and Lieutenant Harley, were returning to base from a reconnaissance mission on the West Coast. But before leaving Hwanghae-do, the enemy camp, the weather suddenly began to deteriorate. However, finding the target, the squadron flew low.

Then suddenly black smoke rose from Captain Baker's plane. Even the airplane cover fell off and the left wing was engulfed in flames. Captain Baker's plane exploded and crashed. Lieutenant Greene swerved to avoid flying debris from Captain Baker's plane, and his auto-ruling system broke. Baker crashes into a mountain after narrowly rectifying the situation and found the captain's plane.

But then another parachute appeared. It was Lieutenant Harley, who made an emergency escape due to an engine breakdown. Lieutenant Fruy and Lieutenant Greene covered the point where their comrades had crashed or escaped, calling for rescue. However, due to poor communication, we could not make a rescue request. Reluctantly, Lieutenant Fruy remained on the ground, and Lieutenant Green moved to an area where he could communicate through a flood of enemy bullets.

Lieutenant Fruy fired his machine gun fire to prevent the enemy from capturing Lt. Harley. However, close to an hour later he ran out of ammunition and could no longer cover Lieutenant Harley. When Lieutenant Green guided the rescue helicopter to the scene, Lieutenant Harley had already been taken prisoner. He did not even communicate with Lieutenant Fruy. Shortly thereafter, the crashed Mustang and the pilot's parachute was seen, but Lieutenant Green could not confirm the drop point. Because he had to cover the rescue helicopter. Lieutenant Green's plane, which was conducting a search, ran out of fuel and had to return to base. The captured Lieutenant Colonel Harley was confirmed to be a Chinese prisoner of war. However, Captain Baker and Lieutenant Pruy eventually went missing. Only their comradeship and spirit of sacrifice remain with us.

"Destroy all airfields in North Korea"

When armistice talks began in July 1951, the front was quiet for a moment. The South African Squadron decided to use the opportunity to prevent the enemy from moving supplies and equipment to the front line. The Communists moved their supplies mainly by rail. This is because trains can carry a lot of luggage, and the fuel, coal, was readily available in North Korea. So the squadron was tasked with destroying the railroad tracks. In October, they bombed not only railways and bridges, but also enemy transport vehicles coming down south.

In 1952, the Far East Air Force Command, to which the South African Air Squadron belongs, established a new operation called Operation Pressure based on the experience of North Korea's railroad blockade operation. The objectives of this operation were: [1] maintaining air superiority through aerial combat and destruction of airfields; [2] destruction of Communist forces, supplies, equipment, and facilities;

There were also orders from the command to bomb North Korean power plants. In June 1952, about 500 fighter jets flew to destroy North Korea's Supung,

Bujeon, Jangjin, and Heocheon power plants. This operation rendered 90% of North Korea's power plants immobile. If the power plant cannot produce electricity, it cannot run the munitions factories that produce the materials needed for war. In this operation, the South African battalion had a history of completely destroying the power plant south of Bujeon Lake.

Operation Pressure also included an air raid on Pyongyang. On July 11, 1952, UN forces, including the South African Squadron, bombed Pyongyang. Not only the Air Force, but also the U.S. Marine Corps planes carried on carriers were mobilized. The bombing that day left Pyongyang almost in ruins. Pyongyang, which was used as the capital by North Korea, was home to major military facilities, including the North Korean Supreme Command. It was an operation to destroy the facilities and demoralize the citizens of Pyongyang who supported the communist army.

During the Korean War, the communist army was using Soviet-made planes called MiG-15s. However, the UN forces' F-51 was slower than the MiG-15, so it was at a disadvantage in air combat. Also, it could not quickly dodge an attack from the ground. So, it was decided to change the UN fighter jets to F-86 jets. Changing the fighters used during the war was not an easy task. Pilots had to be trained to get used to the new plane, and mechanics had to be retrained.

Airfields also had to be adapted to new planes, but airfields in Korea built during the Japanese colonial era were not suitable for operating new jets. So, the US military decided to send an aviation construction brigade to expand the existing airfield and build a new one. After some time, new concrete runways were built at Daegu and Suwon airfields, and runways were expanded at Gimpo, Yeouido, Busan Suyeong, Gimhae, and Pyeongtaek airfields that already had facilities, and new airfields were built in Gunsan and Osan. The South African Squadron was able to conduct operational missions in F-86s from mid-March 1953.

Even as the armistice drew near, the South African squadron had no time to rest. It also set a record of 41 sorties a day to monitor the activities of the enemy air force. From July 18 to July 27, when the armistice was signed, the United Nations Air Force continued bombing the North Korean airfield for ten days. Around that time, the commander of the UN forces ordered the commander of the Far East Air Force to "destroy all airfields in North Korea so that the communist forces cannot re-create an air force after the armistice." At that time, the South African Squadron bombed Sinuiju and Uiju airfields, destroying numerous communist planes.

On July 27, 1953, at 10 am, the armistice came into effect at 10 o'clock that night, 12 hours later. As a result, all UN military planes had to descend below the demarcation line. The US 18th Fighter Bombing Wing, including the 2nd Fighter Squadron in South Africa, held a disbanding ceremony at Osan Air Base the next day. South African pilots then staged a spectacular aerial parade with F-86 jets. It was a joint parade with American pilots who lived and died together. The South African Squadron, which returned the aircraft to the US Air Force on September 7, 1953, left Korea on October 29, 1953.

During the Korean War, many countries sent air forces. But the only countries that sent fighter squadrons were the United States, Australia and South Africa. Combat is not just fought on land. Also, the navy does not fight only at sea, and the air force does not only fight in the air. Both the Air Force and the Navy support combat on land. In particular, the support of the Air Force is a tremendous strength to the Army or Navy.

Many of South Africa's officers were killed in action, especially lieutenants and lieutenants. Because fighter pilots were mostly killed. Their sacrifices will be remembered for a long time along with the record of making great achievements in a total of 12,400 sorties in the Korean War.

◉ Monument to the Participation of the South African Army

(San 1-7, Yong-dong, Pyeongtaek-si, Gyeonggi-do)

Three silver planes are sculpted atop the South African Army Monument. The shape of the tower is like three planes soaring into the sky. When viewed from above, the wings of the tower are like the wings of an airplane. The appearance of this monument symbolizes the dispatch of air force combat units by South Africa.

At the front of the tower stands a sculpture of a springbok, a protected animal of South Africa. The pieces of springbok, a type of antelope, are said to be almost life-size. Reliefs below the tower depict South African Air Force fighters in action. A silver plate affixed to the lower part of the front contains the list of the 37 dead. The list contains the names, ranks, and dates of death of the fallen, most of which can be identified as officers.

그리스군 참전 기념비
The monument to the participation of the Greek Army

3. 그리스

공군과 육군 보병을 보내준 신화의 나라

그리스는 고대 유럽 문화의 본고장이며 그리스 신화를 탄생시킨 나라입니다. 이 나라는 아시아, 유럽, 아프리카를 연결하는 위치에 자리 잡고 있어 옛날부터 전략적으로 중요하게 여겨졌고 그래서인지 늘 외세의 침략에 시달렸어요. 제2차 세계대전이 끝난 후 그리스는 1944년부터 치열한 내전을 치러야 했습니다. 소련의 지원을 받은 공산주의자들이 폭동을 일으켰기 때문입니다. 6년 가까이 계속되었던 내전 끝에 1949년 그리스는 가까스로 공산군을 몰아낼 수 있었습니다. 6·25전쟁 때 그리스는 내전이 끝난 지 얼마 안 된 상황이었지만 지원병을 한국으로 보내기로 결정했습니다. 이런 결정 뒤에는 공산주의자들에게 시달리고 그들의 만행을 실제 경험한 그리스 국민의 적극적인 지지가 있었지요.

그리스 정부는 처음에는 C−47 수송기 일곱 대로 편성된 공군 수송기 편대와 1개 보병 여단을 파견하기로 했습니다. 그런데 파견 부대의 훈련이 시작될 무렵, 국군과 유엔군이 38선 북쪽으로 진격하는 등 한국의 전황이 좋아지고 있었어요. 그래서 그리스 정부는 유엔과 협의하여 보병을 대대 규모로 축소하기로 했습니다. 인원은 줄었지만 구성원들은 내전에 참전했던, 전투 경험이 풍부한 장병들이었습니다. 그리스군 전체를 부르는 이름은 '헬레닉 포시스'였습니다. 그중 보병 부대는 헬레닉 대대 혹은 스파르타 대대로, 공군은 로열 헬레닉 에어 포스로 불렀습니다.

위험을 뚫고 병력과 물자를 실어나른 수송 편대

1950년 12월 1일 그리스 공군 수송 편대인 로열 헬레닉 에어 포스가 일본의 유엔 공군 기지에 도착하였습니다. 60시간 동안 날아온 그들은 미 제5공군에 배속되었습니다. 이후 4,000회 가까이 출격하여 병력과 장비, 물자 등을 실어날랐지요. 도착한 지 사흘 만에 로열 헬레닉 에어 포스는 함경도 함흥 부근으로 이동했습니다. 거기서 장진호 계곡에 고립된 미 해병 사단을 직접 지원했어요. 미 해병 사단은 장진호 남쪽 하갈우리와 고토리에 수송기가 이착륙할 수 있는 임시 활주로를 만들었습니다. 그 임시 활주로를 이용하여 포위된 해병 사단에 보급품을 날라다 주고 전사하거나 다친 사람들을 후송하느라 수송 편대는 바쁘게 움직였습니다.

수송기는 후방에서 병력이나 물자만 실어나르면 되니 직접 전투에 참여하는 전투기보다 안전할 것이라 생각할 수도 있습니다. 그러나 수송기가 안전한 곳으로만 다니는 것은 아닙니다. 특히 거센 바람과 눈보라가 몰아치는 겨울날 무거운 짐을 싣고 좁고 미끄러운 활주로에서 이륙하고 착륙하는 수송기는 많은 위험을 안고 있습니다. 비행기를 향한 적군의 공격은 물론 짧은 시간에 짐을 내리고 싣고 서둘러 비행기가 오르고 내려야 하는 등 여러 위험 요소가 수송기를 위협하지요. 그럼에도 그리스 수송 편대는 1950년 겨울, 장진호 철수 지원은 물론 흥남철수작전까지 수많은 활약을 펼쳐 유엔군의 작전에 직접적인 도움을 주었습니다.

1951년 7월에 실시된 서해 백령도 지원 작전 때는 도로 대신 해변을 활주로로 이용해야 했습니다. 썰물 때 바닷물이 빠져나가고 해변의 고운 모래가 엉겨 단단해지면 세계에서도 찾아보기 힘든 자연 활주로가 만들어지는 것입니다. 참 아름답고 낭만적인 장면 같지만 그리스 수송대에는 그런 한가한 상상을 할 여유가 없었습니다. 바로 건너편 개성에서 휴전 회담이 진행 중이어

벽면에 새겨진 그리스군 전사자 명단 / The List of the fallen Greek soldiers

서 긴장이 감돌고 있었으며 전선에서는 치열한 전투가 벌어지고 있었어요. 또 백령도는 적이 차지한 땅과 너무 가까워 전투기의 호위를 받지 않고는 수송기가 비행하거나 활주로에서 이착륙할 수 없었습니다. 물론 썰물 때만 활주로가 만들어지니 착륙하여 머무를 시간도 짧고 사용할 수 있는 시간 자체가 제한되니 어려움이 많았겠지요.

그리스 편대의 C-47기는 비교적 작은 편에 속하는 수송기였습니다. 그래서 특히 임시로 좁게 만든 활주로를 이용하여 최전방 부대에 물자와 병력을 이동할 일이 잦았습니다. 그리스의 수송기는 적의 공격에도 불구하고 물자보급이 어려운 높은 산악 지대, 눈이 많이 쌓여 길이 끊긴 지역, 적군에 포위된 지역 등으로의 임무를 성실히 해냈습니다.

1953년 정전협정이 마무리될 무렵 아군과 공산군의 전투는 더욱 치열해졌습니다. 조금이라도 더 영토를 넓히고 휴전 회담에서 유리한 위치를 차지하기 위해서 양쪽 다 최후의 그 순간까지 싸우고 또 싸웠습니다. 전투가 치열해지니 전사하거나 부상한 군인이 많이 늘어났어요. 사상자들을 부지런히 실어 날라야 했기 때문에 수송 편대는 더욱 바빠졌습니다. 정전협정이 맺어져 전투가 멎은 후에도 수송 업무는 계속되었습니다. 그리스 수송 편대는 군 장비의 철수와 후퇴 작전을 도와 병력과 아군의 장비를 후방으로 계속 실어 날랐습니다.

휴전 직전까지 남한 땅을 지켜낸 헬레닉 대대

1950년 11월 15일 그리스의 피레우스 항을 떠난 보병 대대는 23일의 긴 항해 끝에 12월 19일 부산항에 도착했습니다. 그리스의 헬레닉 대대는 미 제1사단에 배속되었고, 다음 해 1월 초부터 충주 지역 산에 숨어든 공산군 패잔병 소탕 작전에 참여했습니다. 겨울에 해발 1,000m가 넘는 눈 쌓인 고산 지대에서 싸워야 했지만 헬레닉 대대는 거침이 없었지요. 그리스 북부 산악 지대에서 공산군을 토벌한 경험이 있었기 때문입니다.

1월 29일 밤에는 중공군 1개 연대 정도의 병력이 이천 381고지에 있던 그리스군 제3중대를 기습했습니다. 첫 공격은 대대의 포 사격으로 물리쳤어요. 그런데 중공군은 20분도 안 되어 다시 쳐들어왔습니다. 제3중대는 순식간에 포위되었고 중공군은 그리스군 진지 안까지 밀려들었습니다. 고지 정상은 누가 적군인지 누가 아군인지 알 수 없을 정도로 아수라장이 되었습니다. 통신은 끊기고 헬레닉 대대 제3중대는 고립된 상태에서 치열한 백병전을 치러야 했습니다. 뒤늦게 소식을 들은 대대장은 지원 부대에 앞서 특공 분대를 381고지로 파견했습니다. 특공 분대는 총과 칼로 적의 포위망을 뚫고 제3중대가 있는 381고지로 나아갔습니다. 덕분에 사기가 오른 제3중대는 죽을 힘을 다해 중공군을 물리쳤어요. 얼마 후 중공군은 세 번째로 공격해왔습니다 다시

그리스군의 38선 돌파 기념비 / The monument to the breaking through the 38th parallel

한번 치열한 백병전을 치른 후 적을 물리칠 수 있었습니다. 이날 3,000여 명의 중공군과 맞서 싸운 헬레닉 대대에서는 소위 한 명 등 열한 명이 전사했습니다. 하지만 중공군의 피해는 800여 명에 이르렀어요. 381고지 방어 전투 이후 그리스의 헬레닉 대대는 전투력을 인정받게 되었습니다.

1953년 6월 16일 철원 지구 420고지에서 벌어진 전투는 헬레닉 대대 참전사에서 빼놓을 수 없는 대단한 전투였습니다. 헬레닉 대대가 연천 지역에 배치될 무렵 적의 포격으로 아군 진지는 거의 다 파괴된 상태였습니다. 섭씨 30도가 넘는 초여름 더위 속에서도 대대는 서둘러 진지를 보수하고 장애물을 쌓았지요. 17일에는 폭풍우가 몰아쳐 바로 앞도 제대로 보이지 않는 지경이 되었습니다. 중공군은 그 틈을 타서 공격해왔어요. 뒤쪽만 빼고 3면이 적에 둘러싸인 헬레닉 대대 제3중대는 통신도 끊긴 채 고지에 갇히고 말았습니다. 그러나 집중 사격을 하여 고지로 올라오는 중공군을 물리쳤습니다. 얼마 후

전사한 그리스군을 기리는 조형물(유엔기념공원) / The monument commemorating the fallen Greek soldiers in UNMCK

비가 그치니 더 많은 수의 중공군이 몰려 왔어요. 대대장 코마나코스 중령은 그리스군의 명예를 걸고 고지를 사수하도록 장병들의 사기를 북돋았습니다.

수를 헤아릴 수 없이 많은 중공군이 고함을 지르며 진지 안까지 쳐들어왔습니다. 제3중대는 그들과 백병전을 펼쳤지요. 중공군은 사람이 죽든지 다치든지 전혀 상관하지 않고 계속 몰려들었습니다. 중공군은 잠시 물러났다가 다시 몰려오기를 반복했습니다. 그때마다 중공군의 수는 점점 더 늘어났어요. 하지만 헬레닉 대대 제3중대는 끝까지 용감하게 싸워 연대 규모의 중공군을 격퇴해냈습니다.

1953년 7월 14일부터 27일까지 김화 지역 북정령에서는 마지막 전투가 치열하게 치러졌습니다. 적의 대공세가 있을 것을 예상한 유엔군의 제15연대장은 안전한 곳으로 철수하라고 헬레닉 대대에 지시했습니다. 휴전을 앞두고 병력의 피해를 줄이려는 생각이었지요. 하지만 대대장 프로코스 중령은 그 방어선을 끝까지 지키기로 하고 화력을 지원해달라고 요청했습니다. 휴전 사흘 전 예상대로 대대규모의 중공군 포병이 그리스군 진지에 집중 사격을 퍼부었습니다. 하지만 헬레닉 부대는 적의 공격을 물리치며 자신들이 있던 진지를 지켜냈습니다. 이 전투에서 그리스 헬레닉 대대는 19명이 사망하고 28명이 부상하는 큰 피해를 입었습니다. 하지만 그때 철수하지 않고 진지를 지켜준 덕분에 승암고개가 휴전선 남쪽에 남아 있게 되었습니다.

그리스군 참전 기념비에 붙어 있는 동판. 월계수잎과 투구가 새겨져 있다. / A bronze plaque engraved with laurel leaves and a helmet is affixed to the monument to the participation of the Greek Army.

◉ 그리스군 참전 기념비(경기도 여주군 가남면 본두리 687-2)

그리스군 참전 기념비는 영동고속도로 여주휴게소 한 편에 있습니다. 높이 8.7m의 참전비는 그리스 고대 유적 아테네 신전의 모습으로 세워졌습니다. 네모난 벽으로 되어 있는 탑의 정면 가운데에는 월계수 잎과 투구가 새겨진 둥근 동판이 붙어 있지요. 탑 옆에는 신전 기둥 모양의 구조물이 따로 서 있습니다. 탑으로 올라가는 계단 옆 벽에는 금색 십자가와 전사자 186명의 이름과 전사 일자가 적힌 금색 동판이 설치되어 있습니다.

3. Greece

Greece is the home of ancient European culture and the birthplace of Greek mythology. The country has been strategically important from time immemorial because of its location linking Asia, Europe and Africa. That's why it was always subjected to foreign invasions.

After World War II, Greece was engaged in a fierce civil war starting in 1944. Because Soviet-backed communists rioted. After nearly six years of civil war, Greece managed to drive out communist forces in 1949.

During the Korean War, Greece was in a situation where the civil war had just ended. Less than a half year after the civil war, Greece decided to send volunteers to Korea. Behind this decision was the active support of the Greek people, who suffered and experienced the atrocities of the Communists.

The Greek government initially agreed to send an air transport squadron of seven C-47 transports and an infantry brigade. However, by the time the training of the dispatched troops began, the situation in Korea was improving, with the ROK and UN forces advancing north of the 3rd and 8th parallel. So the Greek government, in consultation with the United Nations, decided to reduce the infantry to a battalion size. Although the number was reduced, the members were soldiers who had fought in the civil war and had extensive combat experience.

The name of the entire Greek army was 'Hellenistic Forces'. Among them, the infantry unit was called the Hellenic Battalion or Spartan Battalion, and the Air Force was called the Royal Helenic Air Force.

A transport squadron carrying troops and supplies through danger

On December 1, 1950, the Greek Air Force transport squadron, the Royal Helenic Air Force, arrived at the United Nations Air Base in Japan. After flying for 60 hours they were assigned to the US 5th Air Force. Since then, it has carried out about 4,000 sorties, carrying troops, equipment, and supplies.

Three days after arrival, the Royal Helenic Air Force moved to Yeonpo Base near Hamheung, Hamgyeong Province. There, they directly supported the US Marine Division, which was isolated in the Jangjin Lake Valley. The U.S. Marine Division has built makeshift runways for transport aircraft to take off and land in Hagaruri and Kotori, south of Lake Jangjin. The transport squadrons were busy using the makeshift runway to deliver supplies to the besieged Marine divisions and evacuate those killed or wounded.

You may think that a transport plane will be safer than a fighter that directly participates in battle because it only needs to transport troops and supplies from the rear. But transport planes don't just go to safe places. Transport planes that take off and land on narrow and slippery runways with heavy loads, especially in winter with strong winds and blizzards, pose many risks. A number of hazards threaten the transport plane, including enemy attacks on the plane as well as the need to unload and load the cargo in a short time and have the plane ascend and descend in a hurry. Nevertheless, the Greek transport squadron contributed directly to the UN forces' operations in the winter of 1950, not only supporting the evacuation of the Jangjin Reservoir, but also performing numerous activities, including the evacuation of Hungnam.

During the operation to support Baengnyeong Island in the West Sea in July 1951, the beach had to be used as a runway instead of a road. When the seawater drains out at low tide and the fine sand on the beach becomes tangled and hard, a natural runway that is rare in the world is created. It seems like a beautiful and romantic scene when you think about it, but the Greek convoys could not afford such leisurely imagination. There was a lot of tension going on in Kaesong right across from the armistice talks, and fierce battles were taking place on the front lines. In addition, Baengnyeong Island was so close to the land occupied by the enemy that it was impossible to fly or land on the runway without being escorted by fighters. Of course, since the runway is only built at low tide, there must have been a number of difficulties because the landing time was short and the usable time itself was limited.

The Greek squadron's C-47 was a relatively small transport aircraft. As a result, supplies and troops were often moved to the front-line units, especially using the temporary narrow runways. Greek transport planes faithfully performed their missions in high mountainous areas where it was difficult to supply supplies despite enemy attacks, areas where roads were cut off due to heavy snow, and areas surrounded by enemy forces.

By the time the armistice was concluded in 1953, the battle between the friendly forces and the communists had intensified. Both sides fought and fought to the last minute to expand even the slightest bit of territory and gain an advantageous position in the armistice talks. As the battle intensified, the number of dead or wounded soldiers increased. This made the transport squadron even busier. Because the casualties had to be carried diligently.

Even after the armistice agreement was signed and the fighting stopped, transport operations continued. Both armies agreed to retreat 2 km from their positions within 72 hours of signing the pact. Greek transport squadrons helped with the withdrawal and retreat of military equipment, continuing to carry troops and friendly equipment to the rear.

The Helenic Battalion defended South Korea until right before the armistice.

On November 1950, the infantry battalion left the Greek port of Piraeus on the

15th and arrived at the port of Busan on December 19th after a long voyage of 23 days. Greece's Helenic Battalion was attached to the US 1st Division, and from the beginning of January of the following year, it participated in the operation to eliminate the remnants of the communist forces hiding in the mountains of the Chungju area. In the winter, they had to fight in the snow-covered alpine areas over 1,000 meters above sea level, but the Helenic Battalion was relentless. It was because he had experience subjugating the communist forces in the mountainous regions of northern Greece.

On the night of January 29th, a Chinese regiment of Chinese troops attacked the 3rd Company of the Greek Army on Hill 381 in Icheon. The first attack was defeated by the battalion's artillery fire, but the Chinese attacked again in less than 20 minutes. The 3rd Company was surrounded in an instant, and the Chinese forces rushed into the Greek positions. The summit of the hill was so chaos that it was impossible to tell who was the enemy and who was the friend. Communication on the main road was cut off, and the 3rd Company of Helenic Battalion had to fight fiercely in close-quarters combat in isolation.

The battalion commander, who heard the belated news, dispatched a commando squad to Hill 381 ahead of the support unit. The commando squad broke through the enemy's encirclement with guns and knives and advanced to Hill 381, where the 3rd Company was located. Thanks to this, the 3rd Company's morale increased and defeated the Chinese with all its might.

Shortly thereafter, the Chinese attacked for a third time. After another fierce hand-to-hand battle, they were able to defeat the enemy. On that day, eleven people, including a second lieutenant, were killed in the Helenic Battalion, which fought against more than 3,000 Chinese troops. However, the casualties of the Chinese army reached 800 people. After the Battle of Hill 381, the Greek Helenic Battalion was recognized for its fighting power.

The battle that took place on June 16, 1953 at Hill 420 in the Cheorwon District was a great battle that cannot be left out of the war veterans of the Hellenic Battalion. By the time the Helenic Battalion was deployed in the Yeoncheon area, the enemy's artillery shells had destroyed almost all of the friendly positions. Even in the early summer heat of over 30 degrees Celsius, the battalion hurriedly made serious repairs and built up obstacles.

On the 17th, a storm raged and it was difficult to see right in front of us. The CCP took advantage of that opportunity to attack. The 3rd Company of Helenic Battalion, surrounded by enemies on three sides except for the rear, was trapped on the high ground without communication. However, with a concentrated fire, they defeated the Chinese forces coming up to the high ground. After a while, the rain stopped, and more Chinese troops came. Battalion commander Lieutenant Colonel Komanakos bolstered the morale of his men to defend the highlands for the honor of the Greeks.

In the end, countless numbers of Chinese Communist forces stormed into the camp, shouting. The 3rd Company went hand-to-hand combat with them. The Chinese army continued to pour in, regardless of whether people were killed or injured. The Chinese army retreated for a while and then came back again. Each time, the number of the Chinese Communist forces increased more and more. However, the 3rd Company of Helenic Battalion fought bravely to the end and repulsed the regiment-sized Chinese army.

From July 14 to 27, 1953, the last battle was fiercely fought in North Bukjeongryeong in the Gimhwa region. Anticipating an enemy offensive, the commander of the 15th Regiment of the UN Forces ordered the Helenic Battalion to withdraw to a safe place. The idea was to reduce the damage to the troops ahead of the armistice.

However, the battalion commander, Lieutenant Colonel Prokos, decided to keep that line of defense until the end and requested firepower support. As expected three days before the armistice, a battalion-sized Chinese artillery fire poured concentrated fire on the Greek positions. However, the Hellenic troops defended their positions by repelling the enemy's attacks. In this battle, the Greek Helenic Battalion suffered heavy losses, 19 killed and 28 wounded. However, thanks to the fact that they did not withdraw at that time and protected the positions, Seungam Pass remained to the south of the armistice line.

◉ Monument to the Participation of the Greek Army

(687-2, Bonduri, Ganam-myeon, Yeoju-gun, Gyeonggi-do)

The Greek Army Monument is located on the side of Yeoju Rest Area on the Yeongdong Expressway. The 8.7 meter high monument was erected in the shape of the ancient Greek temple of Athens. At the center of the front of the square-walled tower is a round copper plate with laurel leaves and a helmet. Next to the tower stands a separate temple-shaped structure. On the wall next to the stairs leading up to the tower, there is a gold cross and a gold copper plate with the names and dates of the 186 dead.

지평리 프랑스군 참전 충혼비
The Jipyeong-ri monument to the participation of the French Army

4. 프랑스

스스로 계급을 낮춰 참전한 몽클라르 장군

프랑스는 대한민국의 건국을 도와준 유엔 한국임시위원단 7개국 중 한 나라였습니다. 또 유엔 안전보장이사회 상임이사국 5개국 중 한 나라였어요. 그래서 6·25전쟁이 일어났을 때 유엔군을 한국에 보낸다는 유엔결의안에 적극 지지했습니다. 하지만 프랑스는 제2차 세계대전에 큰 피해를 입어 복구 작업이 한창이었고 1946년부터는 인도차이나 반도에서 공산주의 월맹과 전쟁을 치르고 있었습니다. 이런저런 이유로 프랑스는 한국에 병력을 보낼 여유가 없었습니다. 그래서 프랑스는 열두 명의 고위급 장교로 구성된 시찰단만을 보낼 것을 유엔에 제안했고 1950월 7월 22일 2천급 소형 구축함 그랑디에르 호를 한국으로 보냈어요. 그랑디에르 호는 이후 포항상륙작전, 인천상륙작전 등에 참전하여 지상군을 도왔습니다.

그런데 유엔에서는 지상군 보내주기를 요청했고 프랑스 일반 국민과 군인들도 군대를 파견하기 바랐습니다. 프랑스 육군 참모총장인 블랑 장군이 파병을 고민하고 있을 때 그를 설득한 사람이 있었습니다. 바로 랄프 몽클라르라고 불린 외인부대 감독관 마그랭 베르느네 중장이었습니다. 그는 예비역과 현역 지원병으로 구성된 특수 부대를 만들어 한국에 보내자고 제의했지요. 처음에 블랑 장군은 "작전을 수행할 수 있는 부대를 짧은 시일 안에 만드는 것은 불가능하다"라며 반대했습니다. 그런데 몽클라르 장군은 제2차 세계대전이나 인도차이나 전쟁에 참전했던 경험자로 선발하면 가능하다고 주장하였습니다. 또 자신이 직접 그 부대를 이끌겠다고 했어요. 결국 그의 주장이

프랑스군 참전 기념비 / The monument to the participation of the French Army

받아들여져 프랑스는 지상군을 파병하기로 결정했습니다.

'몽클라르'는, 프랑스가 나치에 의해 점령되었을 때 장군이 레지스탕스로 활약하면서 사용했던 가명입니다. 그는 전쟁터에서 열여덟 번 부상하고, 열여덟 번 훈장을 받은 제2차 세계대전의 영웅이었어요. 몽클라르 장군은 전국을 돌아다니며 장병을 모집하였습니다. 그 결과 엄격한 기준을 통과한 1,300여 명에 달하는 지원병이 선발되었습니다. 그런데 한 가지 문제가 있었습니다. 몽클라르 장군은 직접 대대를 이끌고 전쟁에 참전할 생각이었지만 막스 르젠 국방차관이 반대했습니다. "미국의 대대는 육군 중령이 지휘하는데 중장인 당신이 어떻게 대대장을 할 수 있겠는가?"라고 말이지요. 몽클라르 장군은 스스로 장군직을 버리고 중령 계급장을 달겠다고 말했습니다. 몽클라르 장군의 군 경력은 당시 미8군 사령관 리지웨이 중장과도 비슷했습니다. 또 자기보다 젊은 상관의 지휘를 받아야 했지만 상관없다고 하였습니다. 한국에서의 그의 계급은 중령이었지만 사람들은 몽클라르 대대장에게 장군 예우를 해주었습니다.

새로 만들어진 프랑스 대대는 역사도 없고 전통도 없는, 오로지 한국에서 싸우기 위해 만들어진 부대였습니다. 승리의 표시로 금실 장식을 아로새긴 부대기도 없었습니다. 그러나 부대기가 없어서는 안 되겠기에 창설 행사 전날 유엔을 상징하는 하늘색 천을 파리에서 사와 그 천에 올리브 가지를 그려 넣고 그 안에 지구 전도를 그려 부대기를 만들었어요. 그들은 검은 베레모를 썼는데 베레모에는 유엔군의 약자인 'ONU(Organisation des Nations Unies)'가 새겨진 마름모꼴 배지가 달려 있었습니다.

유엔군 프랑스 대대는 1950년 11월 29일 부산항에 도착했습니다. 그들은 12월 10일 수원으로 옮겨 미 제2보병사단과 합류했습니다. '인디언 헤드' 마크를 쓰고 있던 미 제2사단은 제2차 세계대전 때 노르망디상륙작전에서 활약한 사단입니다. 영화 '라이언 일병 구하기'의 실제 부대이지요. 그런데 제2사단은 북한으로 진격했을 때 평안남도 군우리 전투에서 5,000여 명의 사상자를 내고 모든 중장비를 잃은 채 사단이 거의 해체될 지경에 이르렀습니다. 그중 제23연대만 바다를 통해 빠져나올 수 있었는데 프랑스군은 그 제23연대의 네 번째 대대가 된 것입니다.

치열한 백병전으로 적을 물리친 프랑스 대대

프랑스 대대는 1951년 1월 전선에 투입되어 정전협정이 맺어진 1953년 7월까지 한반도에서 가장 험난한 중동부 전선이나 서부 전선 격전지에서 주로 싸웠습니다. 눈보라 치는 추운 날씨도, 산이 많고 험난한 우리나라 지형도 그들에게 큰 장해가 되었습니다. 프랑스 참전 병사인 라 구트는 "한국의 지형은 마치 신경질적인 신이 손으로 구겨놓은 종잇장 같았다"라고 말한 정도였으니까요.

1951년 1월 5일 영하 30도의 혹독한 추위 속에 프랑스 대대는 처음 전투에 투입되었습니다. 중공군의 침공으로 국군과 유엔군이 북위 37도선까지 후퇴하고 있을 때, 프랑스군이 배속된 미 제2사단은 북한군 3개 사단과 일주일 동안 싸워서 원주를 빼앗았습니다. 국군과 유엔군이 공산군에게 밀려 계속 후퇴만 하고 있던 그 당시에 원주 지역을 차지하고, 적군이 남쪽으로 내려가는 것을 막은 것은 커다란 전과였습니다.

이 전투에서 프랑스 대대는 몇 차례 위기에 빠지기도 했습니다. 1월 10일 전투에서 프랑스군 1개 소대 25명은 총과 칼로만 북한군 1개 대대를 무찔렀습니다. 12일에는 중공군이 어둠을 뚫고 개미 떼처럼 몰려들었습니다. 적의 수류탄 세례와 기관총 난사에 프랑스 대대의 진지가 뚫리고 말았어요. 진지 안에서는 프랑스군과 중공군이 뒤엉켜 싸우는 치열한 백병전이 벌어졌습니다. 그 백병전에서 적을 물리친 용맹한 프랑스 대대를 사단 지휘부에서는 크게 칭찬하고 훈장을 수여했습니다. 그 이야기를 들은 몽클라르 장군은 "뭐라고? 우리 병사들이 한 총검 돌격은 보병 전술의 기초 중의 기초잖아. 그런데 저 미국 사람들은 그걸 가지고 웬 난리인 거지?"라며 별 것 아닌 것처럼 말했다고 합니다.

당시 미군은 총검을 들고 돌격하는 것을 옛날식 전투라고 생각했습니다. 제2차 세계대전 중 일본군이 총검만을 들고 달려들다가 미군이 쏜 포 등에 허망하게 무너지는 것을 많이 봤기 때문입니다. 그런데 프랑스군의 활약을 본 미8군 사령관 리지웨이는, 잘 훈련된 부대에 의한 총검 돌격은 적에게 엄청난 압박을 줄 수 있다는 것을 깨닫고 장병들에게 다음과 같이 말했습니다.

"총검은 연합군의 최후의 무기는 아닐지라도, 귀관들이 무시할 수 없는 전략적 가치를 지니고 있다. 총검이 단지 통조림 깡통을 따기 위해서 고안된 것이 아니라는 사실을 모든 장병은 유의해주기 바란다."

1951년 2월에는 영하 20도의 혹한에 중공군이 경기도 양평의 지평리를 공격해왔습니다. 중공군은 지평리와 여주 지역을 점령하여 유엔군을 동서로

프랑스군의 지평리 전투 전적지 / The Battle filed of Jipyeong-ri of the French Army

나누고 서부 전선의 후방을 위협하려는 속셈이었지요. 이 지역을 적에게 빼앗기면 유엔군에게는 커다란 위협이 될 것이므로 리지웨이 사령관도 "어떠한 일이 있더라도 지평리를 확보하라"라고 명령했습니다. 그런데 1951년 2월 13일 프랑스 대대는 지평리에서 중공군 3개 사단에 의해 고립되는 위기에 빠졌습니다. 낮 동안 포병 사격과 항공 폭격으로 적이 접근하는 것을 막았습니다. 그런데 밤 열 시부터 엄청나게 많은 중공군이 호각, 나팔, 꽹과리 등으로 요란한 소리를 내며 공격해왔습니다. 낯설고 시끄러운 소리는 프랑스군을 무척 두렵게 했어요. 하지만 전투 경험이 많은 몽클라르 장군은 수동식 사이렌으로 더 큰 소리를 내서 대응했습니다.

중공군은 프랑스 대대 앞 20m까지 몰려왔습니다. 어둠과 연기 때문에 눈앞도 분간하기 어려운 상태에서 양쪽 군은 다시 한번 백병전을 벌여야 했지요. 프랑스 대대원들은 적과 아군을 구별하기 위해 철모를 벗어던지고 머리에 빨간 수건을 동여맸습니다. 중공군은 날이 밝으면 물러났다가 밤이 되면 다시 몰려들었습니다. 지옥과 같은 전투가 계속되면서 진지 안에는 중공군의 시체가 산처럼 쌓였습니다. 이렇게 사흘 동안 벌어진 집요하고도 피비린내 나는 전투 끝에 프랑스 대대는 중공군을 격퇴하고 방어 진지를 끝까지 지켜냈습니다.

지평리 전투는 유엔군이 중공군에게 이긴 최초의 전투였습니다. 이 전투를 통해 유엔군은 중공군을 이길 수 있다는 자신감을 갖게 되었어요. 지평리 전투에서 프랑스군이 승리할 수 있었던 요인 중 하나는 몽클라르 장군의 탁월한 지휘였습니다. 또 프랑스군은 꺾이지 않는 용기와 명령에 대한 절대 복종, 공산주의에 대한 혐오감 등으로 중공군에게 두려움의 대상이 되었던 것입니다.

전 병력의 1/50이 피해를 입은 프랑스 대대

프랑스 대대는 1951년 9월 13일부터 한 달 동안 치러진 '단장의 능선 전투'에도 참전했습니다. 단장의 능선은 양구와 인제의 중간에서 남북으로 뻗어 있는 봉우리들을 말합니다. 그중 931고지 전투는 6·25전쟁 중 가장 참혹한 전투였지요. 당시 그 일대의 치열한 전투 상황을 취재하러 온 외신 종군 기자는 구호소에서 한 부상병이 "가슴이 찢어지는 것 같다(Heart Break!)"라고 고통스럽게 부르짖는 것을 보았습니다. 그래서 그 기자가 기사에 '단장의 능선'이라 쓴 것에서 이름이 유래되었습니다.

1951년 7월 휴전 회담이 시작되었지만 공산군은 자신들이 협상에서 유리한 편에 서고자 회담을 지연시켰습니다. 8월 중순 공산군 측에 의해 아예 회담이 중단되자 유엔군은 공산군을 협상장에 다시 끌어내기 위해 '단장의 능선'에서 공격을 시작했어요. 한 달 동안 계속된 이 전투에서 프랑스군이 배속된 유엔군은 북한 공산군 2개 사단을 물리치고 능선을 차지했습니다. 이 전투는 유엔군 3,700여 명, 공산군 2만 5,000여 명의 사상자가 발생한 엄청난 혈전이었습니다. 당시 살아남았던 프랑스 대대원 중 한 명은 자신이 죽으면 그 유골을 전우들이 죽은 단장의 능선에 뿌려달라고 유언하였습니다.

프랑스 대대는 1952년 10월에 강원도 철원군 일대에 있는 화살머리고지에서도 치열한 전투를 벌였습니다. 10월 6일 중공군은 새벽부터 다섯 시간 동안 1,000여 발의 포탄을 화살머리고지에 퍼부었습니다. 이 포격으로 프랑스군 진지에 있던 철조망, 트럭, 전차, 박격포, 무전 안테나 등이 모두 부서졌습니다. 그 후 수많은 중공군이 밀려들었어요. 양쪽 군대는 한데 엉켜 싸우기 시작했습니다. 중공군은 수많은 시체를 남겨두고 잠시 물러갔다가 두 번 더 공격해왔습니다. 그러나 프랑스군은 죽기를 각오하고 싸워 공산군을 화살머

프랑스군 참전 기념비 / The monument to the participation of the French Army

줄 장루이 소령 동상(홍천)
The Statue for the Major Jean-
Louis(Hongcheon Korea)

리고지 근처에서 몰아냈습니다.

프랑스군은 32개월 동안 약 8,200여 명이 교대로 참전했습니다. 그중 전사 280명, 부상 1,350명, 실종 19명으로 1,600여 명이 피해를 입었습니다. 이 숫자만 봐도 프랑스군이 얼마나 치열하게 전투에 임했는지 상상할 수 있지요.

프랑스 대대 줄 장루이 소령의 희생도 잊을 수 없습니다. 장루이 소령은 프랑스군 수석군의관으로 6·25전쟁에 참전했어요. 그는 이동병원의 의무대장으로 부상병뿐만 아니라 주민들도 치료했습니다. 그런데 1951년 5월, 강원도 홍천군 장남리에서 한국군 부상병 두 명을 구출하러 탄광에 들어갔다가 탄광이 무너지는 바람에 전사하고 말았습니다. 홍천군에는 어깨에 총 대신 구급낭을 멘 모습의 그의 동상이 서 있습니다.

◉ 프랑스군 참전 기념비(경기도 수원시 장안구 파장동 31-2)

프랑스 참전 기념비 정면 벽에는 프랑스 대대의 마크와 프랑스군이 배속되었던 미 제2사단 마크, 사망자 명단이 새겨져 있습니다. 벽의 양옆으로는 주요 전투 장면이 담긴 사진이 있고 벽으로 둘러싸인 한가운데 총을 든 프랑스 병사들의 동상이 서 있습니다. 이 기념비는 부산에 도착한 프랑스군이 처음 숙영지를 건설한 인연으로 수원에 세워졌습니다.

4. France

General Monclar who lowered his rank and participated in the war

France was one of the seven countries of the United Nations Provisional Commission on Korea that helped the founding of the Republic of Korea. It was also one of five permanent members of the UN Security Council. So, France actively supported the UN resolution to send UN troops to Korea when the Korean War broke out.

However, France was heavily damaged in World War II, and restoration work was in full swing. For one reason or another, France could not afford to send troops to Korea. In response, France proposed to the UN to send only a group of 12 high-ranking officers to the UN.

The French government sent the small 2,000-ton destroyer Grandière to Korea on July 22, 1950. Afterwards, the Grandière helped the ground forces by participating in the Pohang and Incheon landing operations.

However, the UN requested that ground troops be sent rather than inspection groups, and the French public and soldiers also wanted to send troops. When General Blanc, chief of staff of the French Army, was contemplating sending troops, there was someone who persuaded him. It was Lieutenant General Raoul Charles Magrin-Vernerey, the Foreign Legion Supervisor, called Ralph Monclar. He suggested that we create a special unit of reservists and active-duty volunteers and send them to Korea.

At first, General Blanc objected, saying, "It is impossible to create an operational unit in a short period of time." However, General Monclar insisted that it was possible if he selected those who had experience in the Second World

War or the Indochina War. He also said that he would lead the unit himself when the unit was created. In the end, his argument was accepted, and the French decided to send ground forces.

'Monclar' is a pseudonym that he used while serving in the resistance when France was occupied by the Nazis. He was a World War II hero who was wounded 18 times on the battlefield and was decorated 18 times. General Monclar traveled around the country, recruiting his men. As a result, more than 1,300 volunteers from all over the country were selected by passing strict criteria.

But there was one problem. General Monclar planned to lead the battalion and go to war himself, but Deputy Defense Minister Max Rugen objected. He said, "A battalion in the United States is commanded by a lieutenant colonel, how can you, a lieutenant general, be a battalion commander?" he said. General Monclar said he would resign himself as a general and take up the rank of lieutenant colonel.

General Monclar's military career was similar to that of Lieutenant General Ridgway, then commander of the Eighth Army. He also said that he had to be under the command of a superior younger than him, but he didn't care. Although his rank in Korea was lieutenant colonel, the people treated the battalion commander Monclar as a general.

The newly created French Battalion had no history or tradition, and was made solely to fight in Korea. There were no military flags engraved with gold thread as a sign of victory. However, the unit flag was essential, so the day before the founding event, a person was sent to Paris to buy a light blue fabric symbolizing the United Nations. I drew an olive branch on the fabric and made an army flag by drawing earth evangelism in it. They wore khaki uniforms and black berets, which had a lozenge badge engraved with the abbreviation for UN forces, 'ONU'.

The French Battalion of the UN Forces arrived at Busan Port on November 29, 1950. On December 10, they moved to Suwon and joined the US 2nd Infantry Division.

The U.S. 2nd Division, bearing the 'Indian Head' mark, was active in the Normandy landings during World War II. He is the real protagonist of the movie 'Saving Private Ryan'. However, when the 2nd Division advanced into North Korea, at the Battle of Gunuri in South Pyongan Province, about 5,000 casualties and all heavy equipment were lost and the division was almost disbanded. Of these, only the 23rd Regiment could escape by sea, and the French became the 4th Battalion of the 23rd Regiment.

The French Battalion was put on the front line in January 1951 and fought mainly in the fiercest battlefields of the Central and Western Fronts on the Korean Peninsula until July 1953, when an armistice was signed. The cold weather with blizzards and the mountainous and rugged topography of Korea were also great obstacles for them. La Gutt, a French war veteran, said, "Korea's topography is like a crumpled piece of paper by a nervous god."

The French Battalion defeated the enemy in a fierce hand-to-hand battle

On January 5, 1951, in the harsh cold of minus 30 degrees Celsius, the French battalion was put into battle for the first time. It is a battle in which the US 2nd Division defeated 3 North Korean divisions and reclaimed Wonju while the ROK and UN forces were retreating to the 37th parallel due to the Chinese invasion. Wonju was a strategically valuable place for In this battle, the US 2nd Division, to which the French were attached, fought three North Korean divisions for a week and captured Wonju. At that time, when the ROK and UN forces were pushed back by the communist forces and kept retreating, occupying the Wonju area and preventing the enemy from going south was a great achievement.

In this battle, the French battalion was put into jeopardy several times. In the battle on January 10, 25 men from a French platoon defeated a North Korean battalion with only guns and swords. On the 12th, the Chinese army broke through the darkness and flocked in like swarms of ants. The French battalion's positions were cut open by the enemy's grenade attack and machine gun fire. Inside the camp, a fierce hand-to-hand battle was fought between the French and Chinese forces.

The valiant French battalion, which greatly defeated the enemy in that hand-to-hand battle, was highly praised and awarded by the division commander. General Monclar heard the story and said, "What? The bayonet charge our soldiers did is the foundation of infantry tactics. But why are those Americans making a fuss with it?" he said as if nothing special.

At the time, the Americans thought that charging with a bayonet was an old-fashioned battle. This is because during World War II, I saw many Japanese soldiers rushing in with only bayonets, but in vain, they collapsed in vain with guns fired by Americans. However, seeing the French army in action, 8th Army commander Lizzy Wei, realizing that a bayonet charge by a well-trained unit could put tremendous pressure on the enemy, said to his men:

"The bayonet may not be the last weapon of the Allied Forces, but it has a strategic value that you cannot ignore. All soldiers should note that the bayonet was not designed just to pick cans."

In February 1951, the Chinese Communist Army attacked Jipyeong-ri in Yangpyeong, Gyeonggi Province, in a cold weather of minus 20 degrees Celsius. Jipyeong-ri was an important strategic point for both sides. The Chinese Communist forces planned to occupy the Jipyeong-ri and Yeoju areas to divide the UN forces into east and west and threaten the rear of the Western Front. If this area was taken over by the enemy, it would have been a great threat to the UN forces. So Commander Ridgeway also ordered, "No matter what happens, secure Jipyong-ri."

However, on February 13, 1951, the French Battalion was in danger of being isolated by three Chinese divisions in Jipyeong-ri. During the day, artillery fire and aerial bombardment prevented the enemy from getting close to friendly positions. However, since ten o'clock at night, a huge number of Chinese troops have been attacking with whistle, trumpets, and buzzing noises. The unfamiliar and noisy sound terrified the French. But General Monclar, more experienced in combat, responded with a louder hand-operated siren.

The Chinese forces rushed up to 20m in front of the French Battalion. The two armies had to engage in hand-to-hand combat once again in a state where it was difficult to tell even before your eyes due to the darkness and smoke. The French battalions took off their helmets and tied a red towel around their heads to distinguish their allies from their enemies.

The Chinese forces retreated in the morning and came back at night. As the hellish battle continued, the corpses of the Chinese soldiers piled up like a mountain inside the ranch. After three days of tenacious and bloody battle, the French battalion repulsed the Chinese and defended the defensive positions to the end.

The Battle of Jipyeong-ri was the first battle in which the UN forces defeated the Chinese forces. This battle gave the UN forces confidence that they could defeat the Chinese forces. One of the factors that enabled the French army to win the Battle of Jipyeong-ri was the excellent command of General Monclar. In addition, the French army's unbreakable courage, absolute obedience to orders, and aversion to communism made the Chinese military fearful.

French battalion with 1/5 of its entire force damaged.

The French Battalion also participated in the Battle of the DanJang Ridge, which was held for one month from September 13, 1951. Danjang ridge refers to the peaks that extend from the middle of Yanggu and Inje to north and south.

Among them, the Battle of Hill 931 was the most gruesome battle of the Korean War. At that time, a foreign war correspondent who came to cover the fierce battles in the area saw a wounded soldier cry out in pain at the aid station, saying, "Heart Break!". Its name is derived from the fact that the reporter wrote 'the leader's ridge' in the article.

Armistice talks began in July 1951, but the North Korean Communist and Chinese forces delayed the talks in order to gain an advantage in the negotiations. In mid-August, when the talks were halted entirely by the Communists, the UN forces launched an attack from the 'leader's ridge' to bring the communist forces back to the negotiating table. In this battle that lasted for a month, the UN forces, with French troops attached, defeated two North Korean communist divisions and took the ridge. This battle was a bloody battle that resulted in the casualties of over 3,700 UN troops and 25,000 communists. One of the French battalions surviving at the time even left a will when he died, requesting that his ashes be scattered on the ridge of the 'DanJang' where his comrades died.

In October 1952, the French Battalion fought fiercely at Arrowhead Hill in Cheorwon-gun, Gangwon-do.

On October 6, the Chinese Communist Army fired over 1,000 shells at Arrowhead Hill for five hours from dawn. Barbed wire, trucks, tanks, mortars and radio antennas were all destroyed in the bombardment. After that, a large number of Chinese troops rushed in. Both armies got tangled up and started fighting. The Chinese forces retreated for a while, leaving behind numerous corpses, then attacked twice more. However, the French fought to the death and drove the communists from near Arrowhead Hill.

During the 32 months of the French army, about 8,200 men took turns. Among them, 280 killed, 1,350 wounded, and 19 missing, resulting in approximately 1,600 casualties. Just looking at these numbers, you can imagine how fiercely the French were fighting.

The sacrifice of Major Jean-Louis of the French Battalion is also unforgettable. Major Jean-Louis participated in the Korean War as a chief surgeon in the French Army. He served as the medical captain of the mobile hospital, treating not only the wounded but also the residents. However, in May 1951, he entered a coal mine in Jangnam-ri, Hongcheon-gun, Gangwon-do to rescue two wounded Korean soldiers, but the mine collapsed and he died. In Hongcheon-gun, there is a statue of him carrying a first-aid kit instead of a gun on his shoulder.

◉ Monument to the Participation of the French Army

(31-2, Pawang-dong, Jangan-gu, Suwon-si, Gyeonggi-do)

The French Army Monument is not a tall tower, but rather an open mound. The front wall is engraved with the mark of the French Battalion, the mark of the US 2nd Division to which the French Army was assigned, and the list of dead. On either side of the wall are photos of major battles, and in the middle of the wall stand statues of French soldiers with guns. This monument was erected in Suwon in connection with the construction of the first encampment by French troops arriving in Busan.

벨기에·룩셈부르크 참전 기념비
The monument to the participation of Belgium
and Luxembourg in the Korean War

5·6. 벨기에와 룩셈부르크

두 나라 군대가 모여 하나의 대대로 파병

유럽의 작은 나라 벨기에와 룩셈부르크(이하 벨룩스)는 영세중립국이었습니다. 그러나 그들은 두 차례의 세계대전을 겪으면서 강한 군사력을 갖추지 못한 '중립'은 의미가 없다는 것을 깨달았습니다. 그래서 1949년 중립을 포기하고, 공산 소련의 확대에 대비하여 만든 북대서양조약기구(NATO)에 가입했어요. 하지만 6·25전쟁이 일어났을 무렵에는 군대가 채 만들어지지 않은 상태여서 한국에 상비군을 파견할 여유가 없었습니다. 그래도 벨룩스 두 나라는 1950년 7월 22일 지원병을 모집한 뒤 통합된 대대를 편성하여 파병하기로 결정했습니다.

벨기에에서는 나치 치하에서 레지스탕스로 싸웠던 사람 등 다양한 지원자가 모여들었습니다. 2,000명이 지원했는데 그중에는 전 상원의원이며 당시 국방부 장관이던 모로 드 믈랑 예비역 소령도 포함되어 있었습니다. 또한 시몬 피에르·노통브는 19세 성인이 되는 날 참전 신청을 했습니다. 그의 아버지는 상원 외교위원장으로 귀족 작위를 가진 사람이었지요. 피에르·노통브 남작은 "공산주의에 맞서 싸우는 것은 당연한 의무이다. 하지만 귀족은 장교로 참전해야 격에 맞는다"라며 아들에게 장교로 지원할 것을 권유하였습니다. 하지만 시몬은 사병으로 지원했습니다. 아버지 친구인 믈랑 상원의원이 소령으로 참전한 것에 자극받은 것이에요.

벨기에군은 지원자 가운데 엄선한 700명으로 대대를 편성할 수 있었습니다. 룩셈부르크도 벨기에군 대대의 창설에 맞추어 48명을 뽑아 1개 소대를

벨기에·룩셈부르크 참전 기념비
The monument to the participation of Belgium and Luxembourg in the Korean War

만들었습니다. 맥아더 유엔군 사령관은 유엔 사무총장에게 "참전하려는 나라는 최소한 1,000명의 장병을 보내야 한다"라고 말했습니다. 그런데 룩셈부르크는 이 기준에서 예외가 되었지요. 당시 인구가 20만 명 남짓이었던 룩셈부르크는 많은 병력을 파견할 수 없었기 때문입니다. 그래서 1개 소대를 이웃나라 벨기에 대대에 포함하여 파병할 수 있도록 했어요.

벨룩스 대대는 1951년 1월 31일 부산에 도착했습니다. 미 제3사단에 배속된 벨룩스 대대는 3월 9일, 한강 전선에서 처음 적과 만나게 되었습니다. 이 작전을 성공적으로 수행한 벨룩스 대대는 3월 15일 유엔군의 두 번째 서울 탈환에 함께 할 수 있었습니다.

대대의 영광, 임진강과 학당리, 잣골 전투

벨룩스 대대는 1951년 4월에 미군을 떠나 영연방 제29여단에 배속되었습니다. 벨룩스 대대는 임진강 북쪽 금굴산에서 이틀 동안 치열한 전투 끝에 중공군의 공격을 막아내고 고지를 지켜냈습니다. 이때 중공군에 포위되었던 영국군이 철수할 수 있도록 결정적 역할을 했지요. 4월 22일 중공군 3개 사단이 임진강을 건너 금굴산고지를 공격해왔을 때 벨룩스 대대는 끝까지 고지를 지키며 다른 부대가 철수할 시간을 벌어주었습니다. 그 때문에 벨룩스 대대는 적에게 포위되었어요. 다음 날 철수 명령이 내려졌지만 중공군의 포위를 뚫기는 어려웠습니다. 유엔군의 폭격기가 중공군 진지에 폭탄을 퍼붓는 동안 벨룩스 대대 장병들은 임진강을 건너 바위벽을 기어올라 간신히 포위망을 벗어났습니다.

4월 24일 벨룩스 대대장은 부상자를 후송하기 위해 1개 전차 소대와 헬기 한 대를 지원해달라고 미 제7연대장에게 요청했습니다. 헬기가 도착하여 대대 구호소에서 부상자를 헬기에 태우고 있을 때 벨룩스 대대의 구에리세 군의관은 "도감포 다리에 방치되어 있는 중상자 한 명을 구조하겠다"라고 나섰습니다. 대대장은, 그곳이 적에 노출된 곳으로 위험하다는 생각에 처음에는 거절했어요. 하지만 전차를 보내면 된다는 생각에 군의관의 요청을 받아들였습니다. 군의관을 태운 전차는 도감포 다리로 다가갔고 부상병을 발견한 전차병이 헤치를 열고 뛰어가 부상병을 업고 전차까지 왔습니다. 그러나 적의 총탄에 맞아 전차병도 부상했지요. 그래도 이들은 무사히 진지로 돌아올 수 있었습니다. 부상한 전우를 구하겠다는 벨룩스 군인들의 희생 정신이 빛나는 일화입니다.

1951년 8월 31일에는 미 제3사단에 다시 배속되었습니다. 그해 10월 벨룩스 대대는 철원과 평강 사이의 학당리 388고지를 지키는 임무를 받았습니다. 이 고지는 평야에 우뚝 솟은 독립 고지로, 여러 장애물로 튼튼하게 만들어진 진지가 있었습니다. 10월 12일 중공군은 벨룩스 대대 C중대가 있는 지역에 포 사격을 한 후에 공격해 들어왔습니다. 벨룩스 대대는 두 차례에 걸쳐 진지 철조망까지 접근한 적군을 총을 쏘아 막아냈어요.

그날 밤, 적군은 C중대 정면을 공격하는 한편 멀리 돌아서 B중대 오른쪽을 공격해왔습니다. 중공군은 워낙 숫자가 많으니 이렇게 여기저기서 동시에 공격할 수 있었어요. 거의 포위된 것이나 다름없었던 벨룩스의 두 중대는 사격으로 적군의 주력 부대를 막아냈습니다. 하지만 적군 일부가 B중대 진지로 파고 들었습니다. B중대 병사들은 밀려오는 중공군과 치열한 백병전을 벌인 끝에 적을 몰아낼 수 있었지요. 사흘 동안 네 차례나 중공군이 공격해왔지만 벨룩스 대대는 사투 끝에 적을 막아냈고 결국 중공군은 물러갔습니다.

1952년 10월부터 중단되었던 휴전 회담은 1953년 4월부터 다시 열리게 되었습니다. 포로 교환 문제가 어느 정도 결실이 있었기 때문이에요. 그러나 전선의 전투는 갈수록 치열해졌습니다. 양쪽 모두 휴전 이전에 조금이라도 더 많은 땅을 차지하기 위해서 혈투를 벌인 것이에요. 그런 가운데 벨룩스 대대는 1953년 2월부터 4월까지 벌어진 김화 서북방 잣골 방어 전투에 참여하게 되었습니다. 잣골은 중공군의 방어 거점인 오성산에서 남쪽으로 뻗어내린 능선에 위치한 지역입니다. 공산군이 점령한, 해발 1,062m의 오성산은 남쪽 철원 지역이 한눈에 내려다보이는 곳입니다. 또 유엔군이 볼 때는 오성산을 점령한다면 평양까지 진격하는 데 장애물이 없다고 할 정도로 중요한 곳이지요. "북한의 김일성이 국군의 군번줄을 한 트럭 싣고 오더라도 오성산과는 바꾸지 않겠다고 큰소리쳤다"라는 이야기도 있을 정도였습니다.

오성산 부근에서 벨룩스 대대는 왼쪽으로부터 앨리스, 바바라, 케롤이라는 이름을 붙여 전초를 만들었습니다. 전초란 적을 경계하기 위하여 적군의 전방에 배치하는 작은 초소를 말하지요. 벨룩스 대대는 전초를 빼앗기고 빼앗는 전투를 계속 치렀습니다. 전초를 두고 벌인 전투들은 4월 말까지 계속

참전 기념비의 벨기에군 부대 마크
The mark of the Belgian army unit on the monument to the participation in the war.

되었습니다. 양쪽 진영에서 엄청난 양의 포탄이 오고 갔고 때로는 서로 엉켜 백병전을 벌이기도 했습니다. 전초를 방어하며 55일이나 잣골 진지를 지켜낸 벨룩스 대대는 4월 21일 밤 잣골 진지를 미 제7연대 제2대대에 넘겨주고 철수 했습니다. '잣골'은 벨룩스 대대에게 승리를 안겨준 지역이에요. 벨룩스 대대 의 대대기에는 영광의 전투를 기념하는 리본이 달려 있는데 이 방어 전투 이 후 '임진', '학당리' 리본 외에 '잣골' 리본이 대대기에 달리게 되었습니다.

김화 지구 전투에서는 벨기에 부대 형제 장교 중 한 명이 전사하는 안타까 운 일이 벌어졌습니다. 형 피에르 가일리 대위는 교대 병력으로 귀국했다가 다시 한국에 파견되었습니다. 돌아온 그는 동생인 에티에느 가일리 대위가 지휘하던 화기 중대를 인수하여 작전에 참여했어요. 그런데 3월 30일 오전, 전방을 정찰하던 피에르 가일리 대위를 태운 경비행기가 적의 총에 맞아 추 락하고 말았습니다. 다음 날 새벽 동생 에티에느 가일리 대위는 수색에 나섰 습니다. 에티에느 가일리 대위는 무전병만 데리고 계곡 입구로 나아가 비행기가 추락한 지점을 망원경으로 관측했습니다. 그러나 생존자의 흔적을 찾지 못했지요. 결국 형 피에르 가일리 대위는 전사로 처리되었습니다.

"더는 잊지 않는다"

벨기에는 전쟁이 끝난 후에도 한국에서 여러 가지 사회 사업을 펼쳤습니다. 한센병 환자 전용 병원인 다미엥 병원을 세웠고 환자 자녀들을 위한 직업 학교도 만들었습니다. 1965년에는 한센병 환자들을 수용하고 있는 소록도 병원에서 벨기에 의료진이 진료 활동을 했는데 그때 온 간호사 중 한 명은 김화 지구에서 전사한 피에르 가일리 대위의 동생이었습니다. 3남매가 아시아 끝의 작은 나라에 와서 헌신하고 희생한 것이에요.

벨기에에는 6·25전쟁 박물관이 있습니다. 이 박물관은 참전 부대인 제3공수대대 안에 자리잡고 있는데 이 부대의 건물들에는 '임진강' '학당리' '잣골' 이라는 이름이 붙어 있습니다. 또 이 대대를 가일리 대위의 이름을 따서 '가일리 대대'라고 부른다고 해요. 참전 용사 3,171명의 이름이 적혀 있는 박물관 입구에는 '잊힌 전쟁(Forgotten War)'이라고 적혀 있습니다. 하지만 출구에는 '더는 잊지 않는다(Forgotten no more)'라고 쓰여 있다고 합니다.

◉ 벨기에·룩셈부르크 참전 기념비(경기도 동두천시 상봉암리 130)

벨기에·룩셈부르크 참전 기념비는 하얀 기둥 세 개가 위쪽으로 모여드는 형태로 만들어졌습니다. 정면에서 보면 전투기가 하늘로 솟아오르는 모양으로 보이지요. 20m 높이의 탑은 양면으로 나눠볼 수 있는데 앞에서 봤을 때 왼쪽은 룩셈부르크, 오른쪽은 벨기에의 참전을 기념하는 공간입니다. 각각의 면에 서로 다른 나라 이름이 적혀 있지만 같은 모양의 부대 마크가 붙어 있습니다. 벨기에와 룩셈부르크는 하나의 대대로 참전했기 때문입니다.

5·6. Belgium and Luxembourg

The armies of two countries are gathered and dispatched as one battalion

Belgium and Luxembourg (hereafter Vellux), small European countries, were permanently neutral countries. However, after going through the two world wars, they realized that 'permanent neutrality' without strong military power was meaningless. So, in 1949, he gave up neutrality and joined NATO, the North Atlantic Treaty Organization created in preparation for the expansion of the communist Soviet Union. However, by the time the Korean War broke out, the army had not yet been built, so there was no room for a standing army to be dispatched to Korea. Nevertheless, the two countries of Vellux decided to send volunteers on July 22, 1950 by forming a combined battalion after recruiting volunteers.

In Belgium, volunteers from all over the world gathered, including those who fought in resistance under the Nazis and those who wanted to exercise their chivalry spirit. About 2,000 people applied, including former senator and current defense minister, Major Morro de Moulin Reserve. In addition, Simon Pierre and Notonve applied for war on the day they became an adult at the age of 19. His father was a member of the Senate Foreign Relations Committee, a nobleman with the title of baron. Baron Pierre Notonve said, "It is a natural duty to fight communism. However, nobles must participate in the war as an officer in order to qualify." He encouraged his son to apply as an officer. However, Simon volunteered as an enlisted soldier. It was stimulated by his father's friend, Senator Melang, who participated in the war as a major.

The Belgian army was able to form a battalion with 700 men carefully selected from among the volunteers. Luxembourg also selected 48 men to form one platoon in line with the creation of the Belgian Army Battalion. UN Commander General MacArthur told the UN Secretary-General, "A country that wants to go to war must send at least 1,000 soldiers." Luxembourg, however, is an exception to this criterion. Luxembourg, with a population of just over 200,000 at the time, was unable to send a large number of troops. So, one platoon was included in the neighboring country's Belgian battalion so that it could be dispatched.

The Velux Battalion arrived in Busan on January 31, 1951.

The Velux Battalion, which was attached to the US 3rd Division, met the enemy for the first time on March 9 at the Han River Front. Having successfully carried out this operation, the Vellux Battalion was able to join the UN forces in the second recapture of Seoul on March 15th.

The glory of the Battalion, the battle of Imjin River, Hakdang-ri, and Jatgol

In April 1951, he left the US Army and was assigned to the 29th Commonwealth Brigade. The Velux Battalion defended the high ground after a two-day fierce battle against the Chinese attack on Mt. Geumgul, north of the Imjin River. At this time, it played a decisive role in making a way for the British forces to withdraw, which had been surrounded by the Chinese forces. On April 22, when three Chinese divisions crossed the Imjin River and attacked the Geumgulsan hill, Vellux kept the hill until the end so that other units could withdraw. Because of this, the Vellux Battalion was surrounded by the enemy. The withdrawal order was issued the next day, but it was difficult to break through the siege of the Chinese forces. While the UN bombers bombarded the Chinese positions, the soldiers of the Velux Battalion crossed the Imjin River and climbed the rocky wall, barely breaking out of the encirclement.

On April 24, Battalion Commander Bellux asked the commander of the US 7th Regiment to support one tank platoon and one helicopter to evacuate his wounded. When the helicopter arrived and the battalion aid station was carrying the wounded by helicopter, Surgeon Guerise of the Velux Battalion said, "I will rescue a seriously injured person left on the Dogampo Bridge." The battalion commander at first refused because he thought it was a dangerous place to be exposed to the enemy. But he thought he could send a tank, so he accepted the surgeon's request. A tank carrying a medical officer approached the Dogampo Bridge, and the tanker who found the wounded opened the hatch and ran to the tank carrying the wounded soldier. However, the tanker was also wounded by enemy bullets. Nevertheless, they were able to return to the camp safely. It is an anecdote of the spirit of sacrifice of the Velux soldiers to save wounded comrades.

On August 31, 1951, The battalion was reassigned to the US 3rd Division. In October of that year, the Vellux Battalion was tasked with protecting Hill 388, Hakdang-ri, between Cheorwon and Pyeonggang. It was an independent highland towering over the plains, and had strongholds built from obstacles. On October 12th, the Chinese forces attacked the area where C Company of Velux Battalion was located after firing artillery fire. The Velux Battalion fired and blocked the enemy troops who approached the barbed wire on two separate occasions.

That night, while the enemy attacked the front of Company C, they turned away and attacked the right side of Company B. The Chinese army was so numerous that it was able to attack here and there at the same time. Nearly besieged, Vellux's two companies opened fire and blocked the enemy's main force. However, some of the enemy forces penetrated into B Company's positions. The soldiers of Company B were able to drive out the enemy after a fierce hand-to-hand battle with the incoming Chinese forces. Although the Chinese forces attacked four times in three days, the Vellux Battalion stopped the enemy after a fierce battle, and the Chinese forces eventually withdrew.

Armistice talks, which had been interrupted since October 1952, resumed in April 1953. Because the prisoner exchange issue had some fruit. However, the battle on the front became increasingly fierce. Before the armistice both sides fought a bloody battle to claim as much land as possible.

Meanwhile, the Vellux Battalion took part in the Battle of Jatgol, northwest of Gimhwa, which took place from February to April 1953. Jatgol is an area located on a ridge extending south from Oseongsan Mountain, a defensive base for the Chinese Communist Army. Oseongsan, 1,062m above sea level, occupied by the Communist Army, overlooks the Cheorwon region to the south. Also, when viewed from the south, it is so important that it is said that if the UN forces occupy Mt. Oseong, there will be no obstacles in advancing to Pyongyang. There was even a story saying, "North Korea's Kim Il-sung shouted out that even if he came with a truck carrying a dog tag of the ROK Army, he would not change it with Oseongsan."

Near Mt. Ohseong, the Bell Lux Battalion made an outpost from his left, bearing the names Alice, Barbara, and Carol. An outpost is a small post placed in front of the enemy to guard against the enemy.

The Velux Battalion continued to fight for the outposts and take them away. Battles over the outpost continued until the end of April. Huge amounts of shells came and went from both camps, sometimes tangled up in hand-to-hand combat. The Velux Battalion, which defended the outpost and defended the Jatgol Fort for 55 days, handed over the Jatgol Fort to the 2nd Battalion of the US 7th Regiment on the night of April 21 and withdrew. 'Jakgol' is the area that gave the Vellux Battalion a victory. A ribbon commemorating the Battle of Glory is attached to the battalion of the Velux Battalion. After this defensive battle, in addition to the 'Imjin' and 'Hakdang-ri' ribbons, the 'Jakgol' ribbons were run in the battalion.

'I don't forget anymore'

Even after the war, Belgium carried out various social projects in Korea. He built Damien Hospital, a hospital dedicated to leprosy patients, and a vocational school for the children of the sick. In 1965, Belgian medical staff worked at the Sorokdo Hospital, which houses leprosy patients, and one of the nurses at that time was the younger sister of Captain Pierre Guilly, who died in the Gimhwa district. The three brothers and sisters came to a small country at the far end of Asia, where their names are unknown, and made sacrifices.

In Belgium, there is a museum of the Korean War. This museum is located within the 3rd Airborne Battalion, a unit that participated in the war, and the buildings of this unit are named 'Imjingang', 'Hakdang-ri' and 'Jatgol'. It is also said that this battalion is called 'Gylie Battalion' after Captain Guyley's name. The entrance to the museum, which contains the names of 3,171 veterans, reads 'Forgotten War'. However, it is said that the exit sign says 'Forgotten no more'. '

◉ Monument to the Participation of Belgium and Luxembourg in the Korean War (130 Sangbongam-ri, Dongducheon-si, Gyeonggi-do)

The Monument to the Participation of Belgium and Luxembourg in the war was made in the shape of three white columns gathered upwards. When viewed from the front, it looks like a fighter jet soaring into the sky. The 20m high tower can be seen from both sides. When viewed from the front, the left side is a space to commemorate the participation of Luxembourg, and the right side is a space to commemorate the participation of Belgium. Each side has a different country name written on it, but the same unit mark is attached to it. This is because Belgium and Luxembourg participated in the war as one battalion.

네덜란드 참전 기념비 앞의 무장한 군인 석상
A statue of an armed soldier in front of
the monument to the participation of
the Dutch Army

7. 네덜란드

국민의 여론으로 결정된 파병

네덜란드는 국토가 우리나라의 절반이 채 안 되는 작은 나라입니다. 우리에게는 바다보다 낮은 땅을 가진 나라, 풍차의 나라, 2002년 월드컵 4강 신화를 이끈 히딩크의 나라, 스케이트를 잘 타는 나라, 안네 프랑크의 나라 등으로 잘 알려져 있지요. 역시 유럽 참전국인 벨기에, 룩셈부르크와 가까이 있는 나라로 사람들은 이 세 나라를 묶어 베네룩스 3국이라고도 합니다.

네덜란드는 제2차 세계대전 때 독일 나치에 점령되었습니다. 다른 나라에 점령당한 채 혹독하게 세계대전을 치른 네덜란드는 1950년 6·25전쟁이 일어났을 무렵 군사력이 그다지 강하지 못했습니다. 그런 열악한 상황에서도 네덜란드는 유엔의 결의에 따라 한국에 파병하기로 했어요. 하지만 지상군을 보내기 어려우니 일단은 해군 구축함을 보내기로 했습니다. 마침 한국에서 가까운 인도네시아에 있던 에베르센호는 출동 명령을 받고 바로 한국으로 향했습니다. 그 덕분에 에베르센호는 6·25전쟁이 일어난 지 한 달도 채 안 된 7월 16일, 서해에서 작전 수행 중이던 영국 극동 함대에 합류할 수 있었습니다.

그즈음 한국에서는 아군이 여전히 공산군에게 밀리고 있었습니다. 상황이 심각하다고 생각한 유엔 사무총장은 지상군을 보내달라고 네덜란드 정부에 요청했습니다. 일주일 후 네덜란드 정부는 군사적인 사정으로 파병할 수 없다고 답장을 보냈어요. 하지만 많은 네덜란드 국민이 한국에 군대를 보내야 한다고 주장했습니다. 그들은 민간 기구인 '한국참전지원병임시위원회'를

풍차 모양의 네덜란드 참전 기념비
The monument to the participation of the Dutch Army in the shape of a windmill

만들고 참전을 자원하겠다고 나섰습니다. 네덜란드 정부는 국민 여론에 따라 결국 지상군 파병을 결정했지요. 네덜란드 국민은 멀리 떨어진, 이름도 제대로 알 수 없었던 한국을 공산주의자들로부터 구하기 위해 정부를 움직인 것입니다.

네덜란드 정부는 육군 보병 1개 중대와 해병대 1개 중대로 1개 대대를 편성하기로 결정했고 지원병을 모집했습니다. 열흘 동안 1,217명이 지원했는데 엄격한 심사를 거쳐 최종적으로 636명을 뽑았습니다. 첫 대대장에는 덴 오우덴 중령이 임명되었어요. 네덜란드 대대는 헤이그 시가를 행진한 후 공식 환송식을 마치고 1950년 10월 26일 수송선에 올랐습니다. 한 달만인 11월 23일 부산항에 도착한 네덜란드 대대는 현지 적응 훈련도 못한 채 바로 전선으로 출동했습니다. 중공군의 대대적인 참전으로 전쟁 상황이 급박하게 돌아가고 있었기 때문입니다.

원주·횡성 지역의 중공군을 막아내다

1951년 1월 3일 네덜란드군은 한국 도착 후 처음으로 횡성 북쪽 초현리에서 중공군과 맞서 싸웠습니다. 연대 규모의 중공군이 남쪽으로 내려오고 있다는 정보를 얻은 네덜란드군은 100여 명으로 구성된 정찰대를 편성했어요. 정찰대는 초현리로 오는 도로에 지뢰를 묻고 있는 중공군을 발견하였고 그들을 모두 사살했습니다. 이후 벌어진 교전에서도 네덜란드군은 강인한 정신력과 책임감으로 몰려오는 중공군을 막아냈습니다. 한국 지형에 익숙하지 않고 중공군과의 전투 경험도 없었던 네덜란드군은 이 전투에 승리함으로써 이길 수 있다는 자신감을 얻게 되었습니다.

1월 13일부터 벌어진 원주 방어 전투에서 네덜란드 대대는 연대 규모의 중공군과 마주쳤지만 잠시 빼앗겼던 325고지를 되찾는 전과를 올렸어요. 325고지 전투에서 네덜란드 대대가 승리한 덕에 중공군이 아군의 후방 깊숙이 들어오는 것을 막고 서울-원주 간 병참선을 지킬 수 있었습니다. 2월 11일 중공군은 2월 공세를 시작하였습니다. 중공군 일부는 아군의 후방으로 침투해서 보급로를 끊기도 했지요. 중공군의 대대적인 공격에 아군은 혼란에 빠졌고 군단장은 전 부대에 철수 명령을 내렸습니다. 아군 부대는 네덜란드 대대가 방어 중인 횡성으로 철수했습니다. 전선에서 횡성까지의 계곡을 철수부대들은 '학살의 계곡'이라고 불렀습니다. 거기까지 오는 동안 도로도 끊긴 데다 공산군의 집중 사격을 당했기 때문입니다.

2월 12일 아군은 여전히 철수하는 중이었고 네덜란드 대대는 아군을 엄호하고 있었습니다. 오후가 되면서 중공군은 네덜란드 대대가 있던 지역에 집중적으로 포를 쏘았습니다. 횡성교 부근을 방어하던 네덜란드 대대 A중대는 적과 총격전 벌였어요. 그런데 해가 지면서 철수하는 부대의 미군과 국군까지 섞여 누가 적군인지 아군인지 구별하기 어려운 상황이 되었습니다. 저

녁 일곱 시쯤, 혼란 중에 느닷없이 조명탄 한 발이 터졌습니다. 이 조명탄은 적군의 공격 신호였지요. 이 신호 이후 국군으로 위장한 중공군이 네덜란드 대대 후방을 공격했습니다. 기습 공격으로 대대 본부는 적에게 완전히 포위당했습니다. 이때 대대장 오우덴 중령은 대원들을 지휘하며 적에게 저항하다 수류탄 폭발로 전사하고 말았어요.

대대의 중심부가 이런 위기에 처했음에도 불구하고 소식을 듣지 못한 전방의 중대들은 아군의 철수를 엄호하고 있었습니다. 밤이 늦어서야 본부의 혼란은 수습되었고 네덜란드 대대는 국군과 미군이 모두 철수한 후 사단의 마지막 대대로서 원주비행장에 도착했습니다. 대대장이 전사한 가운데서도 네덜란드 대대는 중공군의 기습을 방어하고, 철수하는 아군을 끝까지 엄호한 것입니다.

1951년 5월에 가리산과 인제에서 전투를 치른 네덜란드군은 7월 15일 양구 북쪽의 도솔산 지역으로 이동했습니다. 대대가 자리 잡은 지역은 앞쪽에 1,120고지와 대우산에서 훤히 내다보이고 방어가 불리한 지형이었습니다. 게다가 진지 앞쪽으로는 수많은 지뢰와 부비트랩이 묻혀 있었어요. 그런 위험에도 불구하고 네덜란드 대대는 1,120고지를 정찰하여 그곳을 빼앗을 준비를 했습니다. 네덜란드 대대가 배속되어 있던 미 제38연대장은 미군과 네덜란드군 합동으로 1,120고지를 점령하고 이후 대우산을 빼앗도록 명령했습니다.

작전이 시작된 날짜는 7월 26일. 아침부터 공격 준비 사격을 한 후 선봉에 선 네덜란드군 C중대는 짙은 안개를 틈타 우거진 삼림을 헤치고 가파른 오르막길을 올라갔습니다. 돌격선에서 숨죽이며 돌격 준비를 하고 있었는데 오전 10시 30분경 갑자기 불어온 바람 때문에 안개가 걷혀 중대의 모습이 드러나고 말았습니다. 적은 중대를 향해 기관총탄을 퍼부었지요. C중대는 전열을 정비하고 아군의 항공 폭격을 기다렸습니다. 하지만 항공 폭격은 취소되고 중대는 위기에 처했습니다. 적의 계속되는 공격으로 부상자가 늘어나고 탄약은 떨어져가고 있었습니다. 그대로 철수할 수도 없는 상황이 되었어요. 밤이 되어서야 연막탄을 터뜨리고 그 사이에 중대는 간신히 철수할 수 있었습니다. 이후 7월 29일, 미군 대대가 엄청난 양의 포를 쏘아 대우산을 점령했습니다. 네덜란드 대대는 다시 공격을 시도하여 30일 대우산에 방어 진지를 확보하였습니다. 또한 소대 규모의 병력을 1,120고지에 파견하여 그곳을 지키게 하였습니다.

1952년 2월 네덜란드 대대는 평강 남쪽의 별고지(Star Hill)를 기습하라는 명령을 받았습니다. 별고지는 중공군의 주요 전초 진지로, 2개 소대 규모의 중공군이 있었을 뿐입니다. 하지만 그 고지 후방에는 중대 규모의 증원 병력이 있었고, 또 그 후방 472고지에는 강력한 화력 지원이 가능한 기지가 있었어요. 그래서 진지를 차지하는 것이 쉽지는 않았지만 더 많은 중공군을 포로로 잡아들이기 위해 공격하기로 한 것입니다. 2월 16일 대대장은 직접 항공기로 적진을 정찰하며 작전을 준비하였습니다. 공격은 B중대가 맡기로 했지요. 18일 아침, 아군의 공격 준비 사격이 별고지에 집중되었습니다. 별고지 정상은 순식간에 불바다가 되었습니다. 사격이 끝나고 B중대는 공격을 시작했어요. 오른쪽 소대가 먼저 적의 저항을 뚫고 별고지를 점령하였습니다. 왼쪽에 있던 적의 저항은 좀더 강했지만 네덜란드군 대대장은 박격포로 공격 소대를

오우덴 중령 추모비(횡성) / Memorial for colonel Ouden(Hoengseong Korea)

지원했습니다. 공격이 시작된 지 30여 분만에 적은 후방 472고지로 도망쳤습니다.

동해와 서해를 누비던 해군의 활약

네덜란드는 전통적으로 해양 운송이 발달한 국가이고 강한 해군도 지녔지요. 그들은 유엔의 6·25전쟁 참전 결의가 발표되자마자 바로 해군으로 참전하기로 결정했습니다. 인도네시아 수라바야 항에 정박하고 있던 구축함 에베르센호가 한국 해역으로 온 이후 네덜란드 해군은 전쟁 기간, 구축함 세 척과 프리깃함 세 척 등 여섯 척의 함정이 교대로 한국을 도우러 왔습니다. 1950년 7월 19일 서해상에서 영국 극동 함대에 합류한 에베르센호는 함포 사격과 함재기 폭격으로 서해안을 따라 남쪽으로 내려오는 공산군의 병력과 보급 물자 이동을 막으라는 명령을 받았습니다. 이에 에베르센호는 인천항으로 나아가 적이 차지한 인천 일원의 주요 시설에 대해 포격하였어요. 에베르센호는 인천상륙작전에도 참여하였습니다. 1951년 봄, 동해안으로 이동한 에베르센호는 함포 사격 등으로 공산군의 보급로를 끊는 데 공헌했습니다. 에베르센호에 이어 1951년 4월에 한국에 온 반 가렌호는 동해에서 흥남 폭격 작전에 참여하였고 서해로 옮겨 유엔군 레이더 기지, 조종사 구조 기지, 유격 부대 기지 등을 보호하고 지원하였습니다.

네덜란드군은 정전협정이 맺어진 후에도 벙커와 지뢰 등 휴전선 근처의 방어 시설물들을 제거하는 임무를 수행했어요. 1954년 10월 네덜란드 대대는 공식적인 임무를 마치고 귀국길에 올랐습니다. 그들은 부산 유엔군 묘지(유엔기념공원)에 들러 네덜란드군 전사자 117명의 묘지에 참배한 후 탄약통에 '한국의 흙'을 담아 고국으로 가지고 갔습니다. 이 흙은 네덜란드 오레흐춧에 서 있는 한국전 참전 기념탑 아래 묻혔다고 합니다.

◉ 네덜란드군 참전 기념비(강원도 횡성군 우천면 우항리 20)

네덜란드 참전 기념비는 풍차 모양으로 만들어져 한눈에 봐도 그 나라 기념비임을 알 수 있습니다. 풍차 앞에는 전투복을 입고 총을 든 네덜란드 군인의 석상이 있어요. 기념비가 있는 횡성은 6·25전쟁 때 네덜란드군이 가장 격렬하게 전투를 벌였고 가장 피해를 많이 입은 지역입니다. 또 횡성군 횡성읍 읍하리에는 전사한 대대장 오우덴 중령을 기리는 현충비가 있습니다.

7. Netherlands

Dispatch determined by public opinion

The Netherlands, located in the northwestern part of Europe, is a small country with less than half of Korea's land area. It is well known to us as a country with a land lower than the sea, a country of windmills, the country of Hiddink who led the myth of the quarterfinals of the 2002 World Cup, a country with good skating, and the country of the Orange Corps. As a country close to Belgium and Luxembourg, which also participated in the war, people refer to these three countries as the three Benelux countries.

The Netherlands was occupied by Nazi Germany during World War II. The Netherlands, which had been occupied by other countries and fought a harsh World War, did not have very strong military power when the Korean War broke out in 1950.

Even in such a difficult situation, the Netherlands decided to send its troops to Korea in accordance with the resolution of the United Nations. However, it was difficult to send ground forces, so they decided to send a naval destroyer first. The Eversen, which was in Indonesia, which was close to Korea, received an order to dispatch and headed straight for Korea. Thanks to him, she was able to join the British Far East Fleet, which she was operating in the West Sea on July 16, when she was less than a month after the Korean War broke out on the Eversen.

At that time, in Korea, our allies were still behind the communists. The UN secretary-general, who felt the situation was serious, asked the Dutch government to send ground troops. A week later, the Dutch government replied that they could not send troops for military reasons.

But many Dutch people insisted that we send troops to South Korea. They formed the 'Korean War Volunteers Temporary Committee', a non-government organization, and volunteered to participate in the war. The Dutch government ultimately decided to dispatch ground troops based on public opinion. The Dutch people moved the government to save a distant and unknown Korea from the communists.

The Netherlands is the fourth largest sender of troops after the United States, Britain and Australia. The Dutch government decided to form one battalion, one army infantry company and one marine company, and recruited volunteers. Over 10 days, 1,217 applicants applied, and after a rigorous screening process, 636 people were finally selected, excluding the elderly, those with less than one year of military experience, and those who were not feeling well. Lieutenant Colonel Den Ouden was appointed as the first battalion commander.

The Dutch Battalion entered the transport on October 26, 1950, after an official farewell ceremony after marching through the streets of The Hague. The Dutch battalion arrived at Busan Port on November 23, a month later, and immediately mobilized to the front line without training for adaptation. It was because the situation of the war was turning urgently due to the large-scale participation of the Chinese Communist forces.

Blocking the Chinese forces in Wonju and Hoengseong

In the new year of 1951, on January 3, the Dutch army fought against the Chinese forces in Chohyeon-ri, north of Hoengseong, for the first time since their arrival in Korea. After receiving information that a regiment-sized Chinese army was coming down south, the Dutch army formed a reconnaissance team of about 100 men. The reconnaissance team found Chinese troops burying mines on the road to Chohyeon-ri and shot them all. In the ensuing battle, the Dutch army resisted the coming Chinese army with strong mental strength and responsibility.

The Dutch army, unfamiliar with the Korean terrain and had no experience in combat with the Chinese army, gained confidence in winning this battle by winning it.

The Dutch battalion also encountered a regiment-sized Chinese force in the defensive battle of Wonju, which began on January 13. There was an accident where South African fighter-bombers mistakenly thought they were the enemy and bombed the positions of the Dutch battalion, but the battalion managed to regain Hill 325, which had been taken away for a while. Thanks to the victory of the Dutch Battalion at the Battle of Hill 325, the Chinese battalion was able to prevent the Chinese from entering the rear and defend the logistics line between Seoul and Wonju.

On February 11, the Chinese army launched the February Offensive. Some of the Chinese forces infiltrated the rear of the allies and cut their supply routes. Allies were confused by the massive attack by the Chinese Communist Forces, and the commander of the corps ordered all units to withdraw. The friendly units withdrew to Hoengseong, where the Dutch battalion was defending. The valley from the front line to Hoengseong was called the 'Valley of Massacre' by the evacuated troops. It was because the road was cut off on the way there and the communist forces were intensively fired.

On 12 February, the allies were still withdrawing and the Dutch battalion was covering them. In the afternoon, the CCP fired heavily at the area where the Dutch battalion had been occupied. Company A of the Dutch Battalion defending the vicinity of Hoengseong Bridge engaged in a gunfight with the enemy. However, as the sun went down, it became difficult to distinguish who was the enemy and who was the ally because the US and ROK forces were also mixed with the withdrawing units. Around seven o'clock, in the midst of the chaos, a flare suddenly went off. These flares were the signal of the enemy's attack. After this signal, Chinese forces disguised as ROK forces attacked the rear of the

Dutch battalion. In a surprise attack, the battalion headquarters was completely surrounded by the enemy. At this time, the battalion commander, Lieutenant Colonel Ou Den, commanding his crew and resisting the enemy, was killed by a grenade explosion.

Despite the fact that the center of the battalion was in such a crisis, the companies in the front, who did not hear the news, were covering the withdrawal of the allies. It was only late at night that the chaos at the headquarters was settled, and the Dutch Battalion arrived at Wonju Airfield as the last battalion of the division after both the ROK and US troops withdrew. Even while the battalion commander was killed, the Dutch battalion defended the Chinese army's surprise attack and covered the retreating allies to the end.

In May 1951, the Dutch army fought at Garisan and Inje and moved to the Dosolsan area north of Yanggu on July 15th. The area where the battalion was located had a clear view from Hill 1120 and Mt. Daewoo in front, and the defense was unfavorable. In addition, there were many land mines and booby traps buried in front of the camp. Despite the danger, the Dutch battalion scouted Hill 1120 and prepared to take it.

The commander of the US 38th Regiment, to which the Dutch Battalion was attached, jointly occupied Hill 1120 and ordered the capture of Mt. Daewoo. The operation started on July 26th. After preparing for the attack in the morning, Company C of the Dutch Army, who took the lead, climbed a steep hill through the thick forest through the thick fog. The assault ship was holding its breath and preparing to charge, but at around 10:30 a.m. a sudden wind blew the fog lifted and the company was revealed. The enemy fired machine gun at the company. Company C formed a line and waited for friendly air strikes. But the air bombing was canceled and the company was in crisis. The enemy continued to attack, increasing the number of wounded and running out of ammunition. It was a situation where it was impossible to withdraw as it is. It wasn't until night that the smoke bombs were detonated, while the company was barely able to withdraw.

Then, on July 29, the American battalion fired a huge amount of artillery and occupied Daewoo Mountain. The Dutch battalion attempted another attack and secured a defensive position at Daewoo Mountain on the 30th. In addition, a platoon-sized force armed with light machine guns was dispatched to Hill 1120 to guard it. In February 1952, the Dutch Battalion was ordered to raid Star Hill south of Pyeonggang. The 'Hill Byeol' was the main outpost of the Chinese Communist Forces, and there were only two Chinese platoon-sized Chinese forces. However, there was a company-sized reinforcement force behind the hill, and there was a base capable of supporting strong firepower on Hill 472 at the rear. So it was not easy to establish a position, but they decided to attack in order to capture more Chinese troops.

On February 16, the battalion commander directly reconnaissanced the enemy line with an aircraft and prepared for the operation. It was decided that B Company would take charge of the attack. On the morning of the 18th, allied fire preparations for attack were concentrated on the 'Hill Byeol'. The summit of Byeol-goji became a sea of fire in an instant. After the shooting was over, Company B began to attack. The right platoon first broke through the enemy's resistance and occupied the star hill. The resistance of the enemy on the left was stronger, but the Dutch battalion commander supported the attack platoon with mortars. About 30 minutes after the attack started, the enemy fled to Hill 472 in the rear.

Naval activities in the east and west seas

The Netherlands has traditionally been a developed country for maritime transport. They also have a strong navy. As soon as the UN's resolution to participate in the Korean War was announced, they decided to give priority to the navy that could be dispatched to the war. After the destroyer Eversen, which was moored in Surabaya, Indonesia, came to Korean waters, the Dutch Navy took turns helping Korea during the war, including three destroyers and three frigates.

Joining the British Far East Fleet in the West Sea on July 19, 1950, the Eversen was ordered to stop the movement of communist forces and supplies from the communist forces moving south along the west coast by gunfire and aircraft bombing. In response, the Eversen ship went to Incheon Port and bombarded major facilities in Incheon that her enemy had occupied. She was the Eversen, and she was also involved in the Incheon amphibious operation. In the spring of 1951, she moved to the east coast and she helped cut off the supply lines of the communists, including the firing of her artillery on the Eversen.

Following the Eversen, the Banga Ren, who came to Korea in April 1951, participated in the bombing operation in the East Sea of Hungnam, and she moved to the West Sea, where she protected and supported the UN forces radar base, pilot rescue base, and guerrilla base.

Even after the armistice agreement was signed, the Dutch army continued the task of removing bunkers and land mines and other defensive structures near the armistice line. In October 1954, the Dutch Battalion returned from its official mission.

◉ Monument to the Participation of the Dutch Army

(20, Uhang-ri, Ucheon-myeon, Hoengseong-gun, Gangwon-do)

The Dutch Army Monument is shaped like a windmill, so you can tell that it is a national monument at a glance. In front of the windmill is a statue of a soldier in Dutch combat uniform with a gun. Hoengseong, where the monument is located, is the area where the Dutch army fought the most fiercely and suffered the most damage during the Korean War. Also, in Eupha-ri, Hoengseong-eup, Hoengseong-gun, there is a monument to commemorate the fallen battalion commander Lt. Col. Ouen.

설마리 기념비 벽에 새겨진 귀환 장병과 가족
A returned soldier engraved in the Seolma-ri
monument

8. 영국

위기에 빠진 한국을 구하러 온 영국군

6·25전쟁이 일어난 지 이틀 후인 1950년 6월 27일 유엔본부에서는 긴급 안전보장이사회가 소집되었습니다. 이 회의에서 미국은 한국으로 유엔군 보낼 것을 제의했고 영국은 그 제의를 가장 먼저 지지했습니다. 결국 유엔군 참전이 결정되었고 다음 날 영국의 클레멘트 R. 애틀리 총리는 하원 의회에서 다음과 같이 보고하였습니다.

"영국 정부는 되도록 빠른 시일 안에 홍콩에 있는 극동 함대의 일부 함정을 우선 출동시켜 미 극동해군 사령부에 배속시키려 합니다."

이에 하원의원들은 열렬한 지지를 보냈고 곧 영국은 본격적인 참전 준비를 하였습니다. 영국 함대는 전쟁 초기 북한 해군이 바다로 나와 활동하지 못하도록 크게 활약하였고 이들이 출동함에 따라 호주, 뉴질랜드, 캐나다 등 영연방 국가들도 해군 병력을 속속 한국 해역으로 보내게 되었습니다. 하지만 영국은 지상군 파견을 망설였습니다. 영국도 제2차 세계대전의 여파로 지상군 여유 병력이 많지 않았기 때문입니다. 그런데 영국 국내에서는 정부의 소극적 태도를 비난하는 여론이 일기 시작했지요.

7월 26일 영국 정부는 영국 본토 방어를 위해 예비로 보유하고 있던 제29 보병여단을 한국으로 보내기로 결정하였습니다. 여단 병력이 한꺼번에 움직이는 일은 쉽지 않았습니다. 그런데 한국의 전황은 점점 나빠지고 있었어요.

설마리 영국군 전투 전적비 / The monument to the Battle of Seolma-ri of the British Army

한국에 가 있는 유엔군에 빨리 힘을 보태야겠다고 생각한 영국 육군성은 홍콩에 주둔하고 있던 부대 중 2개 보병 대대를 먼저 보내기로 했습니다. 이들 제27여단은 8월 28일 부산항에 상륙하였고 영국은 미국에 이어 두 번째로 지상군을 한국에 파병한 나라가 되었습니다. 전쟁 초기에 참전한 영국의 지상군은 대한민국이 가장 심각한 위기에 빠져 있을 때 큰 힘이 되어주었지요. 또 영국의 대대적인 참전은 영연방 국가인 호주, 뉴질랜드, 캐나다, 남아공이 참전하고 인도가 의료 지원을 하는 데 커다란 영향을 끼쳤습니다.

영연방군 제27여단의 맹활약

1950년 10월 8일 영연방군 제27여단은 개성에 도착하여 평양으로 진격할 준비를 갖췄습니다. 개성에서부터 평양을 향해 차근차근 적을 물리치며 나아가던 제27여단은 황해도 사리원에 닿았습니다. 사리원은 개성에서 평양으로 가는 길목에 있는 도시였어요. 10월 17일 제27여단은 사리원을 향해 진격하여 북한군의 저항을 거의 받지 않고 사리원에 들어갈 수 있었습니다. 사리원에서는 북한군이 영국군을 소련군으로 착각하는 일도 일어났습니다. 10월 17일 밤 제27여단 박격포 소대는 도로에서 여러 명의 북한군과 우연히 마주쳤습니다. 소대장 페어리에 소위는 당황하지 않고 북한군들에게 반가운 얼굴로 다가갔습니다. 그리고 북한군의 어깨를 두드리며 "로스케, 로스케"하면서 지나쳐갔지요. '로스케'는 소련을 뜻하는 말이었습니다. 그때까지 영연방군이 사리원에 들어간 것을 알지 못했던 북한군은 소련군이 자신들을 도우러 온 것으로 잘못 알고 그냥 지나친 것입니다.

제27여단은 19일 평양으로 진격해 들어갔습니다. 그런데 그날 밤, 중공군 12개 사단이 압록강을 건너 북한으로 들어오고 있었습니다. 중공군은 참전 사실을 철저히 숨기고 밤에만 몰래 이동하였어요. 중공군의 참전이 알려진 것은 10월 25일 무렵이었습니다. 중공군의 기습으로 심각한 피해를 입은 아군은 남쪽으로 철수할 수밖에 없었습니다. 영연방 제27여단도 철수하며 박천 지구 전투, 군우리 전투 등 치열한 전투를 여러 차례 치러야 했습니다.

1951년 1월 4일 아군은 서울을 내주고 오산-장호원-제천-영월-삼척을 잇는 북위 37도선까지 후퇴하였습니다. 이곳에서 반격을 시작했는데 이후 영연방 제27여단은 킬러작전, 리퍼작전 등 여러 작전에 참여하여 맹활약했지요. 2월 중공군은 4차 공세를 개시했습니다. 하지만 중공군이 주력을 기울여서 돌파하려 했던 경기도 양평 지평리는 미 제2사단과 프랑스군의 치열한 방어로 뚫지 못했습니다. 중공군은 곧이어 5차 공세를 준비하였습니다. 최종 목표는 서울이었지요. 중공군은 이번에는 파주로, 춘천으로 나아가려 했습니다. 이때 파주에는 영국군 제29여단이, 춘천에는 영연방군 제27여단이 주둔하고 있었습니다.

4월 22일 밤, 공산군은 아군의 전 전선에 강력한 포격을 실시했습니다. 1951년 3월 유엔군은 반격 작전으로 38도선 북쪽의 캔자스 선까지 진출했는데 중공군은 그때 잃은 땅을 되찾으려 공세를 감행한 것입니다. 캔자스 선은 임진강-연천-화천 저수지-양양을 연결하는 선이에요. 아군을 향한 집중 포격이 멈추고 대규모의 중공군이 밀려왔습니다. 각각 9개 사단으로 구성된 중공군 19병단은 개성-문산을 잇는 선에서 국군 제1사단과 영국군 제29여단을, 3병단은 연천-동두천 선에서 미군 제3사단과 튀르키예 여단을 향하여 공격해왔습니다. 적은 서울을 포위하고 5월 1일 노동절에 맞춰 서울을 다시한번 점령하려는 목표를 세운 것입니다. 그런데 중부 전선에서 문제가 생겼습니다. 화천 부근 사창리는 국군 제6사단이 맡고 있었는데 중공군은 국군의 뒤쪽으로 파고들어 사단을 집중 공격했습니다. 국군 제6사단은 병력이 절반으로 줄고 대부분의 중장비가 파손되는 큰 피해를 입고 후퇴하여 4월 25일 가평 일대까지 밀려왔습니다. 제6사단의 후퇴는 전선 전체에 커다란 영향을 미쳤어요.

가평 전투라고 불리는 이 전투가 벌어진 지역은 영연방 제27여단이 지키고 있었습니다. 제27여단은 영국의 2개 대대, 호주의 1개 대대, 캐나다의 1개 대대, 뉴질랜드 1개 포병 대대, 인도의 앰뷸런스 1개 대대 등 6개 대대로 구성되어 있었지요. 본격적인 전투는 4월 23일 호주 대대 진지에서 시작되었습니다. 24일에는 캐나다 대대와 영국군의 미들섹스 대대를 공격하며 가평 남쪽으로 쳐내려오려고 시도했습니다. 영연방 병사들은 수를 알 수 없이 몰려오는 중공군과 백병전을 벌이며 치열하게 적을 막아냈습니다. 뉴질랜드군의 포격에 힘입어 결국 적은 물러갔고 사흘 동안 계속된 가평 전투는 영연방군의 빛나는 승리로 끝났습니다. 만일 이곳에서 중공군을 막지 못했더라면 적은 경춘가도를 따라 서울에 다다랐을 수도 있습니다. 그렇게 중공군의 5차 공세가

설마리 영국군 전투 전적비 주변의 참전 군인 동상
A statue of soldier near the monument to the Battle of Seolma-ri of the British Army

성공했더라면 6·25전쟁이 공산군의 승리로 끝날 뻔했지요.

글로스터 대대원들의 저항과 헌신이 빛난 설마리 전투

영국에서 참전 준비를 마치고 1950년 10월에 출발한 제29보병여단은 11월 18일까지 모두 부산항에 도착하였습니다. 이들이 영국을 출발할 때 아군은 북한으로 진격하고 있었습니다. 하지만 도착했을 때의 전황은 몹시 악화되어 있었어요. 그래서 영국군 제29여단은 상륙한 다음 날 바로 개성 전선으로 출동해야 했습니다. 이후 유엔군의 일원으로 후퇴와 반격을 거듭했던 제29여단은 1951년 3월 31일 임진강 방어선을 인수하였습니다. 그로부터 한 달도 채 되지 않은 4월 22일 중공군의 5차 공세가 시작되었어요. 이때 제29여단의 3개 대대가 최일선에 배치되어 있었습니다. 왼쪽에는 글로스터 대대, 중앙에

설마리 영국군 전투 전적비 시설 입구
The entrance to the facility for the monument to
the Battle of Seolma-ri of the British Army

는 푸질리어 대대, 오른쪽에는 벨기에 대대가 있었지요.

22일 밤 중공군은 전방 3개 대대를 모두 공격하였습니다. 임진강을 건너려는 적을 막으려 했지만 중공군의 계속되는 공격에 글로스터 대대 A중대의 진지 일부가 무너졌습니다. 적은 바닷물처럼 몰려들었고 A중대는 물론 B중대, D중대에서도 중공군과의 백병전이 벌어졌어요. 글로스터 대대는 탄약이 떨어질 때까지 여섯 시간 동안 싸

웠지만 중대장 앤지어 소령과 지휘관 모두 전사하고 A중대의 장교 한 명, 사병 50여 명, D중대의 중대원 열두 명만이 살아남았습니다. 혈전을 벌였지만 결국 A중대는 진지를 빼앗겼고 전체 인원의 70%가 피해를 입었습니다. A중대를 무너뜨린 중공군은 계속 강을 건너 공격해왔어요. 엄청난 수의 적을 도저히 당해낼 수 없다고 판단한 글로스터 대대의 대대장 카니 중령은 23일, 앞쪽에 있던 3개 중대를 설마리 235고지와 316고지로 철수시켰습니다.

24일 중공군은 글로스터 대대의 퇴로를 막고 다시 공격을 시작하였고 B중대는 완전히 포위되었습니다. 중대원들은 죽음을 무릅쓰고 백병전을 벌였지만 사상자가 계속 늘어났습니다. B중대원 스무 명만 간신히 탈출하여 235고지로 철수하게 되었지요. 그런데 B중대에 앞서 235고지에 모여 있던 A, D중대는 이미 중공군의 공격을 받고 있었습니다. 더 이상의 전투는 어렵다고 판

단한 제29여단장 브로디 준장은 글로스터 대대를 구출하라고 명령하였습니다. 여단에 속해 있던 필리핀 대대는 전차 부대를 동원하여 글로스터 대대를 구하려 했습니다. 하지만 목표점 2.5km를 앞두고 맨 앞에서 가던 전차가 적의 포탄에 맞아 불타버렸어요. 그 때문에 길이 막혀 필리핀 전차 부대는 더 이상 전진할 수 없었습니다. 영국과 미국 전차 대대도 출동하였지만 중공군이 도로를 끊는 바람에 역시 실패하고 말았습니다. 구출 작전에 실패하자 여단은 항공기와 헬기를 동원해서 식량과 탄약을 글로스터 대대에 떨어뜨렸습니다. 그런데 그중 대부분은 대대를 포위하고 있던 중공군의 손에 들어갔고 부상병을 실어오려는 작전도 실패했지요.

25일 새벽 미 제1군단은 제29여단에 철수를 명령했습니다. 중공군이 동두천 쪽으로 공격해온다는 정보가 입수되었기 때문입니다. 제29여단장 브로디 준장은 설마리에 갇힌 글로스터 대대를 구출하려 모든 수단과 방법을 다 써 보았습니다. 그러나 더 이상 시간을 끌다가는 여단 전체가 위험해질 수 있다는 판단을 하게 되었어요. 브로디 준장은 철수에 앞서 글로스터 대대장 카니 중령에게 다음과 같은 무전을 보냈습니다.

"최대한 노력하여 적의 포위를 뚫고 여단에 합류하라. 만일 이것이 불가능하여 저항해도 소용없다고 판단되면 적에게 투항하라. 이 둘 중의 결정권을 귀관에게 주겠다. 글로스터 용사들의 행운과 성공을 빈다."

25일 아침 제29여단의 철수가 시작되었습니다. 하지만 철수도 쉬운 것은 아니었습니다. 추격해오는 중공군과의 전투에서 많은 피해를 입었고 푸질리에 대대장 포스터 중령이 전사하였습니다. 한편 글로스터 대대는 무전기가 방전되어 철수 명령을 즉각 전달받을 수 없었습니다. 25일 늦은 밤까지 전투를 계속했던 대대는 26일 아침이 되어서야 철수 명령을 전달받았어요. 대대장 카니 중령은 중대장들을 불러모았습니다. 상황을 설명하고 각 중대장이 알아서 적의 포위망을 뚫고 아군 진지로 가도록 명령했습니다. 건강한 병사들은 중대장들을 따르기로 했고 부상병은 그 자리에 남았지요. 그들을 돕기 위해 군목 데이비스 목사, 군의관 힉키 대위 등 의무요원이 235고지에 남았는데 그들은 모두 중공군의 포로가 되었습니다.

중대장들을 다 보내고 부하 세 명과 마지막으로 탈출하려던 카니 중령도 결국 포로가 되었습니다. A, B, C 중대원들은 흩어져 남쪽을 향했지만 모두 포로가 되거나 전사하였습니다. D중대 39명만 탈출에 성공하여 아군 기지에 합류할 수 있었습니다. 이때 대대원 59명이 전사하고 526명이 포로로 잡혀 3년 동안 수용소에서 지냈어요. 제29여단은 임진강 전투에서 병력의 1/4을 잃었습니다. 하지만 그들이 사흘 동안 진지를 지키며 시간을 벌어준 덕택에 다른 지역에 있었던 유엔군은 중공군 공세를 막아낼 수 있었습니다. 또 유엔군이 서울 북쪽으로 철수하여 방어선을 만들고 서울을 지켜낼 수 있었습니다. 글로스터 대대를 비롯한 제29보병여단이 설마리 전투에서 보여준 저항과 희생은 빛나는 역사로 길이 남을 것입니다.

휴전 직전까지 치열한 전투가 벌어진 후크고지

1951년 7월에는 영연방 사단이 결성되었습니다. 대대급 병력을 보내온 나라들은 어차피 독립적으로 활동할 수 없어서 대부분 미군에 배속되었습니다. 그런데 영연방 국가의 부대들은 편성이나 장비, 보급 체계가 대부분 영국식이었기 때문에 아예 통합하여 영연방 사단을 만드는 것이 효율적이라고 판단한 것입니다. 영연방 사단에는 영국, 호주, 캐나다, 인도, 뉴질랜드, 벨기에, 룩셈부르크 등 7개국이 포함되었습니다. 이렇게 단위 부대에 일곱 나라가 참

설마리 전투 기념비 / Seolma-ri Battle Zeolite

여한 사례는 세계적으로 드문 일이었지요.

영연방 제1사단은 이후 임진강 북쪽 정찰 작전, 코멘도작전, 제임스타운 선 진출 작전, 와이오밍 선 진출 작전 등 수많은 작전과 전투에 참여하여 혁혁한 공을 세웠습니다. 그중 후크고지 일대에서는 정전협정이 맺어질 때까지 치열한 전투가 벌어졌습니다. 경기도 연천에 있는 후크고지에서는 1952년부터 네 차례에 걸쳐 전투가 벌어졌습니다. 1953년 5월에 벌어진 후크고지 전투는 특히 치열했습니다. 중공군은 5월 2일부터 영국군 블랙워치 대대를 집중 공격했지만 블랙워치 대대는 그때마다 혈전을 벌이며 적을 막아냈어요. 그런데 5월 중순경 후크고지 가까이로 대규모의 중공군 병력이 모여드는 것이 발견되었습니다. 영국 제29여단장 켄드루 준장은 여단의 방어진을 재편성하고 사단 및 군단에도 포병을 요청했습니다.

고지 방어를 위해 적을 향해 포격 및 공중 폭격을 했지만 5월 28일 중공군은 후크고지를 공격하기 시작했습니다. 그때 후크고지는 웰링턴 대대 D 중대가 지키고 있었습니다. 중공군은 D중대 진지로 포탄을 비 내리듯 쏘아 댔지요. 포 사격이 채 끝나기도 전에 중공군 공격 부대가 D중대 진지 앞까지 몰려와 진지로 수류탄을 던졌습니다. 후크고지 부근은 불바다가 되었습니다. 그 불바다로 중공군들이 뛰어들었어요. D중대원들은 끊임없이 몰려오는 중공군과 혈투를 벌여야 했습니다.

사미천 전투라고도 불리는 제4차 후크고지 전투는 1953년 7월 24일부터 7월 26일까지 벌어진 6·25전쟁의 마지막 전투입니다. 전투 당시 사미천 일대에는 영연방군과 미 제7해병여단이 주둔하고 있었습니다. 휴전 회담이 마무리되는 상황에도 중공군은 악착같이 공격해왔어요. 하지만 정전협정이 맺어지기 직전 유엔군이 이 전투에서 승리하여 후크고지를 지켜낼 수 있었습니다. 전투가 끝난 지 몇 시간 후 정전협정이 맺어졌고 양쪽 군대는 72시간 동안 각각 4km 뒤로 물러나게 되었습니다.

공산군의 해상 활동을 막은 영국 해군

영국 해군이 우리 해역에 온 것은 1950년 6월 29일이었습니다. 홍콩에 있던 영국 극동 함대 중 경항공모함 트라이엄프호를 비롯한 여덟 척의 함정이 급히 한국을 향해 출동한 것입니다. 이후 해군은 계속 증강되어 6·25전쟁 내내 열다섯 척 내외의 함정이 동해와 서해에서 작전을 펼쳤습니다. 영국 함대는 동해와 서해를 누비며 공산군이 바다로 나오지 못하도록 막았습니다. 영국 해군은 포항상륙작전과 인천상륙작전에서도 큰 활약을 하였지요. 영국 해군에서는 항공모함 트라이엄프함과 테세우스함, 글로리아함, 오션함이 교대로 출격했는데 이 항공모함들이 싣고 온 함재기들은 바다와 육지에서 이뤄지는 다양한 공산군의 활동을 미리 파악하고 공격하여 수많은 전과를 올렸습니다.

영국 함대는 서해안의 섬들을 방어하는 한편 적지의 해안 초소나 포대를 함포 사격과 함재기 폭격으로 파괴하는 등 다양한 작전을 펼쳤습니다. 영국 해군 작전 해역에 떨어진 소련제 공군기 미그기의 잔해를 회수하여 아군이 기술 정보를 확보하는 데도 큰 공헌을 했어요. 당시 유엔군 사령부는 공군 조종사들의 보고를 통해 미그기의 성능을 대략 파악할 수 있었지만 실물을 구하지 못해 세밀한 조사는 못 하고 있었습니다. 그런데 청천강 하구에 미그 기 한 대가 추락해 있다는 정보를 입수하고, 영국의 순양함 실론함, 항공모 함 글로리아함의 함재기 부대, 소형 함정 카디건베이함 등이 힘을 합해 산산 이 조각난 미그기 기체를 빠짐없이 회수해왔어요. 이로써 미그기에 대한 확 실한 기술 정보를 얻을 수 있었습니다.

◉ 영국군 설마리 전투 추모공원(경기도 파주시 적성면 설마리 산1)

설마리 전적지에 마련된 추모공원에는 영국 국기 유니언잭 위에 얹힌 커다 란 베레모 모양의 구조물이 설치되어 있습니다. 베레모에 붙은 부대 마크에 는 '이집트'라고 쓰여 있습니다. 영국 글로스터 카운티의 이름을 딴 이 대대가 1801년 이집트 알렉산드리아 전투에서 전공을 세운 것을 기념하는 것이지요. 뒤에 있는 벽 중앙에는 'Their Name Riveth For Evermore. 당신을 영원히 기 억하겠습니다'라고 쓰여 있고 그 주변에는 글로스터 대대의 사진들이 새겨져 있습니다.

베레모 오른쪽으로는 영국군이 행진하는 모습의 동상이 있고 그 뒤쪽 계 곡 건너에는 '파주 영국군 설마리 전투비'가 있습니다. 이곳에서 전사한 영국 군들의 넋을 기리고자 1957년에 만들어진 이 비는 주변의 돌들을 모아 쌓아 올리고, 위아래 각각 두 개씩 모두 네 개의 비를 부착한 형태예요. 위쪽에 있

영연방 참전 기념비(가평) / War Monument for Commonwealth(Gapyung Korea)

는 비 중 왼쪽에는 유엔기를, 오른쪽에는 희생된 영국군의 부대 표지를 새겼고, 아래쪽의 왼쪽 비에는 한글로, 오른쪽 비에는 영문으로 당시 전투 상황이 기록되어 있습니다. 전투비 왼쪽에는 돌로 만들어진 십자가가 있는데 이 십자가는 글로스터 대대 대대장이었던 카니 중령이 포로수용소에서 만든 십자가의 복사물입니다. 원작은 글로스터 성당에 보관되어 있습니다.

◉ 영연방 참전 기념비(경기도 가평시 가평읍 읍내리 365-1)

1951년 4월 22일부터 4월 25일까지 영국, 뉴질랜드, 캐나다, 호주 영연방 4개국이 중공군을 상대로 대승을 거둔 가평 전투를 기리는 비입니다. 높이 12m 사각형의 대리석 비석에는 영국, 캐나다, 호주, 뉴질랜드 국기가 새겨져 있고 기념비 앞쪽에는 영국군 미들섹스 연대 장병 추모비가 있습니다.

8. United Kingdom

British soldiers come to rescue the Korea from a serious crisis

On June 27, 1950, two days after the outbreak of the Korean War, an emergency Security Council was convened at the United Nations Headquarters. At this meeting, the United States proposed sending UN troops to South Korea, and Britain was the first to support the proposal. In the end, the UN forces were decided to participate, and the next day, British Prime Minister Clement R. Atley reported to the House of Representatives as follows:

"The British government is trying to first dispatch some of the ships of the Far East Fleet in Hong Kong as soon as possible and assign them to the US Far East Naval Command."

Members of the House of Representatives gave full support to this, and soon Britain was ready to enter the war in earnest. The British fleet played a major role in preventing the North Korean navy from going out to sea at the beginning of the war.

The British, however, were hesitant to send ground troops. Because Britain also did not have enough ground troops in the aftermath of World War II. However, public opinion began to criticize the government's passive attitude in the UK.

On July 26, the British government decided to send the 29th Infantry Brigade, which it had in reserve, to Korea to defend the British mainland. It was not easy for the brigade troops to move at once. However, the situation in Korea was getting worse and worse. The British Army decided to send two infantry battalions out of the units stationed in Hong Kong first. The 27th Brigade landed at Busan Port on August 28, and Britain became the second country after the

United States to send ground troops to Korea. The British ground forces who participated in the war at the beginning of the war were a great help when Korea was in the most serious crisis, such as the battle to defend the Nakdong River. In addition, Britain's massive participation in the war had a great impact on the Commonwealth countries, Australia, New Zealand, Canada, and South Africa, and India's medical aid.

The remarkable activities of the 27th Brigade of the Commonwealth Army

In 1950 on October 8, the 27th Brigade of the Commonwealth Army also arrived in Kaesong, preparing to advance into Pyongyang. The 27th Brigade, which gradually defeated the enemy from Kaesong toward Pyongyang, reached Sariwon, Hwanghae-do. Sariwon was a city on the road from Kaesong to Pyongyang. On October 17, the 27th Brigade advanced towards Sariwon and was able to enter Sariwon with little resistance from the North Korean army.

In Sariwon, the North Korean army mistaken the British army for the Soviet army. On the night of October 17th, the 27th Brigade Mortar Platoon stumbled upon several North Korean soldiers on the road. Lieutenant Peirie, the platoon leader, did not panic and approached the North Korean soldiers with a friendly face. Then he patted the North Koreans on the shoulder and said, "Roske, Roske," as he passed by. "Roske" was the word for the Soviet Union. The North Korean army, who had not known that the Commonwealth Army had entered Sariwon until then, mistakenly thought that the Soviet army had come to their aid and passed by.

The 27th Brigade advanced into Pyongyang on the 19th. But that night, 12 divisions of the Chinese Communist Army were crossing the Yalu River and entering North Korea. The Chinese Communist Army thoroughly hid the fact that they participated in the war and moved only secretly at night. It was around October 25th that the Chinese Communist Forces' participation in the war became known. Allies, who suffered serious damage from the Chinese surprise attack, had no choice but to withdraw to the south. The 27th Commonwealth Brigade also withdrew and had to fight fierce battles several times, including the Battle of Parkcheon District and the Battle of Gunuri.

On January 4, 1951, the allies gave up Seoul and retreated to the 37th parallel north latitude linking Osan-Janghowon-Jecheon-Yeongwol-Samcheok. After starting a counterattack here, the 27th Commonwealth Brigade took part in various operations such as Operation Killer, Operation Reaper, and the advance on the Benton Ship and played an active part.

In February 1951, the Chinese Army launched the 4th Offensive. However, Jipyeong-ri, Yangpyeong, Gyeonggi-do, where the Chinese Communist Army focused its efforts, was not able to penetrate due to the fierce defense of the US 2nd Division and French forces. The Chinese Communist Army immediately prepared for the 5th Offensive. The final destination was Seoul. The Chinese forces attempted to advance this time to Paju and Chuncheon. At this time, the British 29th Brigade was stationed in Paju and the 27th British Commonwealth Brigade was stationed in Chuncheon.

On the night of April 22, the communist forces opened fire on all friendly front lines. In March 1951, the UN forces advanced to the Kansas Line north of the 38th parallel as a counterattack operation, but the Chinese launched an offensive to reclaim the land they had lost. The Kansas Line connects the Imjin River - Yeoncheon - Hwacheon Lake - Yangyang. Imjin River and Hwacheon Lake were available, so it was a good line to defend.

The concentrated artillery fire on the allies stopped and a large Chinese army rushed in. The 19th Corps of the Chinese Army, each consisting of 9 divisions, attacked the ROK 1st Division and the British 29th Brigade on the line connecting Gaeseong-Munsan, and the 3rd Corps attacked the US 3rd Division and the Turkyesh Brigade on the Yeoncheon-Dongducheon line. The enemy had set a goal of besieging Seoul and trying to capture Seoul once more in time for Labor Day on May 1.

However, a problem arose on the central front. Sachang-ri near Hwacheon was in charge of the 6th Division of the ROK Army, but the CCP attacked the division by burrowing behind the ROK Army. The ROK 6th Division's force was cut in half and most of its heavy equipment was damaged and withdrew and pushed back to the Gapyeong area on April 25th. The retreat of the 6th Division had a serious effect on the entire front.

The area where this battle took place, called the Battle of Gapyeong, was guarded by the 27th Commonwealth Brigade. The 27th Brigade consisted of 6 battalions: 2 British battalions, 1 Australian battalion, 1 Canadian battalion, 1 New Zealand artillery battalion, and 1 Indian ambulance battalion. The full-scale battle began on April 23rd at the Australian Battalion's positions. On the 24th, they attacked the Canadian Battalion and the British Middlesex Battalion and attempted to descend south of Gapyeong. The British Commonwealth soldiers fought a hand-to-hand battle with an unknown number of Chinese troops and fiercely blocked the enemy. Thanks to the New Zealand's artillery fire, the enemy eventually retreated, and the Battle of Gapyeong, which continued for three days, ended in a brilliant victory for the Commonwealth forces. If it had not been possible to stop the Chinese forces here, the enemy might have reached Seoul along the GyeongChun(Seoul - Chunchen) Road. If the Chinese Communist Forces' 5th Offensive had been successful, the Korean War would have ended with a victory for the Communists.

The Battle of Seolma-ri, where the resistance and devotion of the Gloucester squadrons shined

The 29th Infantry Brigade, which departed in October 1950 after completing preparations for war in Britain, arrived at Busan Port by November 18th. When they left Britain, the allies were advancing toward North Korea. However, when they arrived, the situation had deteriorated considerably. Therefore, the 29th Brigade of the British Army had to go to the Kaesong Front the day after landing. Afterwards, the 29th Brigade, which had repeatedly retreated and counterattacked as a member of the UN forces, took over the Imjin River defense line on March 31, 1951.

Less than a month later, on April 22, the 5th Chinese offensive began. At this time, three battalions of the 29th Brigade were deployed at the forefront. The Gloucester Battalion was on the left, the Fusilier Battalion in the center, and the Belgian Battalion on the right. On the night of the 21st, British night guards found a Chinese reconnaissance unit crossing the Imjin River and killed four people. The rest of the army immediately withdrew and there was no more fighting that day.

The next day, on the night of the 22nd, the Chinese Communist forces attacked all three battalions in front. An attempt was made to block the enemy from crossing the Imjin River, but the Gloucester Battalion's A Company's positions collapsed due to the continuous Chinese attack. The enemies flocked like seawater, and a hand-to-hand battle with the Chinese forces took place not only in A Company, but also in B Company and D Company. The Gloucester Battalion fought for six hours until it ran out of ammunition, but the company commander, Major Angier and all other commander were killed, and only one officer from A Company, 50 enlisted men, and 12 Company members from D Company survived.

There was a bloody battle, but in the end, Company A lost its position and 70% of the total personnel suffered damage. The Chinese forces that destroyed A Company continued to attack across the river. Deciding that it was impossible to withstand such a huge number of enemies, Gloucester Battalion commander Lt. Col. Carney withdrew the three companies in front to Hills 235 and 316 in

Seolma-ri on the 23rd.

On the 24th, the Chinese forces blocked the retreat of the Gloucester Battalion and started attacking again, and B Company was completely surrounded. The company's men risked their deaths in hand-to-hand combat, but casualties continued to rise. Only 20 members of Company B managed to escape and withdrew to Hill 235. However, companies A and D, which had gathered on Hill 235 before B Company, were already under attack from the Chinese Communist forces.

Brigadier General Brody, commander of the 29th Brigade, determined that any further battle would be difficult, and ordered the rescue of the Gloucester Battalion. The Philippine Battalion belonging to the brigade tried to rescue the Gloucester Battalion by mobilizing tank units. However, 2.5km before the target, the tank in front was hit by enemy shells and burned down. The road was blocked and the Philippine tank units could not advance any further. British and American tank battalions also mobilized, but were also unsuccessful as the Chinese forces cut off the road.

When the rescue operation failed, the brigade mobilized planes and helicopters to drop food and ammunition on the Gloucester Battalion. However, most of them fell into the hands of the Chinese forces besieging the battalion, and the operation to retrieve the wounded was also unsuccessful.

At the dawn of the 25th, the US 1st Corps ordered the 29th Brigade to withdraw. This is because information has been obtained that the Chinese Communist forces are attacking Dongducheon. Brigadier General Brody, commander of the 29th Brigade, tried all means and methods to rescue the Gloucester Battalion from being trapped in the village. However, he came to the conclusion that the entire brigade could be in danger if he took any more time. Prior to the evacuation, Brigadier General Brody sent the following radio message to Gloucester Battalion Commander Lt. Col. Carney:

"Do your best to break through the enemy's siege and join the brigade. If this is impossible and resistance is judged to be of no use, surrender to the enemy. I will give you the power to decide between the two. Good luck and success to the Gloucester warriors."

On the morning of the 25th, the withdrawal of the 29th Brigade began. But the withdrawal was not easy. It suffered heavy losses in the battle with the pursuing Chinese forces, and Lt.col Foster, the battalion commander, was killed.

Meanwhile, the Gloucester Battalion was unable to immediately receive an order to withdraw because its radios were discharged. The battalion, which continued fighting until the late night of the 25th, was ordered to withdraw only on the morning of the 26th. Battalion Commander Lieutenant Colonel Carney summoned his company commanders. The situation was explained and each company commander ordered to break through the enemy's encirclement and go to the friendly positions on their own. The healthy soldiers decided to follow the company commanders, and the wounded remained there. To help them, chaplain Pastor Davis and surgeon Captain Hicky were left on Hill 235 and medical personnel, all of whom were captured by the Chinese Communist Army.

After sending all his company commanders away, three of his men and Lt. Col. Carney, who was finally trying to escape, were eventually taken prisoner. Company A, B, and C dispersed and headed south, but they were all captured or killed. Only D Company managed to escape, allowing 39 men to join the friendly base. At this time, 59 members of the battalion were killed and 526 were captured and served in the camps for three years.

The 29th Brigade lost a quarter of its forces at the Battle of 'Imjin river'. However, the 29th Brigade was able to block the Chinese offensive because of the fact that the 29th Brigade was able to protect the positions for three days and buy time. In addition, the UN forces withdrew to the north of Seoul, creating a defensive line and protecting Seoul. The resistance and sacrifice that the 29th

Infantry Brigade, including the Gloucester Battalion, showed in the Battle of Seolma-ri will be remembered as a shining history.

Hook Hill, where fierce battles took place right before the armistice

In July 1951, the Commonwealth Division was formed because Countries that sent battalion-level troops could not operate independently anyway, so most of them were attached to the US military. However, since most of the units in the Commonwealth countries had British-style organization, equipment, and supply systems, it was decided that it would be efficient to create a Commonwealth division by integrating them altogether. The Commonwealth division included six countries: Britain, Australia, Canada, India, New Zealand and Belgium. It was rare in the world for six countries to participate in a unit like this.

Since then, the 1st Commonwealth Division has made remarkable achievements by participating in numerous operations and battles, such as the North Imjin River reconnaissance operation, Commando operation, the Jamestown advance operation, and the Wyoming advance operation. Among them, fierce battles were fought in the area around Hook Hill until an armistice was signed. The area called Hook Hill or Hook Ridge is a ridge that is almost parallel to the tributary of Samicheon around Hill 140 in Yeoncheon, Gyeonggi-do. The Battle of Hill Hook has been fought four times since 1952.

The Battle of Hill Hook in May 1953 was particularly fierce. The Chinese Communist Army attacked the British Black Watch Battalion from May 2nd, but the Black Watch Battalion fought a blood battle each time to block the enemy. However, in mid-May, it was discovered that a large Chinese army was gathering near Hill Hook. Brigadier General Kendrew, commander of the British 29th Brigade, reorganized the brigade's defenses and requested artillery from divisions and corps.

Although artillery and aerial bombardment were aimed at the enemy to defend the hill, on May 28, the Chinese Communist forces began to attack Hill Hook. At that time, Hook Hill was guarded by Company D of the Wellington Battalion. The Chinese forces fired shells like rain at the positions of D Company. Before the artillery fire was finished, the Chinese attack force came to the front of D Company's position and threw a grenade into the position. The area around Hook Hill became a sea of fire. The Chinese soldiers rushed into the sea of fire. D Company had to fight a bloody battle with the constantly influx of Chinese troops.

The 4th Battle of Hook Hill, also called the Battle of Samicheon, was the last battle of the Korean War, which took place from July 24 to July 26, 1953. At the time of the battle, the Commonwealth Army and the US 7th Marine Brigade were stationed in the Samicheon area. Even as the armistice talks were over, the Chinese forces continued to attack relentlessly. However, just before the armistice was signed, the UN forces won this battle and were able to protect Hill Hook. A armistice was signed hours after the battle ended and both armies were pulled back 4 km each for 72 hours.

British navy blocked communist naval activity

The British Navy came to Korea on June 29, 1950. Among the British Far East Fleet in Hong Kong, eight ships, including the light aircraft carrier Triumph, were rushing toward Korea. After that, the navy continued to be strengthened, and around 15 ships operated in the East and West Seas throughout the Korean War.

The British fleet patrolled the East and West Seas to prevent communist forces from going out to sea. The Royal Navy also played a major role in the Pohang and Incheon landings. The Royal Navy also sent aircraft carriers. The Triumph, Theseus, Gloria, and Ocean ships took turns in sortie, and the aircraft carriers carried by these carriers were able to identify and attack various communist forces on land and sea in advance, resulting in numerous victories.

The British fleet carried out various operations, such as defending the islands off the west coast and destroying enemy coastal posts and batteries with artillery fire and aircraft bombing. By recovering the wreckage of a Soviet-made MIG aircraft that fell into the Royal Navy's operational waters, it also made a great contribution to securing technical information for the allies. At that time, the UN Command was able to roughly grasp the performance of the MIG aircraft through the reports of the air force pilots, but could not obtain the real thing, so it was not possible to conduct a detailed investigation. However, when they received information that a MIG aircraft had crashed at the mouth of the Cheongcheon River, the British cruiser Ceylon, the aircraft carrier unit of the aircraft carrier Gloria, and the small ship Cardigan Bay worked together to recover all the shattered MIG aircraft. . This gave us solid technical information about the MIG machine.

◉ Gloster Hill Memorial Park(San 1, Seolma-ri, Jeokseong-myeon, Paju-si, Gyeonggi-do)

A large beret-shaped structure is installed on top of the Union Jack, the British flag, in the memorial park located on the site of the battlefield. The unit mark on the beret reads 'Egypt'. Named after the county of Gloucester, England, this battalion commemorates its service at the Battle of Alexandria, Egypt in 1801. In the center of the wall behind it, 'Their Name Riveth For Evermore' is written, and pictures of the Gloucester Battalion are engraved around it.

To the right of the beret, there is a statue of British soldiers marching, and across the valley behind it is the 'Battle Monument for the British Army in Paju'. Built in 1957 to commemorate the souls of the British soldiers who died here, this monument is built by collecting stones around it and piling it up. The UN flag is engraved on the left side of the upper monument, and the cover of the British troops that died is engraved on the right side. To the left of the battle monument is a cross made of stone, which is a copy of the cross made in the concentration camp by Lieutenant Colonel Carney, commander of the Gloucester Battalion. The original is kept in Gloucester Cathedral.

◉ Monument to the Commonwealth Participation in the Korean War
(365-1, Eupnae-ri, Gapyeong-eup, Gapyeong-si, Gyeonggi-do)

This monument commemorates the Battle of Gapyeong, in which Britain, New Zealand, Canada, and the Commonwealth of Australia defeated the Chinese forces from April 22 to April 25, 1951. The 12-metre-high, square marble stele is engraved with the flags of Great Britain, Canada, Australia and New Zealand, and in front of the monument is a memorial to a service member of the British Middlesex Regiment.

튀르키예군 참전 기념비
The monument to the participation
of the Turkish Army

9. 튀르키예

세 번째로 많은 지상군을 파병한 튀르키예

튀르키예는 비잔틴 제국과 오스만 제국이라는 영광스러운 두 제국 역사를 가진 나라입니다. 한국인과 튀르키예인은 아주 오래 전 알타이산맥 기슭에서 함께 살았는데 한국인은 동쪽으로, 튀르키예인은 서쪽으로 이동하여 서로 멀어졌다는 애기도 있습니다. 2002년 한일 축구 월드컵 이후 언어나 전통과 관습 등 문화적 공통점이 많은 형제의 나라라 여겨지기도 해요.

6·25전쟁 때 튀르키예는 1개 여단 규모의 지상군과 다섯 척의 배를 보냈습니다. 미국, 영국 다음으로 많은 장병을 보냈고 희생자 수도 미국, 영국에 이어 세 번째로 많습니다. 튀르키예 여단은 보병 외에도 공병·수송·의무·군수 병과 부대를 갖춘 전투단으로 구성되어 있어 독립적으로 움직일 수 있는 부대였습니다.

튀르키예군이 6·25전쟁을 치르면서 3년 동안 승리한 13개 전투 중 5개 전투는 6·25전쟁의 운명과 전세를 바꿔놓는 데 큰 영향을 끼쳤다고 합니다. 그 5개 전투는 군우리 전투, 금양장리 전투, 퇴계원리 사수, 장승천 전투, 네바다 전초 기지 사수전입니다. 1950년 10월 19일 부산항에 도착한 튀르키예군이 처음으로 참전했던 군우리 전투는 6·25전쟁 중 가장 격렬하고 힘겨운 전투로 꼽힙니다. 하지만 군우리 전투는 튀르키예군의 용맹성과 전투력을 세계에 알리는 계기가 되었지요. 맥아더 장군은 "튀르키예군은 영웅 중 최고의 영웅이다. 튀르키예 여단에 불가능은 없다. 튀르키예군 한 명이 열 명의 공산군을 죽였을 것이다"라고 찬사를 보내기도 했습니다.

튀르키예군 참전 기념비 / The monument to the participation of the Turkish Army

　9·28 서울 수복 이후 미 제1군단, 국군 제2군단, 영국 제27여단, 튀르키예 제1여단은 북한으로 진격했습니다. 그런데 중공군의 참전으로 완전 통일을 눈앞에 두고 후퇴해야 했어요. 아군은 11월 26일 중공군과 맞닥뜨리게 되었습니다. 아군 중 오른쪽에 있던 국군 제2군단은 후퇴할 수밖에 없었고 그 바람에 미 제8군의 오른쪽이 적군에 노출되고 말았습니다. 중공군이 덕천-군우리 길을 따라 서쪽으로 전진하여 청천강에 이르고 강 따라 황해까지 가면 제8군은 후방을 포위당할 우려가 있었습니다. 미 8군의 후방을 향한 적군을 막는 임무가 튀르키예 여단에게 주어졌습니다.

　11월 28일 새벽 미군을 돕기 위해 덕천으로 가던 튀르키예군은 평안도 와원리 산길에서 중공군의 공격을 받았습니다. 튀르키예군은 네 배나 많은 수의 중공군과 싸웠고 병력 중 1/3이 피해를 입었습니다. 이 전투에서 튀르키예군은 두 명의 장교와 네 명의 병사만이 살아 돌아왔을 뿐 대부분 사망하거나 포로로 잡혀갔지요. 그래도 용감한 튀르키예 군인들은 밤새 격전을 벌여 중공군에 큰 타격을 입혔고, 여단이 전투 준비를 하는 데 시간을 벌어 주었습니다.

중공군의 공격은 계속되었습니다. 목숨을 귀하게 여기지 않는 중공군은 튀르키예 여단 규모의 열 배나 되는 수로 여단을 다시 포위했어요. 맥아더 사령관은 작전 지도에서 튀르키예 여단을 엑스(X)자로 지웠다고 합니다. 튀르키예군 한 명당 열 명 가까운 적군을 죽여야만 포위망을 뚫을 수 있었기 때문입니다. 중공군에게 둘러싸인 튀르키예 여단에 와원리에서 신림리로 후퇴하라는 명령이 내려졌습니다. 그 명령을 받은 튀르키예 사령관 중 한 사람은 놀라 외쳤습니다.

"후퇴? 왜 우리가 후퇴해야 하지? 우리는 여기서 수많은 중공군을 죽이고 있는데?"

튀르키예군은 포위를 뚫기 위해 용감하게 싸웠고, 미 탱크부대의 도움을 받아 무사히 적진에서 벗어날 수 있었습니다. 그런데 다시 신림리에서 철수하면서 튀르키예 병사들의 사기가 땅에 떨어졌습니다. 그때 튀르키예군 여단장 타흐신 야즈즈 장군은 병사들 사이로 들어가 외쳤습니다.

"조국과 튀르키예인들의 눈이 튀르키예군만 쳐다보고 있다. 필요하다면 함께 목숨을 내놓으며 국가의 명예와 영광을 지키는 것이 군인의 의무이며, 이 희생이 수백 명의 튀르키예 형제들의 목숨과 군대를 패배에서 구할 수 있다. 그렇지 않을 경우 공산주의자들이 승리의 축제를 열 것이다."

이 말을 들은 튀르키예 병사들은 다음과 같이 소리쳤어요.

"장군님, 명령을 이행하기 위해 버텨내겠습니다. 필요하다면 죽을 각오도 되어 있습니다. 튀르키예인의 명예를 더럽히지 않겠습니다. 공산주의자들에게 승리의 종을 울리게 하지 않겠습니다. 우리는 장군님을 믿습니다. 장군님도 저희를 믿으십시오."

개천에 도착한 튀르키예군은 전열을 정비하며 새롭게 방어선을 만들었습니다. 튀르키예 여단이 와원리, 신림리, 개천 전투에서 사흘 동안 버텨준 덕택에 중공군의 군우리 진출은 닷새나 지체되었고 미 제8군은 철수할 시간을 확보할 수 있었습니다. 11월 26일부터 2월 6일까지 튀르키예 여단은 병력 15%, 무기 및 차량 70%의 손실을 입었습니다. 이 전투에서 적군도 5,000여 명에 달하는 엄청난 인명 손실을 본 것으로 추정됩니다. 당시 〈타임〉 지에는 "한국전쟁에서 뜻밖에 놀라운 것은 중공군이 아니라 튀르키예군이었다. 튀르키예군이 전투에서 보여준 용맹을 표현할 만한 단어를 찾는 것은 현재로선 불가능하다"라는 기사가 실리기도 했습니다.

"내 머리 위로 포를 쏘아라"

1951년 1월 26일 유엔군이 중공군을 평택-제천 선에서 막고 재반격을 시도할 때 튀르키예군은 경기도 용인 금양장리에서 금양장과 151고지를 목표로 공격을 실시하였습니다. 튀르키예군은 중공군의 요새와 참호를 정면에서 공격하는 임무를 맡았는데 진지는 매우 튼튼했고 참호는 두꺼운 흙으로 겹겹이 덮여 있었습니다. 포격으로 참호를 제거하지 못하여 가까이 다가가서 서로 뒤엉켜 백병전을 치러야 했지요. 이 전투에서 적군은 항복하는 시늉을 하며 손을 들고 오다가 손에 쥐고 있던 폭탄을 튀르키예군에게 던지거나, 시체처럼 누워 있다가 아군이 다가가면 폭탄을 던지는 등 속임수를 쓰기도 했습니다.

그러나 용감한 튀르키예 병사들은 적군을 한 명씩 처치해 나갔습니다. 151고지에서는 30분 동안의 백병전으로 완전 승리를 얻을 수 있었습니다. 튀르키예군 한 명당 40명 정도의 적을 무찔러 '백병전의 튀르키예군'이라는 별명을 얻었어요. 금양장리에서 튀르키예군은 도저히 이길 수 없다고 여겨지던 중공군을 이겨냈고 튀르키예군의 용맹성은 전 세계로 알려졌습니다.

1951년 4월 22일 중공군은 모든 전선에 걸쳐 총공격을 시작했습니다. 이에 모든 유엔군은 후퇴해야 했지요. 튀르키예 여단은 연천 부근 장승천 일대에서 방어 진지를 편성하고 있었습니다. 이날 밤 튀르키예 여단은 진지 안까지 쳐들어온 중공군과 뒤엉켜 백병전으로 맞섰습니다. 하지만 제1중대 경계 소대는 소대장이 포로가 되고 거의 모든 소대원이 전사 또는 실종되는 피해를 입었습니다. 중공군은 이 전투에서 3,000여 명의 피해를 입은 것으로 추정되고 이를 정비하기 위해 공격을 잠시 멈추기도 했습니다. 덕분에 주변 부대들은 큰 손실 없이 철수하여 재정비할 시간을 벌었습니다.

전투가 한창 진행되던 4월 23일, 중공군은 튀르키예군 참호를 향해서도

튀르키예군 참전 기념비의 참전 군인 동상
Statues of soldiers on the monument to the participation of the Turkish Army

대포와 박격포를 쏘아댔습니다. 그날 저녁, 전방 정찰 장교로 임무를 수행하던 메흐메트 괴넨치 중위는 무전기로 포병 대대 본부에 포격 지원 요청을 했습니다.

"적군이 우리가 있는 언덕을 점령했다. 많은 전사자가 발생했다. 보병 중대장이 포로가 되었다. 통신병도 전사했다. 좌표는 다음과 같다. 포대는 발사하라."

그런데 괴넨치 중위가 불러준 좌표는 바로 현재 그가 있는 자리였습니다. 연대 포병 연락 장교가 무선으로 그런 상황을 말하자 괴넨치 중위는 "맞다. 우리는 적군에게 포로가 되기 싫다. 우리를 그들에게 넘기지 마라. 다시 좌표를 알려주겠다. 모든 대포 부대는 이곳으로 포격하라"라고 말한 후 무선이 끊겼습니다. 죽음을 각오한 괴넨치 중위의 마지막 포격 요청을 들은 장교들은 어쩔 수 없이 눈물을 흘리며 괴넨치 중위가 요구한 대로 대포를 발사하기 시작했습니다. 튀르키예인들은 자신을 희생하여 적을 무찌른 괴넨치 중위를 지금도 추앙하고 있습니다. 메흐메트 괴넨치 중위의 고향인 튀르키예의 반드르마 지방에는 그의 이름을 딴 고등학교가 세워졌습니다.

1951년 5월 퇴계원에 있던 튀르키예 여단은 "제25사단 지역에 있는 튀르키예 여단을 찾아라. 튀르키예 여단을 없애기 위해 최선을 다하라"라고 지시하는 적군의 무선 통신을 엿듣게 되었습니다. 5월 18일 밤부터 적군은 여섯 차례나 튀르키예 여단을 공격했지만 원하는 결과를 얻지 못했습니다. 오히려 공격할 길이 막혀 전쟁의 주도권은 유엔군에게 넘어가게 되었어요. 이후 퇴계원 참호에는 '튀르키예 성'이라는 별명이 붙여졌습니다.

1951년 5월에 있었던 네바다 전초 기지 전투에서 튀르키예 여단은 군우리 전투 이후 가장 많은 인명 피해를 입었습니다. 중공군은 튀르키예군 약 500명이 지키고 있는 전초 기지를 1만 5,000여 명의 1개 사단과 7개의 포병 대대

수원 앙카라 학교 터 / Ankara School site(Suwon Korea)

로 공격했습니다. 중공군은 홍수처럼, 개미 떼처럼 몰려들었습니다. 열여섯 시간 동안 계속된 피비린내 나는 전투로 네바다 전초 기기 중 대베가스고지는 아홉 차례나 주인이 바뀌었어요. 기관총을 너무 많이 발사하여 총신이 벌겋게 달아 올랐지만 튀르키예군은 손이 타는 것도 아랑곳하지 않고 총신을 갈아 끼워가며 싸운 끝에 결국 대베가스고지를 손에 넣었을 수 있었습니다.

이 전투에서는 공병 중대장 쉬나쉬 쉬칸 대위의 활약이 돋보입니다. 쉬칸 대위는 중공군이 던진 수류탄이 폭발해 오른쪽 다리를 잃었지요. 쉬칸 대위의 공병 중대는 하룻밤 열다섯 명이 전사했지만 자신들의 위치를 끝까지 지켰습니다. 쉬나쉬 쉬칸 대위는 미국 정부로부터 수훈십자상을 받았습니다. 6·25전쟁에 참전한 유엔군 장병 열네 명이 이 훈장을 받았는데 그중 세 명이 튀르키예군이었습니다.

전쟁터 밖에서도 빛났던 튀르키예군

전쟁 중 적에게 잡힌 포로는 제네바협약에 의해 보호받도록 되어 있습니다. 그러나 공산군은 그 약속을 제대로 지키지 않았습니다. 적군은 유엔군 포로가 도망가는 것을 막기 위해 크게 부상을 입히기도 했습니다. 포로수용소에 있던 일부 포로는 살해되기도 했어요. 실제 중공군 포로수용소에 잡혀 있던 미군 포로의 1/3이 풀려나지 못하고 그곳에서 사망했습니다. 그런데 튀르키예군 포로는 264명 중 단 한 명도 목숨을 잃지 않았습니다. 튀르키예군 포로는 중국을 향해 '죽음의 행군'을 했는데 당시 날씨는 매우 춥고 많은 포로가 부상이나 병든 상태였다. 그런데 공산군은 걷지 못하는 포로를 끌어내 개머리판으로 내리쳤습니다. 그래도 걷지 못하면 포로는 바로 총을 맞고 죽게 되었어요. 튀르키예군은 걷지 못해 끌려나가는 전우가 있으면 재빨리 뛰어가 그를 등에 업고 걸었습니다.

수용소에서 중공군은 포로들에게 계급장이 달려 있지 않은 똑같은 옷을 입혔습니다. 여러 나라에서 온 군인들은 계급까지 없어지니 무질서한 생활을 하게 되었습니다. 식사 시간이면 먹을 것을 아주 적은 양만 주었는데 이는 모두 힘센 사람이 차지했지요. 그러나 튀르키예군은 조금 달랐습니다. 튀르키예군 포로의 가장 높은 계급은 대위였는데 식사 시간 장병들은 받아온 음식을 대위의 지휘 아래 공평하게 나눴습니다. 마지막에 대위도 같은 양을 받아먹었어요. 튀르키예군은 아침, 저녁으로 질서정연하게 줄을 서서 자체 점호를 했습니다. 그들은 버림받았다는 생각이 들지 않도록 서로 위로하며 도왔습니다. 주변을 자주 청소하고 교육하며 운동하고 놀이도 했습니다.

튀르키예 여단은 수원시에 고아들을 위한 기숙 학교를 세웠습니다. 튀르키예 수도 이름을 따서 '앙카라 학교'라고 불렸지요. 이 학교와 학생들에게 들어가는 모든 비용은 튀르키예 여단이 부담했어요. 그런데 1966년 튀르키예군이 귀국한 후 이 학교를 인수할 기관이 없어 폐교되고 말았습니다. 한국의 전쟁 고아를 돌본 튀르키예군의 실제 이야기가 튀르키예에서 '아이'라는 영화로 만들어지기도 했습니다.

◉ 튀르키예군 참전 기념비(경기도 용인시 기흥구 동백동 산16번지)

튀르키예군 참전 기념비는 영동고속도로 마성나들목 고속도로 위에 있습니다. 높이 20m의 뾰족한 탑이 있고 그 탑 위에 튀르키예 국기에 들어 있는, 튀르키예를 상징하는 초승달과 별이 조각되어 있습니다. 탑 앞쪽에는 튀르키예군 세 명의 전투 장면 동상이 서 있어요.

9. Turkiye

Turkiye deploys third most ground troops.

Turkiye is a country with two glorious empires, the Byzantine Empire and the Ottoman Empire.

It is said that Koreans and Turks lived together at the foot of the Altai Mountains a long time ago, and Koreans moved east and Turks westward moved away from each other. After the 2002 Korea-Japan Soccer World Cup, it is considered a brotherly country with many cultural similarities, such as language, tradition, and customs.

During the Korean War, Turkiye sent a ground force the size of one brigade and five ships. It sent the third largest number of soldiers after the United States and Great Britain, and the third highest number of casualties after the United States and Great Britain. In addition to infantry, the Turkish brigade consisted of a combat group with engineer, transport, medical, arsenal, and other branch units in addition to infantry, so it was an independently movable unit.

It is said that 5 of the 13 battles that the Turkish army won over the past three years during the 6·25 War had a great influence on changing the fate and charter of the Korean War. Those five battles are the Battle of Gunuri, the Battle of Geumyangjang-ri, the Battle of Toegyewon-ri, the Battle of Jangseungcheon, and the Battle of the Nevada Outpost. General MacArthur said, "The Turkish army is the best of heroes. Nothing is impossible for the Turkish Brigade. One Turkish army would have killed ten communists."

The Battle of Gunuri, where Turkish troops arrived at Busan Port on October 19, 1950, participated for the first time, is considered one of the most intense and difficult battles of the Korean War. However, the Battle of Gunuri became an opportunity to show the bravery and fighting power of the Turkish army to the world.

After the restoration of Seoul on September 28, the US 1st Corps, the ROK 2nd Corps, the British 27th Brigade, and the Turkish 1st Brigade advanced into North Korea. However, due to the participation of the Chinese Communist forces in the war, they had to retreat with complete reunification in front of their eyes. Our allies faced the Chinese on November 26th. The ROK 2nd Corps, which was on the right side of the allies, had no choice but to retreat, and as a result, the right side of the US 8th Army was exposed to the enemy. If the Chinese Army advanced west along the Deokcheon-Gunuri road to the Cheongcheon River and followed the river to the Yellow Sea, there was a fear that the 8th Army would be surrounded in the rear. The task of blocking enemy forces from the rear of the US 8th Army was assigned to the Turkish Brigade.

On the morning of November 28, Turkish troops on their way to Deokcheon to help Americans were attacked by Chinese forces on a mountain pass in Wawon-ri, Pyeongan-do. The Turkish army fought four times as many Chinese forces and suffered damage by one-third of its forces. In this battle, most of the Turkish soldiers were killed or taken prisoner, with only two officers and four soldiers returning alive. Still, the brave Turkish soldiers fought hard through the night, inflicting heavy blows to the Chinese, giving the brigade time to prepare for battle.

The Chinese attack continued. The Chinese forces, who do not value their lives, surrounded the brigade again with a number ten times the size of the Turkish brigade. Commander MacArthur said he erased the Turkish Brigade with an X on the map. For each Turkish army, close to ten enemies had to be killed to break through the encirclement.

The Turkish brigade, surrounded by Chinese forces, was ordered to retreat from Wawon-ri to Sillim-ri. One of the Turkish commanders who received the order exclaimed in amazement.

"retreat? Why should we retreat? Are we killing a lot of Chinese troops here?"

Nevertheless, the Turkish army bravely fought to break through the siege, and with the help of US tank units, they were able to escape the enemy line safely. However, as they withdrew from Sillim-ri, the morale of the Turkish soldiers fell to the ground. Then General Takhsin Yazz, commander of the Turkish army's brigade, entered among his men and shouted:

"The eyes of the motherland and the Turks are only looking at the Turkish military. It is the duty of the soldiers and the state to defend the honor and glory of the country by giving their lives together if necessary, this sacrifice could save the lives and armies of hundreds of Turkish brothers from defeat, otherwise the communists will hold a festival of victory ."

When the Turkish soldiers heard this, they shouted:

"Sir, I will persevere to fulfill your orders. They are also prepared to die if necessary. I will not tarnish the honor of the Turkish people. I will not let the communists ring the victory bell. We believe in the General.

When the Turkish army arrived at Gaecheon, they reorganized their lines and created a new defensive line. Thanks to the Turkish Brigade's ability to withstand the battles of Wawon-ri, Sillim-ri, and Gaecheon for three days, the Chinese advance into Gunuri was delayed by five days, and the US Eighth Army was able to secure time to withdraw.

From 26 November to 6 February, the Turkish Brigade suffered a loss of 15% of its troops and 70% of its weapons and vehicles. In this battle, it is estimated that the enemy also suffered a staggering loss of 5,000 lives.

At the time, Time magazine said, "What was unexpectedly surprising in the Korean War was not the Chinese army, but the Turkish army. It is currently impossible to find a word to describe the valor of the Turkish army in battle."

"Fire the cannon over my head"

On January 26, 1951, when the UN forces blocked the Chinese forces at the Pyeongtaek-Jecheon line and attempted to counterattack, the Turkish forces attacked Geumyangjang and Hill 151 in Geumyangjang-ri, Yongin, Gyeonggi-do. The Turkish army was tasked with attacking the Chinese fortresses and trenches from the front, which were very strong and the trenches were covered with thick soil layer by layer. The trenches could not be cleared by artillery fire, so they had to get closer and get entangled in a hand-to-hand battle. In this battle, the enemy used tricks, such as throwing a bomb in his hand at the Turkish army while pretending to surrender, raising his hand, or lying down like a corpse and throwing a bomb when an ally approached him.

But the brave Turkish soldiers went on to slay the enemy one by one. On Hill 151, a 30-minute hand-to-hand battle was able to achieve a complete victory. For each Turkish army, they defeated about 40 enemies, earning the nickname 'Turkish army of hand-to-hand combat'. At Geumyangjang-ri, the Turkish army defeated the Chinese army, which was thought to be impossible to defeat, and the bravery of the Turkish army was known all over the world.

On April 22, 1951, the Chinese forces launched a general attack across all fronts. All UN forces were forced to retreat. The Turkish Brigade was forming a defensive position in the Jangseungcheon area near Yeoncheon. That night, the Turkish brigade faced off in a hand-to-hand battle with the Chinese Communist forces that had invaded the camp. However, the 1st Company's guard platoon suffered damage such that the platoon leader was captured and almost all of the platoon members were killed or disappeared.

It is estimated that about 3,000 people were damaged in the battle, and the Chinese forces paused the attack to repair it. This gave the surrounding units time to withdraw and reorganize without much loss.

On 23 April, as the battle was in full swing, the Chinese also fired cannons and mortars at the Turkish trenches. That evening, Lieutenant Mehmet Gonnenzi, who was serving as a forward reconnaissance officer, made a radio call to the artillery battalion headquarters for artillery support.

"The enemy has taken over our hill. There were many casualties. The infantry company commander was taken prisoner. The signaller was also killed. The coordinates are as follows. Fire the artillery."

But the coordinates that Lieutenant Gonenzi called out were exactly where he was now. When the regimental artillery liaison officer over-the-air reported the situation, Lieutenant Goenenzi replied, "That's right. We do not want to be captured by the enemy. Do not hand us over to them. I'll give you the coordinates again. All artillery units should be bombarded here." Then the radio was cut off.

Upon hearing Lieutenant Gonenzi's final call to fire, the officers were forced to weep and begin to fire the cannons as Lt. Goenenzi had requested. The Turks still revere Lieutenant Gonenzi, who sacrificed himself to defeat the enemy. A high school named after Lieutenant Mehmet Gönenchi was built in the Turkish province of Banderma, the hometown of him.

In May 1951, the Turkish brigade at Toegyewon intercepted enemy's communication what they said, "Find the Turkish brigade in the 25th Division area. Do your best to get rid of the Turkish brigade." From the night of 18 May, the enemy attacked the Turkish brigade six times, but without the desired result. Rather, the way to attack was blocked, and the initiative of the war passed to the UN forces. Since then, the trenches of Toegyewon have been nicknamed 'Turkish Castle'.

At the Battle of the Nevada Outpost in May 1951, the Turkish Brigade suffered the most casualties since the Battle of Gunuri. The Chinese forces attacked the outpost guarded by about 500 Turkish troops with one division and seven artillery battalions with 15,000 men. The Chinese army rushed in like a flood, like a swarm of ants. In a bloody battle that lasted for 16 hours, Nevada outposts of the Great Vegas Highland changed owners nine times. They fired too many machine guns, causing the barrel to burn, but the Turkish army was able to get their hands on the Great Vegas Heights after fighting by swapping barrels without even paying attention to their burning hands.

In this battle, the Engineer Company Commander, Captain Shenash Shukhan, stands out. Captain Xu Khan lost his right leg when a grenade thrown by the Chinese forces exploded. Capt. Shikan's company of engineers held their positions to the end, although fifteen men were killed overnight. Captain Shenash Shukhan was awarded the Distinguished Service Cross from the US Government. Fourteen UN soldiers who participated in the Korean War were awarded this medal, and three of them were Turkish soldiers.

The Turkish Army shines outside the battlefield

Prisoners of war captured by the enemy are supposed to be protected by the Geneva Conventions. However, the communist army did not properly keep that promise. The enemy also sustained serious injuries to prevent UN POWs from escaping. Some prisoners of war in the concentration camps were even killed. In fact, 1/3 of the American prisoners of war held in the Chinese POW camps died there without being released.

However, not one of the 264 Turkish prisoners of war lost their lives. The Turkish POWs made a "death march" toward China, where the weather was very cold and many POWs were wounded or ill. However, the communist forces pulled the immobilized prisoner and struck him with a butt. Still, if he could not walk, the prisoner would be shot to death immediately. When the Turkish army saw a comrade who was being dragged away because he was unable to walk, they quickly ran and carried him on his back.

In the camps, the CCP wore the same uniforms that had no badges on the prisoners of war. Soldiers from various countries lost their ranks, leading to disorderly lives. At mealtimes, they were given very small amounts of food, all of which were taken by the strong.

However, the Turkish army was a little different. The highest rank of a Turkish prisoner of war was captain, and during mealtime, the soldiers shared the food they received evenly under the captain's command. In the end, the captain took the same amount and ate it. The Turkish soldiers lined up in an orderly manner in the morning and evening, and they did their own roll call. They comforted and helped each other not to feel abandoned. They often cleaned the surroundings, trained, exercised and played games. T

The Turkish brigade established a boarding school for orphans in Suwon City. It was called 'Ankara School' after the Turkish capital. All expenses for this school and its students were borne by the Turkish Brigade. However, after the Turkish army returned to Korea in 1966, the school was closed because there was no institution to take over the school. The real story of the Turkish military who took care of orphans in the Korean War was made into a movie called Aira in Turkiye.

⊙ Monument to the Participation of the Turkish Army

(San 16, Dongbaek-dong, Giheung-gu, Yongin-si, Gyeonggi-do)

The Monument to the Participation of the Turkish Army is located on the Yeongdong Expressway and the Maseong Interchange. There is a 20-meter-tall steeple with a crescent moon and a star symbolizing Turkiye in the Turkish flag on top of the tower. In front of the tower stands three battle scenes statues of Turkish soldiers.

필리핀 참전공원(연천)
War memorial Park for Philippine in Korean Wa(Yeoncheon Korea)

10. 필리핀

위기와 승리의 기쁨을 함께 겪은 필리핀군

필리핀군은 1950년 9월 19일 우리나라가 북한군에 의해 심각한 위기에 빠져 있을 때 부산항에 도착했어요. 미국과 영국에 이어 세 번째로 지상군을 보내온 것입니다. 가까이 아시아에 있는 나라이기에 군대가 우리나라까지 빨리 이동할 수도 있었던 점도 있지만 무엇보다 필리핀 정부의 빠른 결단과 실천이 우리나라를 구할 수 있었던 것입니다.

6·25전쟁이 일어날 무렵 필리핀은 미국으로부터 독립한 지 4년밖에 안 된 때였습니다. 또 제2차 세계대전 때 일본의 침공을 심하게 겪었고 큰 전쟁 때문에 경제적으로도 파산 직전에 있었습니다. 다른 나라를 다 몰아낸 다음에는 후크라는 공산주의 인민 해방군의 반란으로 국내 상황이 몹시 불안한 상태였어요. 그럼에도 필리핀 정부는 유엔의 참전 결의를 받아들이고 지상군 파병을 결정했습니다.

후크의 반란은 1942년부터 일어났습니다. 필리핀 정부는 8년 동안 후크 토벌 작전을 벌였는데 그 사이 공산주의자 후크는 잔인한 테러로 국민을 괴롭혔습니다. 그래서 국민 대다수가 공산주의자를 극도로 증오했고 필리핀은 철저한 반공 국가가 되었지요. 당시 공산주의자들은 "아시아에서 백인들이 전쟁을 주도하고 있다"라고 비난했습니다. 그런데 필리핀의 참전으로 이런 비난을 잠재울 수 있게 되었습니다.

필리핀 군대는 1935년에 창설되었습니다. 미국 식민지 시절이던 그때 맥아더 장군이 필리핀군 창설에 큰 역할을 했어요. 현역은 지원제이지만 예비군

공중에서 본 필리핀군 참전 기념비 / The monument to the participation of the Philippine Army from the air

은 의무군입니다. 하지만 예비군은 대학을 졸업한 엘리트만이 들어갈 수 있습니다. 당시 필리핀에는 후크와 싸우던 용감한 부대 10개 대대가 있었는데 그중 1개 대대를 한국으로 보내기로 했습니다. 그래야 바로 전투에 투입 가능하다는 판단에서 내려진 결정입니다.

1950년 9월 2일 필리핀의 리잘 메모리얼 스타디움에서는 외국 파병 장병 환송식이 열렸습니다. 필리핀군은 9월 19일 부산에 도착하여 미 제9군단 25사단에 배속되었습니다. 그들이 한국에 도착했을 때는 낙동강 전선에서 치열한 방어전이 벌어지고 있을 때였습니다. 필리핀군은 미군, 영국군과 함께 낙동강 방어선 전투, 38도선 이북 진격, 평양 점령, 군우리 진격 등에 참여했습니다. 그들은 우리나라가 가장 힘들었던 시기에 재빨리 달려와 위기와 승리의 기쁨을 함께 겪은 군대입니다.

전우를 구하고 자신을 희생한 얍 대위

1950년 12월 초, 북한 땅까지 치고 올라갔던 아군이 남쪽으로 내려올 때

160

상황은 몹시 험난했습니다. 평양에서 철수하는 아군은 중공군이 따라오는 것을 막기 위해 대동강 다리를 폭파했어요. 대동강 다리가 끊어지던 날 필리핀 대대도 남쪽을 향하고 있었습니다. 그런데 그들에게는 2.5t 트럭 두 대밖에 없어서 병력은 흩어져 철수해야 했습니다. 대대 본부와 본부 중대, 의무대는 기차를 탔고 대대 주력 병력은 130km를 걸어 이동하였습니다. 유난히 혹독했던 그해 겨울 추위는 열대 지방 출신의 필리핀 병사들을 고통에 빠트렸습니다. 행군 자체가 그들에게는 치열한 전쟁이었던 것이지요.

1951년 4월 중공군의 춘계 공세가 시작되었을 무렵 필리핀 대대는 영국군 제29여단으로 배속이 바뀌었습니다. 4월 22일 필리핀 대대는 율동으로 이동하여 진지를 인수했습니다. 왼쪽에는 미 제65연대가, 오른쪽에는 튀르키예 여단이 배치되어 있었어요. 그런데 튀르키예 여단이 포로로 잡은 중공군 장교를 신문한 결과 심상치 않은 첩보를 얻을 수 있었습니다.

필리핀군 참전 기념비의 참전 군인 동상
Statues of soldiers on the monument to the participation of the Philippine Army

"오늘 밤 중공군은 전 전선에 걸쳐 춘계 공세를 감행한다."

아군은 몸을 숨길 개인호를 깊이 파고 장애물을 보강하는 등 방어 준비를 철저히 하고 적의 상황을 살폈습니다. 정말 그날 밤 해가 지자마자 적은 아군 진지를 향해 준비 사격을 퍼부었습니다. 곧이어 적의 정찰대가 아군의 진지로 다가왔지만 포격으로 물리쳤지요. 밤 여덟 시가 되자 사방에서 괴상한 피리, 북, 호각 소리가

필리핀군참전기

필리핀 참전 기념 조형물(오산 초전기념관) / The monument to the participation of the Philippine Army(Osan UN FORCES First Battle Memorial)

울려 퍼졌습니다. 아군은 정신을 수습할 틈도 없이 파도처럼 몰려오는 중공군에 맞서야 했습니다. 틈이 생긴 방어선을 파고든 적의 일부 병력은 아군의 지휘소와 통신 시설을 습격하여 후방 지역을 혼란에 빠트렸습니다.

유엔군은 중공군을 향해 쉴 새 없이 포를 쏘았습니다. 하지만 중공군의 수는 좀처럼 줄어들지 않았습니다. 중공군은 필리핀 대대 오른쪽에 있던 튀르키예 여단 진지 안으로 쳐들어갔습니다. 튀르키예군은 치열한 백병전을 벌였어요. 용감한 튀르키예군은 한 발짝도 물러나지 않았지만 또 다른 적에 의해 후방을 기습당했습니다. 결국 중공군은 튀르키예 진지를 뚫고 필리핀 대대 후방으로 돌아왔습니다.

밤이 깊어 자정이 지났지만 아군의 상황은 점점 나빠졌습니다. 적의 공격을 받은 필리핀 대대 B중대는 더 이상 버티지 못하고 다음 능선으로 철수했습니다. 그 혼란 중 B중대와 대대 사이에 통신이 끊어지기도 했어요. 해가 떠야 유엔군의 포격 지원을 받을 수 있었는데 해 뜨기까지는 두 시간이나 남아 있었습니다. B중대 옆에 있던 특수 중대 제1소대는 열일곱 배나 많은 적의 집중 공격으로 흩어졌고 그 사이로 중공군이 밀고 들어왔습니다. 대대 지휘소까지 적의 공격을 받자 취사병, 군목, 위생병, 운전병, 행정 요원들까지 소총을 들고 진지를 방어하여 끝내 적을 물리쳤습니다. 해가 뜨고 날이 밝자 미 제3사단 부사단장 미드 준장이 대대 지휘소에 방문하여 "아침 아홉 시를 기해 공격을 중지하고 캔사스선으로 철수하라"라고 명령했습니다. 그 사이 필리핀 대대가 중공군의 주력 부대를 막아줘서 가까이 있던 튀르키예군과 미군이 철수할 수 있는 시간을 만들 수 있었지요.

그런데 제1소대 진지를 잃은 특수 중대는 통신이 회복되지 않아 철수 명령을 전달받지 못했습니다. 특수 중대 중대장 얍 대위는 전날 밤 빼앗긴 제1소대 진지에 생존자가 있을 것이라 생각하고 진지를 되찾으러 나섰습니다. 열두 시 30분에야 대대의 철수 명령을 전달받은 얍 대위는 "전우들의 시신이라도 수습하러 가겠다. 역습이 끝나는 대로 철수하겠다"라고 응답하고 아직 적이 남아 있는 고지로 향했습니다. 얍 대위와 그와 함께 간 분대는 아군의 지원 사격으로 고지에 있던 적을 물리치고 고지로 뛰어 올라갔습니다. 고지를 점령한 얍 대위 일행은 부상 입고 숨어 있던 필리핀 병사 두 명을 구출할 수 있었고 제1소대 소대장 아티가 중위를 비롯한 다른 소대원들의 시신도 발견했어요. 이들을 본부로 옮기기 위해 준비하고 있을 때 300m 앞쪽 고지에서 중공군이 기관총을 쏘기 시작했습니다. 얍 대위는 혼란 중에 사라진 중대원을 찾기 위해 수색하다가 적의 총탄을 맞았습니다. 피 흘리는 얍 대위를 위생병이 업고 고지에서 뛰어 내려왔습니다. 얍 대위와 다른 부상자를 지프에 태우고 전속력으로 달려 대대 본부에 도착했지만 본부는 이미 철수한 후였어요. 해가 진 후에야 특수 중대원들은 부상자들과 함께 간신히 본대에 합류할 수 있었습니다. 얍 대위는 본대에 도착한 후 사망했습니다.

끝까지 싸워 지킨 크리스마스고지

1951년 4월 23일 영국군 제29여단에 배속되어 있던 필리핀 대대는 설마리에 고립된 영국군 글로스터 대대를 구하라는 명령을 받았습니다. 중공군에 포위된 글로스터 대대는 식량과 보급품을 공중 지원받으며 간신히 버티던 중이었지요. 지원 나온 영국군 전차 중대를 포함하여 6개 중대가 설마리로 향했지만 중공군의 공격으로 가는 길은 무척 험난했습니다. 그래도 필리핀 대대는 중공군의 공격을 제치고 L자형 코너를 돌아 설마리 협곡으로 들어섰습니다. 그런데 그곳은 양쪽이 절벽이고 전차 한 대 간신히 지나갈 수 있는 좁은 계곡이었어요. 전차들이 줄지어 그 계곡을 통과하고 있었는데 필리핀 대대의 맨 앞에 가던 전차가 적의 공격을 받아 멈춰 섰습니다. 좁은 계곡 길에서 맨 앞 전차가 꼼짝을 못하니 길이 막혀버린 것입니다. 필리핀 대대는 글로스터 대대 구출 작전을 포기하고 돌아서야 했습니다.

1952년 5월 필리핀 대대는 경기도 연천군 마전리에 배치되어 있었습니다. 봄이 되어 날이 풀리면 추위로 인한 고통과 불편함은 사라집니다. 하지만 녹음이 우거지면 적이 숨어드는 것을 알아차리기 어렵지요. 뿐만 아니라 적의 야간 활동도 눈에 띄게 늘어납니다. 그만큼 아군은 경계를 조금도 늦출 수 없는 긴장의 시간을 보내야 했습니다.

연천군에 있던 에리에고지는 원래 아군의 전초 기지였습니다. 그런데 3월 23일 중공군이 공격해온 이래 적의 땅이 되었습니다. '에리에(eerie)'는 영어로 '섬뜩하다, 무시무시하다'라는 뜻을 가진 말입니다. 그곳에서 얼마나 치열한 전투가 치러졌는지 말해주는 별명이에요. 필리핀 대대도 5월 18일부터 나흘

필리핀군 참전 기념비 / The monument to the participation of the Philippine Army

동안 에리에고지를 되찾기 위해 중공군과 피비린내 나는 전투를 벌였습니다.
아홉 번이나 교전이 있었고 그중 여섯 번은 양쪽 군대가 뒤엉켜 싸운 백병전
이었습니다. 21일 필리핀 대대의 수색 중대 제2소대장 피델 발데스 라모스 소
위는 장교 세 명, 사병 41명으로 공격조를 만들어 고지를 공격했습니다. 라모
스 소대는 수류탄과 소총만 가지고 벙커를 지키고 있던 중공군 소대를 몰아
냈습니다. 결국 에리에고지에 있던 중공군 벙커 일곱 개를 파괴할 수 있었어
요. 전쟁이 끝나고 고국에 돌아간 라모스 소위는 나중에 대장으로 진급하였
고 필리핀군 참모총장과 국방부 장관을 거쳐 필리핀의 대통령이 되었습니다.

　휴전 직전인 1953년 7월 필리핀 대대는 강원도 양구군에 있는 백석산고지
에서 보급로 경계 임무를 수행하고 있었습니다. 그런데 휴전을 바로 눈앞에
두고 중공군은 13일부터 대공세를 펴기 시작했지요. 15일 필리핀 대대는 중
공군에게 잠시 빼앗겼던 1,150m의 크리스마스고지를 미군과의 협공으로 되
찾았습니다. 그 후 중공군은 그 고지를 다시 빼앗기 위해 몇 차례나 더 공격

해왔습니다. 23일 중공군은 아직 필리핀 대대가 지키고 있는 고지에 집중적으로 포를 쏘았습니다. 포격은 다음 날까지 이어졌어요. 비 오듯 쏟아지는 포탄 때문에 통신선은 다 끊어지고 보급도 중지되었습니다. 필리핀 대대 장병들은 참호 안에 갇힌 채 비상 식량을 먹으며 버텨내야 했습니다.

7월 27일 오전 정전협정이 맺어졌습니다. 하지만 휴전이 발효되는 밤 열 시까지 양쪽 군대는 치열하게 전투를 벌였습니다. 휴전을 불과 몇 시간 앞둔 이 전투에서 20여 명의 부상자가 생겼어요. 밤 열 시 드디어 휴전이 발효되어 포 소리가 멎었습니다. 그때까지 필리핀 대대가 목숨 바쳐 지키고 있던 크리스마스고지는 결국 대한민국 땅으로 남게 되었습니다.

◉ 필리핀군 참전 기념비(경기도 고양군 덕양구 관산동 97-5)

필리핀군 참전비는 높고 넓은 기단 위에 얹혀 있습니다. 4.5m의 기단에는 50명의 사람이 부조되어 있는데 이는 절망과 좌절을 딛고 일어난 우리나라 국민을 표현한 것입니다. 비문에는 "태양같이 밝고 불타는 정열의 기상을 지닌 삼성좌의 용사들! 한국의 평화와 자유를 위해 피 흘린 468명의 고귀한 영혼 위에 하나님의 가호가 영원하리라"라고 쓰여 있습니다. 삼성좌는 필리핀 국기에 새겨진 세 별을 말하는데 이 별들은 루손 섬, 민다나오 섬, 비사얀 제도, 즉 필리핀을 상징합니다.

기단 위에는 17m 높이의 탑이 있고 그 앞에는 필리핀 전사들의 동상이 서 있습니다. 필리핀 국기는 위쪽은 파란색, 아래쪽은 빨간색, 왼쪽은 태양과 삼성좌가 새겨진 흰색으로 나뉘어 있습니다. 빨간색은 국민의 용기를 상징하는데 빨간색이 위로 가게 국기를 걸면 군기가 됩니다. 필리핀 역사 중 미국과 필리핀의 전쟁, 일본의 필리핀 침공 때 위아래 색이 평화시와 반대로 뒤집힌 군기가 게양된 적이 있습니다.

10. Philippines

The Philippine military experienced both a serious crisis and the joy of victory.

The Philippine Army arrived at Busan Port on September 19, 1950, when South Korea was in serious danger by the North Korean forces. It was the third land force to be sent after the United States and Britain. Because the country is close to Asia, the army could have moved to Korea quickly, but above all, the quick decision and action of the Philippine government was able to save our country.

When the Korean War broke out, the Philippines had only been independent for four years from the United States. It also suffered a severe Japanese invasion during World War II and was on the verge of bankruptcy economically due to the great war. After all other countries were driven out, the situation in Korea was very unstable due to the uprising of the Communist People's Liberation Army called Hook. Nevertheless, the Philippine government accepted the UN's resolution to participate in the war and decided to dispatch ground troops.

Hooke's rebellion began in 1942. The Philippine government conducted an operation to subdue Hook for eight years, during which time the communist Hook harassed the people with brutal terrorism. So the people regard the communis as enemy. Our enemies at the time, the communists, denounced "white men are leading the war in Asia." However, with the participation of the Philippines in the war, these criticisms could be put to rest.

The Philippine Army was founded in 1935. General MacArthur played a major role in the establishment of the Philippine Army during the time of the American colony. Active duty is a support system, but reserve forces are compulsory.

However, only elite college graduates can enter the reserve army. At that time, there were 10 battalions of brave troops fighting Hook in the Philippines, and one battalion was sent to Korea. Rather than forming a new unit, it was decided to send an existing unit with more experience.

On September 2, 1950, a farewell ceremony was held at Rizal Memorial Stadium in the Philippines.

The Philippine Army arrived in Busan on September 19 and was assigned to the 25th Division of the US 9th Corps. When they arrived in Korea, a fierce defensive battle was taking place on the Nakdong River front. The Philippine Army, along with the United States and Great Britain, participated in the Battle of the Nakdong River Defense Line, the advance north of the 38th parallel, the occupation of Pyongyang, and the advance of Gunuri. They are an army that rushed to our country during the most difficult time and experienced both a serious crisis and the joy of victory.

Captain Yap, who saved his comrades and sacrificed himself

In early December 1950, the situation was very difficult when our allies, who had hit North Korean soil, came down south. The allies, withdrawing from Pyongyang, blew up the Taedonggang Bridge to prevent the Chinese forces from following. On the day the Taedonggang Bridge broke, the Philippine Battalion was also heading south. However, they had only two 2.5-ton trucks, so the troops were scattered and had to withdraw. The battalion headquarters, headquarters company, and medical corps took the train, and the main force of the battalion walked 130 km. The exceptionally harsh winter of that year made the Filipino soldiers from the tropics suffer. The march itself was a fierce battle for them.

At the beginning of the Chinese spring offensive in April 1951, the Philippine Battalion was assigned to the British 29th Brigade.

On the 22nd, the Philippine Battalion moved to Yuldong and took over position.

The US 65th Regiment was on the left and the Turkish Brigade was on the right. However, when the Turkish brigade interrogated the captured CCP officers, they were able to obtain unusual information.

"Tonight, the Chinese Communist forces launch their spring offensive across all fronts."

The allies thoroughly prepared for defense, such as digging deep into a private shelter to hide, reinforcing obstacles, and monitoring the enemy's situation. Indeed, as soon as the sun went down that night, the enemy fired combat ready fire at the friendly positions. Soon after, the enemy's scouts approached the friendly positions, but they were defeated by artillery fire. At eight o'clock at night, strange sounds of flutes, drums, and whistles echoed everywhere. The allies had to face the Chinese forces, which came rushing in like waves, with no time to recover their minds. Breaking through the cracked defenses, some of the enemy's forces stormed the friendly command post and communications facilities, disrupting the area behind them.

The UN forces continued to fire artillery at the Chinese forces. However, the number of the Chinese Communist forces was hardly ever reduced. The Chinese entered the Turkish brigade position to the right of the Philippine Battalion. The Turkish army engaged in fierce hand-to-hand combat. The brave Turks did not retreat a single step, but were ambushed from behind by another enemy. Eventually, the Chinese forces broke through the Turkish positions and returned to the rear of the Philippine Battalion.

It was late at night, and it was past midnight, but the situation on our allies was getting worse and worse. Company B of the Philippine Battalion, which was attacked by the enemy, could not hold it any longer and withdrew to the next ridge. During the chaos, communication between B Company and the Battalion was cut off. It was only when the sun rose that they could receive support from the UN forces' artillery fire, but there were still two hours until sunrise. The

1ˢᵗ Platoon of Special Company, which was next to B Company, was scattered with concentrated attacks from 17 times as many enemies, and the Chinese Communist forces pushed in between them. When the battalion command post was attacked by the enemy, cooks, chaplains, medics, drivers, and even administrative personnel took up rifles and defended the positions to defeat the enemy.

At sunrise and dawn, Brigadier General Meade, vice commander of the US 3ʳᵈ Division, visited his battalion command post and ordered, "Stop the attack by nine o'clock in the morning and withdraw to the Kansas Line." Meanwhile, the Philippine Battalion blocked the main force of the Chinese Communist Forces, making time for the nearby Turkish and American forces to withdraw.

However, the special company, which lost the position of the 1ˢᵗ Platoon, did not receive an order to withdraw because communication was not restored. Special Company Commander Captain Yap, thinking that there might be survivors in the 1ˢᵗ Platoon's position that had been stolen the night before, set out to reclaim his position. Captain Yap, who received the order to withdraw the battalion only at 12:30, said, "I will go to collect the bodies of the comrades. I will withdraw as soon as the counterattack is over." He replied and headed to the high ground where the enemy still remained.

Capt. Yap and the squad with him sprinted up the hill, defeating the enemy on the hill with friendly support fire. Capt. Yap's group, who captured the hill, were able to rescue two wounded Filipino soldiers from hiding, and found the bodies of 1ˢᵗ Platoon Lieutenant Atiga and other platoon members.

As they were preparing to move them to their headquarters, the Chinese started firing machine guns from a height of 300 meters ahead. Capt. Yap was shot by the enemy while searching for a company member who had disappeared in the midst of chaos. The bloody Captain Yap was carried by a medic and jumped down from the hill. Capt. Yap and the other wounded were put in a jeep and sprinted to the battalion headquarters, but the headquarters had already withdrawn. It was only after sunset that the Special Squadron managed to join the main force with the wounded. Captain Yap died after arriving at the main unit.

The 'Hill Christmas' was kept until the end

On April 23, 1951, the Philippine Battalion attached to the 29th Brigade of the British Army was ordered to rescue the British Gloucester Battalion, which was isolated in 'Seolma-ri'. The Gloucester Battalion, besieged by the Chinese, was barely holding on with air support for food and supplies. Six companies, including the British tank company that came out to support, headed for Seolma-ri, but the road to the Chinese attack was very difficult.

Still, the Philippine Battalion overcame the Chinese attack and entered the Seolma-ri gorge around the L-shaped corner. But it was a narrow valley with cliffs on both sides and a tank barely passing through. Tanks were passing through the valley in a row, but the tank at the front of the Philippine Battalion was attacked by the enemy and stopped. On a narrow valley road, the front train was stuck and the road was blocked. The Philippine Battalion had to give up and turn around to rescue the Gloucester Battalion.

In May 1952, the Philippine Battalion was deployed in Majeon-ri, Yeoncheon-gun, Gyeonggi-do. When spring arrives and the days get warmer, the pain and discomfort caused by the cold disappear. But when the greenery is thick, it's hard to notice the enemy is hiding. In addition, the enemy's nighttime activity is noticeably increased. As such, the allies had to spend a tense time that could not lower their vigilance even in the slightest.

Erie Gorge in Yeoncheon-gun was originally an outpost for the friendly forces. However, since the Chinese attack on March 23, the land has been occupied by the enemy. 'Eerie' means 'terrifying, terrifying' in English. It was a nickname that spoke of how fierce the battles were fought there. The Philippine Battalion also waged a bloody battle with the Chinese Communist forces to reclaim the Erie Hill for four days from May 18th. There were nine engagements, six of which were hand-to-hand combat between the two armies.

On the 21st, Lieutenant Fidel Valdes Ramos, 2nd platoon commander of the Philippine Battalion's reconnaissance company, formed an attack team with three officers and 41 privates to attack the hill. Ramos' platoon was driven out by a Chinese platoon guarding the bunker with only grenades and rifles. In the end, we were able to destroy seven Chinese bunkers on the Erie Hill. After the war was over, Lieutenant Ramos returned to his homeland and was later promoted to the rank of commander. He served as Chief of Staff of the Philippine Army and Minister of Defense before becoming the President of the Philippines.

In July 1953, just before the armistice, the Philippine Battalion was performing a supply route guarding mission at the Baekseok Mountain Highlands in Yanggu-gun, Gangwon-do. However, with the armistice right in front of us, the Chinese Communist forces began to launch a grand offensive on the 13th. On the 15th, the Philippine Battalion regained the 1,150m Christmas Hill, which had been temporarily taken away by the Chinese Army, in a coordinated attack with the Americans. Since then, the Chinese forces have attacked several more times to recapture the hill.

On the 23rd, the Chinese Communist forces focused their artillery on the highlands still guarded by the Philippine Battalion. The bombardment continued until the next day. All communication lines were cut off due to the pouring of shells like rain, and the supply was stopped. Soldiers from the Philippine Battalion were trapped in trenches and had to survive on emergency food.

On the morning of July 27, an armistice was signed. However, the two armies fought fiercely until ten o'clock at night when the armistice took effect. Until then, the Christmas Hill, which the Philippine Battalion had devoted its lives to protecting, was eventually left as Korean territory.

◉ Monument to the Participation of the Philippine Army

(97-5 Gwansan-dong, Deokyang-gu, Goyang-gun, Gyeonggi-do)

The Philippine Army Mounment sits on a tall, wide base. There are 50 people bas-relieved on the 4.5-meter pedestal, which expresses the Korean people who have risen from despair and setbacks. The inscription reads, "Samsung jwa warriors with a spirit of passion and bright like the sun! God's blessings will last forever on the noble souls of the 468 people who shed blood for peace and freedom in Korea." The Samsung constellation refers to the three stars engraved on the Philippine flag, which represent the islands of Luzon, Mindanao, and Visayan Islands, that is, the Philippines.

Above the base is a 17-meter-tall tower with statues of Filipino warriors standing in front of it. The Philippine flag is divided into blue at the top, red at the bottom, and white with the sun and Samsung constellation on the left. Red symbolizes the courage of the people, and when the flag is hung with red facing up, it becomes the national flag. In the history of the Philippines, during the war between the United States and the Philippines, and during the Japanese invasion of the Philippines, there has been a time when the flag was hoisted with the upper and lower colors turned upside down to the opposite of peacetime.

태국군 참전 기념비의 군인과 민간인 동상
The statues of a soldier and a civilian at the
monument to the participation of the Thai Army

11. 태국

육·해·공군과 의료지원단까지 파견한 태국

아시아 국가 중 하나인 태국은 역사가 긴 입헌군주제 국가입니다. 또 전 국민의 90% 이상이 불교를 믿는 불교 국가이지요. 1949년 10월, 태국은 대한민국을 한반도에서 유일한 합법 정부로 승인했습니다. 하지만 6·25전쟁 때까지 태국과 우리나라는 외교 관계가 수립되지 않은 상태였습니다. 태국은 아시아 나라 중 서구 열강의 식민지가 되지 않은 유일한 나라입니다. 그런데 1941년 태국에 상륙한 일본군은 영국과 미국에 선전 포고하도록 태국 정부에 강요했어요. 1945년 8월 일본이 패망하고 전쟁이 끝나자 태국은 선전 포고가 일본의 무력 강압에 의한 것으로 무효라고 선언했습니다. 그리고 태국 안에 있는 친일파를 제거하기에 힘썼고 이후 미국의 동맹국이 되었습니다.

하지만 제2차 세계대전 패전국이 될 뻔했던 태국은 국제적으로 고립될 위기에 처해 있었고 전후 복구 사업하기에도 힘겨운 상황이었습니다. 또 국내 정치도 매우 불안한 상황이었어요. 그래서 처음에는 직접적인 참전 대신 태국의 주산물인 쌀만 지원하겠다고 유엔에 제의하였습니다. 그러나 트리그브 리 유엔 사무총장은 '한국에 대한 군사 지원을 호소한 각서'를 태국에 보냈습니다. 이 문서를 받은 태국은 7월 20일 한국에 전투 병력을 파견하기로 결정했습니다.

태국은 규모는 작지만 육·해·공군을 모두 파병했고 의료지원단까지 파견했습니다. 참전 16개국 중 이렇게 3군을 모두 보낸 나라는 미국과 호주와 캐나다, 태국 네 나라뿐입니다. 태국 정부는 지상군 1개 여단 병력과 해·공군 병력까지 파병할 것을 고려하여 부대 이름을 '파한(派韓) 타이왕국 원정군'이라 정했습니다. 총사령관에는 황태자 피스트 디스퐁사―디스쿨 소장을 임명했지요. 왕족이 직접 전쟁터로 나서며 노블레스 오블리주의 실천을 보여주었습니다. 그 후 당시 태국 국내외 사정을 감안하여 지상군 파병 규모를 1개 대대로 축소 조정하였습니다. 유난히 추웠던 1950년 겨울 한국에 도착하여 곧바로 참전하였던 태국군은 미군과 영국군에 배속되어 수많은 전투와 작전에서 큰 활약을 하였습니다.

추위와 싸우며 세운 빛나는 전과

1950년 11월 7일 부산에 도착한 태국 육군은 대구에서 현지 적응 훈련을 받았습니다. 28일 평양에 도착한 태국 대대는 미 제187공정연대전투단에 배속되었어요. 유엔군이 전면 철수하게 되자 태국군 대대도 평양을 떠나 개성 북쪽으로 내려왔습니다. 이후 태국 대대는 유엔군의 철수를 엄호하였고 개성시 일대에 대한 경비 임무를 수행하다가 수원으로 철수했습니다. 한국에 오자마자 바로 겨울을 맞은 태국군 장병들은 추위 때문에 극심한 고통에 시달렸습니다. 추위로 인한 질병과 동상 환자도 계속 발생하여 전투력에 심각한 손실을 입었어요. 태국 대대의 상급 부대는 다른 부대보다 우선으로 열대 지방에서 온 태국 대대에 장갑 등 방한 장구를 나눠주었습니다.

1951년 1월 태국군 대대는 상주―문경 지구에서 주보급로 경계 임무를 맡고 있었지요. 그 무렵 유엔군의 후방 지역에서 공산군 게릴라들이 아군을 괴롭히고 있었는데 그들의 활동은 날이 갈수록 격렬해지고 조직화되었습니다. 게다가 상주―문경 일대는 소백산맥이 지나가는 곳으로 산이 높고 험한 고지가 많아 게릴라들을 소탕하기 쉽지 않았어요. 이에 미 제8군은 태백산맥과 소백산맥 일대의 게릴라를 뿌리 뽑기 위하여, 태국군 대대 등 여러 개의 독립

개머리판 모양의 태국군 참전 기념비
The butt-shaped monument to the participation of the Thai Army

대대를 이 지역으로 보냈습니다. 태국군 대대는 풍기-단양 사이의 주보급로
에 대해서도 소탕 작전을 펼쳐 공산군 게릴라들은 함부로 이 지역에 나타나
지 못했습니다.

인간의 한계를 극복한 포크찹고지 전투

1952년 10월 하순, 태국군 장병들이 한국에 온 지 세 번째 겨울이 다가오
고 있었습니다. 판문점에서 휴전 회담이 열리고 있다고는 하는데 1년이 지나
도록 이렇다 할 성과는 없이 양쪽 군대는 더욱 더 치열한 전투를 계속하고 있
었습니다. 갈수록 인명 피해는 느는데 공산군 측은 이 핑계 저 핑계를 대며
회담을 지연시켰어요. 이에 유엔군 측은 공산군 측을 회담장으로 불러내기
위해 전선에서 강력한 공격 작전을 계획했습니다. 그 작전 중 하나가 포크찹

고지 전투였습니다. 포크찹고지는 별다른 특징 없는 해발 234m의 나지막한 고지였습니다. 하지만 포크찹, 티본 등으로 불리는 주변의 여러 고지를 하나로 묶어보면 이 일대는 전략적 가치가 무척 큰 지역이었습니다.

10월 22일, 태국군 대대는 미 제2사단장으로부터 포크찹의 진지를 점령하라는 명령을 받았습니다. 태국군 대대는 포크찹고지를 점령하고 그곳에 자동 화기를 갖춘 분대를 배치하였습니다. 대대 정면에는 중공군 진지가 있었는데 아군보다 높은 고지를 점령한 중공군의 진지에서는 아군 진지가 내려다보였습니다. 또 중공군은 워낙 숫자가 많고 위장술이 뛰어나 항공 사진 등으로는 적의 병력이나 장비, 진지 형태 등을 알기 어려웠어요. 그래도 태국군 대대는 꾸준히 진지를 보강하고 언제 벌어질지 모르는 전투에 철저히 대비하고 있었습니다.

10월 27일 태국군 대대의 특수 임무 소대는 중공군의 기관총 진지 세 개를 파괴하고 포로를 세 명 잡았는데 그들을 통해 대대 앞 고지에 1개 중대 병력이 배치되었다는 것을 알게 되었습니다. 11월 1일 새벽, 중공군은 강력한 포격 지원을 받으며 포크찹고지 태국군 엄체호 가까이 접근했다가 태국군의 사격으로 격퇴되었습니다. 그날 저녁, 중공군은 태국군 엄체호에 포탄을 쏟아부었습니다. 이 포격으로 진지와 교통호 대부분이 파손되었지요. 밤 아홉 시경 적은 2개 중대 규모로 다시 공격해왔습니다. 태국군 장병들은 백병전으로 적을 무찌르고 고지를 지켜냈습니다. 이 전투는 태국군 대대가 한국에서 치른 전투 중에서 가장 치열한 전투였습니다. 중공군은 이 전투 후에 50여 구의 시체를 버리고 달아났고 태국군은 여덟 명이 전사하고 열네 명이 부상했습니다.

11월 7일 새벽, 1개 중대 규모의 중공군이 다시 태국군 대대를 공격했습니다. 적은 몸을 감추고 접근했지만 아군 전초병에게 발각되어 많은 인명 피해를 입었습니다. 하지만 살아남은 일부 적 병력이 포크찹고지를 지키는 진지 깊숙이 쳐들어왔어요. 태국군 장병들은 진지 안에 들어온 적을 사살하고 백병전을 벌이며 끝내 진지를 지켰습니다. 10~11일 밤에는 더 많은 중공군, 1개 연대 규모가 다시 공격해왔습니다. 적은 포크찹고지가 아닌 다른 곳에 집중 사격하다가 밤 열 시 갑자기 포격을 중단했습니다. 공격을 포기한 것처럼 보였지만 사실은 아군의 주의력을 흩트리려는 기만 전술이었지요.

그로부터 한 시간이 지난 열한 시쯤 중공군은 다시 포크찹고지에 포탄을 쏟아부었습니다. 30분 후에는 개미떼 같은 중공군이 몰려들었습니다. 중공군은 산처럼 쌓이는 전우들의 시체를 장애물로 삼아 아군의 사격을 막아내고 또 다시 돌격해왔습니다. 중공군은 장병들이 죽는 것을 전혀 개의치 않고 무조건 앞으로 앞으로 나아가는 것 같았어요. 그러나 태국군 장병들은 강인한 정신력으로 끝까지 적과 맞서 싸웠고, 새벽 두 시쯤 진지 안의 적을 몰아내기 시작했습니다. 그런데 그들이 물러난 것은 "퇴각을 가장한 것이고 또 다른 부대가 곧 다시 쳐들어올 것"이라는 정보가 있었습니다. 그 정보를 입수한 포크찹고지의 태국군 장병들은 계속되는 포격 속에서도 파괴된 진지를 보강하는 등 다시 전투 준비를 서둘렀습니다.

한 시간쯤 지난 후 중공군의 포탄이 포크찹고지 진지에 쏟아지기 시작했습니다. 몇십 분 후 2개 대대 규모의 중공군이 태국군 엄체호로 돌격해왔습니다. 적의 수는 태국군의 다섯 배가 넘어 보였어요. 중공군이 가까이 다가올 때까지 기다려 태국군이 저지 사격을 했지만 살아남은 적은 진지 안으로 들어왔고 양측 병사들의 백병전이 벌어졌습니다. 그러는 가운데 날이 밝기 시작했고 중공군은 뿔뿔이 도망치기 시작했습니다. 사방이 훤해지면 아군이 정확한 목표를 정해 포 사격을 하기 때문이었어요. 태국군은 도망치는 적을 쫓아가면서 전방을 수색했습니다. 그 결과 중공군이 버리고 간 200여 구의 시체와 각종 장비, 무기 등을 발견할 수 있었습니다.

중공군은 포크찹고지를 빼앗기 위해 엄청나게 많은 병력으로 세 차례나 태국군 대대를 공격했지만 결국 성공하지 못했습니다. 포크찹고지 전투를 통해 태국군 대대는 '작은 호랑이'라는 별명을 얻었지요. 또 중공군의 공격을 어떻게 막을 것인가 하는 문제에 있어 훌륭한 교훈을 남겼습니다. 이후에도 태국군 대대의 활약은 그치지 않았고 정전협정 조인 바로 전날인 1953년 7월 26일까지 그들은 전투를 계속했습니다.

태국 해군과 공군, 의료지원단의 활약

태국군 해군은 1950년 10월 1일 프리깃함 두 척과 수송선 한 척으로 함대를 조직했습니다. 태국 함정들은 지상군 병력과 적십자 의무대 요원들을 태우고 11월 7일 부산항에 도착했습니다. 태국 해군은 미 극동 해군에 배속되어 활동을 시작했어요. 1951년 1월 태국 해군 프리깃함 파라세호와 방파콩호, 미 구축함 잉글리쉬호로 편성된 해군 분대가 동해로 나아갔습니다. 이 분대는 북위 38~39도선 사이에서 작전을 실시할 예정이었습니다. 그런데 1월 6일 밤, 갑자기 강풍과 폭설이 몰아쳤고 파도가 거칠어졌어요. 다음 날 아침에는 악화된 기상 때문에 파라세호가 북위 38도선 북쪽 속초 해안에 좌초되었습니다. 미 해군 함정들은 현장으로 급히 파견되어 파라세호 구조 작전에 나섰습니다. 그런데 파라세호는 시간이 흐를수록 더 많이 부서지고 공산군의 공격 때문에 구조 작업도 어려웠습니다. 더구나 파라세호의 파괴 정도가 심해서 구조를 한다 해도 고쳐 쓸 가망성이 거의 없어 보였지요. 그래서 구조 작전을 중단하기로 결정했습니다. 파라세호 승무원를 헬기로 모두 구출한 후 미 구축함 잉글리쉬호는 함포 사격으로 파라세호를 격파하였습니다.

방파콩호는 홀로 남아 동해에서 맹활약하였고 한반도의 북쪽 끝에 있는

태국군 참전 기념비 안내석
The memorial stone to commemorate the participation of the Thai Army

청진 해안까지 진출하였습니다. 방파콩호는 함포 사격으로 적 지역 해안의
철도역, 다리 등을 파괴하는 임무를 수행했어요. 1950년 10월 태국 해군은
미군으로부터 프리킷함 두 척을 받아 파라세2호와 타친호라고 이름 붙였습
니다. 그해 말 파라세2호와 타친호에 임무를 넘긴 방파콩호는 태국으로 돌아
갔습니다.

　　1개 수송기 편대(C-43 쌍발수송기 세 대)와 1개 항공 의무대로 편성된 태국 공군
부대는 1951년 6월 23일, 일본 다치카와 미 공군 기지에 도착하였습니다. 이
때 전선에서는 무척 치열하게 전투가 벌어지고 있었기 때문에 비상 보급품을
날라다 주고 긴급 환자를 옮기느라 공군은 바쁘게 움직여야 했습니다. 태국
공군 수송기들은 부상자를 특히 많이 호송했습니다. 미 공군의 C-46 수송
기에 없는 부상자 치료용 병상과 의료 장비를 태국 수송기가 갖추고 있었기

참전비 근처에 세워진 태국 불당
The Thailand Temple near the Thailand monument

때문이에요. 부상자를 태우고 전방의 좁은 활주로에서 이륙하여 후방 병원 부근 공항까지 급히 실어나르는 데는 태국군의 작은 수송기가 더 유리했습니다. 한국에서 치료가 어렵거나 30일 이상 치료가 필요한 환자들을 일본으로 후송할 때도 태국 수송기가 큰 활약을 했습니다.

태국은 육·해·공군 외에 공군의무대, 적십자의무대, 야전병원 실무 교육 요원 등 독립된 3개 의무대를 파견했습니다. 이들은 수송기에 탑승하여 부상자들을 간호하고 옮기는 일, 위급 환자들을 본국으로 후송하는 업무 등을 맡아 했어요. 태국 의사와 간호사로 편성된 적십자의무대는 원래 태국 장병들만 진료하도록 계획되어 있었습니다. 그러나 우리나라에 온 의료진은 국적에 관계없이 모든 유엔군 장병을 치료했습니다.

◉ 태국군 참전 기념비(경기도 포천시 영북면 문암리 산24-2)

태국군 참전 기념비 전면에는 30m 정도의 하얀 기단이 옆으로 길게 놓여 있고 기단 왼쪽에는 12m 높이의 탑 세 개가 서 있습니다. 이 탑들은 소총 개머리판 모양으로 만들어졌습니다. 기단 오른쪽에는 민간인과 군인이 어깨동무한 모습의 동상이 서 있습니다. 기념비 오른쪽에는 태국 불교 불당이 있습니다. 이 불당은 1994년 태국 국왕 즉위 50주년을 기념하여 태국에서 지어 옮겨온 건물입니다. 태국재향군인회는 태국 국왕의 지시로 이 불당을 우리나라에 기증했습니다.

11. Thailand

Thailand dispatched Army, Navy, Air Force and medical support team

Thailand, one of the Asian countries, has a long history of a constitutional monarchy. In addition, more than 90% of the entire population is a Buddhist country that believes in Buddhism. In October 1949, Thailand recognized the Republic of Korea as the only legitimate government on the Korean Peninsula. However, diplomatic relations between Thailand and Korea had not been established until the Korean War.

At that time, the situation in Thailand was not very good. Thailand is the only country in Asia that has not been colonized by Western powers. However, in 1941, Japanese troops landed in Thailand and forced the Thai government to declare war on Britain and the United States. After Japan's defeat and the end of the war in August 1945, Thailand declared the declaration of war null and void as a result of Japanese force and coercion. And he worked hard to get rid of the pro-Japanese in Thailand, and later became an ally of the United States.

However, Thailand, which was nearly defeated in the Second World War, was in danger of being isolated internationally, and it was difficult to restore the country after the war. Also, domestic politics was very unstable. So, at first, instead of directly participating in the war, he proposed to the United Nations that only rice, Thailand's main product, would be supported.

However, UN Secretary-General Trigbri sent a memorandum calling for military aid to South Korea to Thailand. Upon receiving this document, Thailand decided to send combat troops to South Korea on July 20.

Although Thailand is small country, it has dispatched the army, navy, and air force, and even dispatched a medical support group. Of the 16 countries that participated in the war, only the United States, Canada, Australia, and Thailand sent all three armies. The Thai government decided to call the unit 'Pahan Thai Kingdom Expeditionary Force' in consideration of dispatching one brigade of ground forces and naval and air forces. As the commander-in-chief, the Crown Prince Fist Dispongsa-D-School was appointed. The royal family went directly to the battlefield, demonstrating the practice of noblesse oblige.

After that, in consideration of domestic and foreign circumstances at the time, the size of the ground forces dispatched was reduced to one battalion. The Thai army, which arrived in Korea in the exceptionally cold winter of 1950 and immediately participated in the war, was assigned to the US and British forces and played a major role in numerous battles and operations.

A brilliant victory in the severe cold

On November 7, 1950, the Thai Army arrived in Busan and went to Daegu by train to undergo local adaptation training. The Thai Battalion, which arrived in Pyongyang on the 28th, was attached to the US 187th Airborne Regiment Combat Team. When the UN forces withdrew completely, the Thai battalion also left Pyongyang and withdrew to the north of Kaesong. Afterwards, the Thai Battalion covered the withdrawal of the UN forces there, and while performing security missions in the Kaesong area, it withdrew to Suwon.

As soon as they arrived in Korea, the Thai soldiers who faced winter immediately suffered excruciating pain from the cold. Diseases and frostbite caused by the cold continued to occur, resulting in serious losses in combat power. The senior units of the Thai battalion gave priority to other units, such as gloves and other cold protection equipment, to the Thai battalion from the tropics.

In January 1951, a battalion of the Thai army was in charge of guarding the main supply route in the Sangju-Mungyeong district. At that time, communist guerrillas were harassing the allies in the rear area of the UN forces, and their activities became more intense and organized day by day. In addition, the Sangju-Mungyeong area is a place where the Sobaek Mountains pass, so it was not easy to clear the guerrillas because of the high mountains and steep hills. Accordingly, the US 8th Army sent several independent battalions, including a Thai army battalion, to this area to eradicate guerrillas in the Taebaek and Sobaek Mountains areas. The Thai army battalion also carried out a sweeping operation on the main supply route between Punggi and Danyang, so that communist guerrillas were not allowed to appear in this area.

'Hill Pork Chop' battle overcoming human limitations

In late October 1952, the third winter was approaching since Thai soldiers had arrived in Korea. It is said that the armistice talks are being held at Panmunjom, but after a year passed, the two armies continued to fight more and more fiercely with no results. As the number of casualties increases, the communist army delayed the meeting by using these excuses and other excuses. In response, the UN forces planned a powerful offensive operation on the front line to summon the communist forces to the conference room.

One of those operations was the Battle of Pork Chop (Hill 234). Pork Chop Highland was a low elevation 234m above sea level with no special features. However, if you group the surrounding highlands called pork chops and T-bones into one, this area was an area of great strategic value.

On October 22, the Thai Battalion received orders from the US 2nd Division commander to capture Pork Chop positions. A battalion of Thai troops captured Pork Chop Hill and deployed a squad with automatic firearms there. In front of the battalion was the Chinese positions, but from the positions of the Chinese occupying a higher elevation than ours, the positions of the friendly forces were overlooked. In addition, the Chinese Communist Forces were so numerous and excellent in camouflage that it was difficult to know the enemy's troops, equipment, and the type of positions from aerial photos. Nevertheless, the Thai army battalion was steadily reinforcing its positions and thoroughly preparing for an unpredictable battle.

On October 27, a special task platoon of the Thai army battalion destroyed three Chinese machine gun positions and captured three prisoners, and they learned that one company had been deployed on the high ground in front of the battalion. At the dawn of November 1, the Chinese Communist forces approached the Thai Army Um Cheho at Pork Chop Hill, supported by strong artillery fire, and were repulsed by Thai fire.

That evening, the Chinese Communist forces poured shells on the Thai army's cover. Most of the fortifications and traffic lines were damaged in this bombardment. Around nine o'clock at night the two enemy companies attacked again. Thai soldiers defeated the enemy in hand-to-hand combat and defended the hills. This battle was the fiercest battle fought by a Thai battalion in Korea. After the battle, the Chinese army abandoned about 50 bodies and fled, while the Thai forces killed eight and wounded 14 others.

At the dawn of November 7, the Chinese battalion of one company attacked the Thai battalion again. The enemy approached in hiding, but was discovered by friendly sentinels and suffered heavy casualties. However, some surviving enemy forces invaded deep into the positions guarding Pork Chop Hill. The Thai soldiers killed the enemy who entered the fort and fought hand-to-hand combat, eventually defending the position.

On the night of the 10th and 11th, more Chinese troops, 1 regiment size, attacked again. Before attacking the Thai positions, the enemy focused their fire on areas other than Pork Chop Hill. Then, at ten o'clock at night, the bombardment stopped abruptly. It looked like it had given up on the attack, but it was actually a deceptive tactic to distract allies.

An hour later, around eleven o'clock, the CCP again poured shells on the Pork Chop Hill. Thirty minutes later, a swarm of Chinese troops arrived. The Chinese Communist Army used the corpses of their comrades accumulating like a mountain as an obstacle to block the fire of the friendly forces and charged again. The Chinese army seemed to move forward unconditionally, regardless of the soldiers dying. However, the Thai soldiers fought the enemy until the end with strong mental strength, and began to drive out the enemy in the camp around 2 am.

However, there was information that they had retreated, "they were pretending to be retreating, and another unit would soon attack again." Having obtained the information, the Thai soldiers at Pork Chop Hill hurried to prepare for battle again by reinforcing the destroyed positions in the face of continuous shelling.

About an hour later, Chinese artillery shells began pouring into the Pork Chop Hill positions. A few dozen minutes later, two battalions of Chinese Communist forces charged with Thai forces under cover. The number of enemies appeared to be more than five times that of the Thai army. While waiting for the Chinese forces to approach, the Thai forces fired a blocking fire, but the surviving enemy entered the fort, and a hand-to-hand battle ensued between the soldiers from both sides.

Meanwhile, the day began to dawn, and the Chinese forces began to flee one by one. This was because when all directions became clear, the allies set an exact target and fired artillery fire. The Thai army searched the front, chasing the fleeing enemy. As a result, more than 200 corpses, various equipment, and weapons were found abandoned by the Chinese Communist Army.

The Chinese forces attacked the Thai battalion three times with huge numbers of troops to take the Pork Chop Hill, but in the end they were unsuccessful. Through the Battle of Pork Chop Hill, the Thai battalion earned the nickname 'Little Tiger'. It also taught a great lesson on how to stop the Chinese attack.

After that, the Thai army battalion did not stop, and the battle continued until July 26, 1953, the day before the armistice was signed.

The remarkable activities of the Thailand's Navy, Air Force, and medical support team

On October 1, 1950, the Royal Thai Navy formed a fleet of two frigates and one transport. Thai ships arrived at Busan Port on November 7th carrying ground troops and Red Cross medical personnel. The Thai Navy was attached to the US Far East Navy and started its activities.

In January 1951, a naval squad composed of the Thai Navy's frigates Paraseho and Bang Pakong, and the US destroyer English headed for the East Sea. The squad was scheduled to operate between the 38th and 39th parallels north. But on the night of January 6th, a strong wind and heavy snow suddenly came and the waves became rough. The next morning, due to bad weather, the Paraseho ran aground on the coast of Sokcho, north of the 38th parallel. U.S. Navy ships were rushed to the scene to rescue Parasejo. By the way, Para Sejo broke more and more over time, and the communist attack made her rescue operation difficult.

Not only was she difficult to rescue, she was so devastated by the destruction of Para Sejo that, if she did, she seemed to have little hope of fixing it. So she decided to stop the rescue operation. After rescuing all of the Para Sejo crew with her helicopter, the US destroyer English destroyed Para Sejo with her artillery fire.

The Bangpa Kong was left alone and was active in the East Sea and advanced to the Chongjin Coast at the northern tip of the Korean Peninsula. With her artillery fire, the break-a Kongho was tasked with destroying railway stations and bridges on the coast of the enemy territory. In October 1950, the Thai Navy received two frigates from the US military and named them Parase 2 and Tachin. Later that year, she returned to Thailand, where she handed over missions to the

Para Se 2 and Ta Chin.

The Thai Air Force unit, consisting of one transport squadron (three C-43 twin transport aircraft) and one air medical squadron, arrived at Tachikawa US Air Base, Japan on June 23, 1951. At this time, the battle was very fierce on the front lines, so the Air Force had to be busy delivering emergency supplies and moving emergency patients.

Thai Air Force transport planes escorted the wounded in particular. This was because the Thai transport had hospital beds and medical equipment for the wounded that the US Air Force C-46 transport did not have. The Thai military's small transport planes were more advantageous to pick up the wounded, take off from the narrow runway in front and rush them to the airport near the hospital in the rear. Patients who were difficult to treat in Korea or who needed treatment for more than 30 days were evacuated to Japan.

In addition to the army, navy, and air force, Thailand has dispatched three independent medical corps: the Air Force Medical Corps, the Red Cross Medical Corps, and the field hospital practical training personnel. They boarded transport planes to care for and transport the wounded, and to evacuate critically ill patients to their home countries. The Red Cross Medical Center, made up of Thai doctors and nurses, was originally designed to treat only Thai soldiers. However, the medical staff who came to our country treated all UN soldiers regardless of nationality.

◉ Monument to the Participation of the Thai Army

(San 24-2, Munam-ri, Yeongbuk-myeon, Pocheon-si, Gyeonggi-do)

The Monument to the Participation of the Thai Army is located on a hill . In front of the monument, there is a 30m long white pedestal, and to the left of the pedestal stand three 12m high towers. These towers are made in the shape of a rifle butt. To the right of the pedestal stands a statue of civilians and soldiers shoulder-to-shoulder.

To the right of the monument is a Thai Buddhist temple. This Buddhist temple was built and moved from Thailand in 1994 to commemorate the 50th anniversary of the King's accession. The Thai Veterans Association donated this Buddhist temple to Korea at the order of the King of Thailand.

호주군 전투 기념비
The battle monument to the Australian Army

12. 오스트레일리아

육·해·공군을 모두 파병한 고마운 나라

오스트레일리아(이하 호주)는 면적이 우리나라의 70배나 되는 큰 나라이지만 인구는 우리의 절반인 2,500만 명(2022년) 정도입니다. 1950년 6월 28일 유엔이 '한국에 대한 군사 원조'를 결의했을 때 호주는 곧바로 지지를 보냈습니다. 호주의 멘지 총리는 "우리가 만일 유엔 안보리의 결정을 외면한다면 우리는 위선자가 아니면 비겁자가 되어야 하는, 역사상 전례 없는 오점을 남기게 될 것이다"라고 강한 의지를 보여주었습니다. 상하 양원으로 이루어진 호주 연방 의회에서는 만장일치로 정부의 해·공군 참전안을 승인하였지요. 규모는 1개 여단으로, 제2차 세계대전에 참전한 경험이 있는 장병 중에서 지원자를 받기로 했습니다.

멘지 총리는 다시 "지금 우리에게 시간 소요가 가장 중요하다. 대규모 부대보다 소규모일망정 조속한 참전이 몇 배 더 바람직할 것이다"라고 하며 해군과 공군을 서둘러 보낸 후 곧 지상군도 파견하겠다고 약속했습니다. 그는 당시 한국에서의 상황이 긴박하게 돌아가고 한국이 심각한 위기에 처했다는 것을 알고 있었던 겁니다. 8월 8일 호주에서는 지상군 모집이 시작되었어요. 지상군은 900명 정도의 1개 보병 대대 규모로 편성할 예정이었습니다. 그때 참전을 지원한 장병은 호주 정규군 총수의 98%에 달했습니다. 엄격한 심사를 거쳐 뽑힌 호주군 장병들은 1950년 9월 27일 부산항에 모두 도착했습니다.

북한에서의 작전에 참여한 호주군

호주군이 한국에 도착했을 때는 막 인천상륙작전을 성공리에 끝낸 시기였습니다. 10월 1일 국군이 먼저 38선을 넘었고 며칠 후 유엔군도 38선을 넘어 북진하기로 결정되었습니다. 호주군은 영국군 제27여단에 배속되어 북진 작전 참가하게 되었습니다. 10월 17일 호주군은 황해도 사리원 북쪽에서 북한군의 후퇴 길을 막는 임무를 수행하고 있었습니다. 그곳에서 호주군은 북쪽으로 도망치던 한 무리의 북한군을 발견했습니다. 호주군 부대대장 퍼거슨 소령은 북한군들을 향해 "너희는 이미 포위되었으니 즉시 무기를 버리고 항복하라"라고 외치라고 통역관에게 명령했지요. 한밤중 어둠 속에서 전차의 엔진 소리와 섞인 외침을 들은 북한군은 당황하여 어쩔 줄 몰라 하다가 조금 후 줄지어 항복해왔습니다. 그들은 이미 전쟁할 의욕을 잃어버린 것입니다. 호주군은 이때 총 한 발도 쏘지 않고 2,000명에 가까운 북한군을 사로잡았습니다.

사리원에서 평양 쪽으로 후퇴하던 북한군이 영연방 군인들을 자신들을 도우러 온 소련군으로 착각하는 해프닝도 있었습니다. 북한군들은 영연방군 사이에 끼어들어 손짓 발짓으로 인사를 하며 영연방군에게 '동무'라고 불렀어요. 기분이 좋아진 북한군은 자기 모자에 달린 붉은 별을 떼어 영연방군에게 선물로 주기도 했습니다. 나중에 소련군이 아니고 적군임을 알게 된 북한군은 맨몸으로 영연방군에 달려들었습니다. 치열한 육박전을 벌였지만 영연방군을 당해내지 못한 북한군은 북쪽으로 달아났습니다.

1950년 10월 20일 호주군은 미 제24사단으로 평양에 진입했습니다. 그런데 적지에 공수 낙하했다가 북한군에 포위된 미 제187 공수 연대를 구출하라는 명령을 받았습니다. 호주군 대대가 대동강을 건너 진격하고 있을 때 북한군의 박격포탄과 기관총 사격이 호주군에게 쏟아졌습니다. 포탄과 총탄은

가평에서 치열한 전투를 벌인 호주 보병 제3대대를 기리는 조형물 / The sculpture commemorating the 3rd Battalion of Australian Infantry who fought fiercely in Gapyeong

앞쪽 과수원에서 발사되고 있었지요. 호주군 대대장 그린 중령이 보낸 C중대는 과수원의 북한군을 향해 공격을 시작했습니다. 사기가 한껏 오른 호주 병사들은 전차에서 내리자마자 총 끝에 칼을 끼우고 고함을 지르며 과수원 쪽으로 달려갔습니다. 과수원 안에 있던 북한군은 호주군의 서슬에 놀라 무기와 장비 등을 버리고 밖으로 뛰어나갔습니다. 북한군은 미군과 호주군 사이에서 오도가도 못하게 되었어요. 대부분 숨을 곳을 찾다가 사살되었거나 포로로 잡혔고 볏짚단 사이에 숨어 있다가 항복하는 북한군도 많았습니다.

끊임없이 몰려오는 중공군과의 격렬한 전투

1950년 10월 말 호주군은 중공군과 처음으로 마주치게 되었습니다. 평안도 박천에서 치러진 전투에서였어요. 10월 19일 중공군이 참전하였기 때문에 정주까지 나아갔던 영국군과 호주군은 30일 철수해야 했습니다. 호주군

호주군 전투 기념비
The battle monument to the
Australian Army

은 중공군이 차지한 박천−신안주 사이의 도로를 되찾기 위해 반격을 시작했습니다. 당시 아군을 지원하기 위해 유엔군 전투기가 공중 폭격을 했는데 마침 그때 출격한 전투기들이 호주 공군 전투기였습니다. 이 사실을 알게 된 호주 장병들의 사기는 하늘을 찌를 듯했지요. 결국 호주군 대대는 박천−신안주 사이의 도로를 되찾았고 이후에도 그 도로를 지키는 임무를 수행했습니다. 박천 전투는 유엔군이 청천강을 건너 후퇴하는 데 큰 도움이 되었습니다.

1951년 4월 23일부터 25일까지 호주군은 캐나다군, 뉴질랜드군이 포함된 영연방군으로서 가평에서 중공군과 치열한 전투를 벌였습니다. 이 전투는 중공군의 제5차 공세를 맞아 치른 대대적인 전투였어요. 영연방군 제27 보병여단은 가평 일대에 방어 진지를 만들었습니다. 호주군 제3대대와 캐나다 경보병대 제2대대가 전방을 지키는 임무를 맡았고 뉴질랜드 포병 여단이 이들을 지원하기로 했습니다. 4월 22일 중공군은 화천 사창리 전투 부근에 있던 국군 제6사단을 가장 먼저 공격했습니다. 사창리 전투에서 패배한 국군 제6사단 병사들은 협곡을 통해 철수해야 했어요. 철수하는 국군들과 뒤섞여 호주군이 있던 지역은 큰 혼란에 빠졌습니다. 23일 밤 중공군은 호주군을 공격했고 이 전투는 다음 날까지 이어졌습니다.

중공군은 아군과 비교할 수도 없을 정도로 병사 수가 많았습니다. 그래서 그들은 아군의 사방 어디에도 나타날 수 있었어요. 호주군의 A·B·D중대는 본부와의 통신이 끊긴 채 중공군과 계속 공방전을 치렀습니다. 호주군 대대는 24시간 내내, 이틀 동안 엄청난 수의 중공군과 격전을 벌여야 했습니다. 중공군은 수백 명의 전사자를 내고도 호주군을 뚫지 못했지요. 호주군은 적이 남쪽으로 내려오는 것을 막아냈고 가평–청평 도로를 차지하려는 적이 계획을 허사로 만들었습니다. 가평 전투에서 세운 공훈으로 호주군 제3대대는 '가평 대대'라는 별칭을 얻게 되었습니다.

휴전의 순간까지 치열했던 후크고지 전투

1951년 7월 28일 영국군, 호주군 제3대대, 캐나다군 제25여단, 뉴질랜드군 제16포병연대로 구성된 영연방 제1사단이 만들어졌습니다. 그해 10월 영연방 제1사단은 임진강–264고지–고작동–역곡천–양지촌을 잇는 제임스타운선을 확보하기 위해 작전을 실시하였습니다. 이때 호주군 제3대대는 마량산을 공격하도록 명령받았어요. 10월 3일 공격을 시작한 호주군 대대는 사흘 동안 격전을 치르며 중공군의 완강한 저항을 격퇴하고 10월 5일 저녁 마량산고지를 점령하였어요. 이 작전 성공으로 유엔군은 철원–연천–서울에 이르는 도로를 지켜낼 수 있었습니다.

1953년 7월 9일부터 7월 26일까지 호주군은 후크고지에서 중공군과 격렬한 전투를 벌였습니다. 다음 날인 27일 정전협정이 맺어졌으니 호주군은 끝까지 후크고지를 지켜낸 것이지요. 경기도 연천군 장남면에 있는 후크고지는 지금의 군사분계선 바로 남쪽 아군 통제 구역에 있습니다. 사미천 서쪽으로 뻗은 능선 중 가장 높은 곳으로 적군과 아군의 후방 기지가 내려다보이는 곳입니다. 아군에게나 적군에게나 무척 중요한 요충지로 치열한 전투가 자주

호주군 전투 기념비의 장식물들 / The decorations of the battle monument to the Australian Army

벌어지는 곳이었습니다. 더구나 휴전을 앞둔 7월 중순부터는 적의 공세가 더욱 격렬해졌습니다. 24일 밤 중공군은 후크고지에 있던 호주 제2대대 지역에 2,000발 정도의 포탄을 쏘았습니다. 그리고 C중대로 쳐들어왔어요. 하지만 C중대는 이내 적을 격퇴했습니다.

다음 날에도 중공군은 4,000여 발의 포를 쏜 후 호주군 진지로 쳐들어왔습니다. 그런데 아군 전투기가 출격하여 적을 물리쳤습니다. 26일 밤이 되자 중공군은 다시 공격해왔지요. 호주군은 이날 밤새도록 적에 맞서 싸워 이겨냈습니다. 이것이 호주 지상군이 6·25전쟁에서 펼친 마지막 전투였습니다. 정전협정이 맺어지기 직전 후크고지에서 아군이 승리를 거둔 것입니다.

지상군을 적극 지원한 호주 해군과 공군

호주 해군은 1950년 7월 1일 프리깃함 두 척이 미 극동군 해군에 배속됨으로써 참전을 시작했습니다. 이후 전쟁 기간에 항공모함 한 척, 구축함 두 척, 프리깃함 한 척 수준의 전력을 유지하며 교대로 참전하였어요. 호주 해군의 항공모함 시드니호는 함재기를 출격시켜 해안선 근처에 숨어 있는 공산군의 부대와 병력 집결지, 군수 기지 등을 찾아내어 처부수는 임무를 수행했습니다. 호주 해군은 해상 봉쇄, 해안 포격, 상륙 작전 지원 등 지상군에 대한 다양한 지원을 했습니다. 구축함 와탄호와 와라문가호는 인천상륙작전에도 참가했습니다.

호주군 전사자들을 기리는 조형물(유엔기념공원)
The sculpture commemorating the Australian soldiers(UNMCK)

호주 공군은 비행 대대와 수송 대대, 정비 대대, 통신 대대 등이 참전하였습니다. 이들은 항공 폭격, 공산군 항공기와의 공중전, 유엔군 수송기나 폭격기를 엄호하는 등의 임무를 수행했습니다. 비행 대대는 1950년 7월 1일부터 3년 동안 총 18,872회 출격하여 공산군의 비행기를 격추하고 수많은 건물, 차량, 다리 등을 파괴하는 전과를 올렸습니다.

◉ 호주 전투 기념비(경기도 가평군 북면 목동리 691-1)

호주 전투 기념비는 뉴질랜드 참전 기념비와 마주 보고 서 있습니다. 기단 위에 세워진 4.6m의 탑은 십자가 모양을 형상화한 것입니다. 기념비 위쪽에는 호주를 상징하는 동물 캥거루와 타조가 새겨진 동판이 붙어 있고, 기념비 왼쪽에는 동판에 새긴 참전 약사가 있습니다. 기념비 앞쪽에는 1951년 4월 중공군을 맞아 이곳 가평에서 치열한 전투를 벌인 호주 제3대대를 기리는 조형물이 세워져 있습니다.

12. Australia

A country thankful for dispatching the Army, Navy and Air Force

Australia (hereinafter referred to as Australia) is a large country with an area 70 times that of Korea, the population is about 25 millions (2022), which is half of ours. On June 28, 1950, when the UN resolution of "military aid to South Korea" was made, Australia immediately sent its support. Australia's Prime Minister Menzie expressed his strong will: "If we ignore the decisions of the UN Security Council, we will be left with an unprecedented stain in history where we will be either hypocrites or cowards." The Australian Commonwealth Parliament, which consists of both houses of the House of Representatives, unanimously approved the government's plan to participate in the Navy and Air Force. The size of the brigade is one brigade, and it was decided to accept volunteers from veterans with experience in World War II.

"Time is the most important thing for us right now," Menzie said. It would be several times more desirable to enter the war in a small group and as soon as possible than a large-scale unit," he said. He knew that the situation in Korea at the time was dire and that Korea was in serious crisis. On August 8, ground forces recruitment began in Australia. The ground forces were to be formed in one infantry battalion of about 900 men. All Australian soldiers selected after rigorous screening arrived at Busan Port on September 27, 1950.

Australian soldiers participating in the operation in North Korea

When the Australian troops arrived in Korea, they had just successfully completed the Operation Chromite. Also UN forces was thinking about advancing to the north. On October 1st, the ROK forces first crossed the 38th parallel, and a few days later, the UN forces also crossed the 38th parallel and finally decided to advance north. The Australian Army was attached to the 27th Brigade of the British Army and participated in Operation North.

On October 17th, the Australian Army was on a mission to block the North Koreans' retreat north of Sariwon, Hwanghae-do. There, the Australians found a group of North Koreans fleeing north. Australian Battalion Commander Major Ferguson ordered the interpreter to shout at the North Koreans: "You are already under siege, drop your weapons and surrender immediately." In the middle of the night, when the North Korean soldiers heard a cry mixed with the engine sound of a tank, they were taken aback and lost their mind, but after a while they surrendered one after another. They have already lost the will to war. The Australians captured close to 2,000 North Koreans without firing a single shot.

There was also an incident where the North Korean army, retreating from Sariwon toward Pyongyang, mistook the Commonwealth soldiers for Soviet soldiers who came to their aid. The North Korean soldiers intervened among the UN forces and greeted them with hand gestures. And I called the Commonwealth soldiers 'comrade'. The North Korean soldiers were so happy that they took off the red star on their hat and gave it to the British Commonwealth Army as a gift. The North Korean army, who later found out that it was the enemy, not the Soviet army, rushed to the Commonwealth Army with their bare body. The North Korean army, which was not able to withstand the Commonwealth Forces despite a fierce hand-to-hand battle, fled to the north.

On October 20, 1950, the Australian Army changed its assignment and entered Pyongyang as the US 24th Division. However, it was ordered to rescue the US 187th Airborne Regiment, which was surrounded by North Korean forces after air-falling into enemy territory. As the Australian battalion advanced across the Taedong River, North Korean mortar shells and machine gun fire poured down on the Australians. Cannonballs and bullets were being fired from the front orchard. The Australian Battalion Commander, Lieutenant Colonel Green, sent Company C to repel the North Korean forces in the orchard. Company C launched an attack towards the orchard. As soon as they got off the tank, the highly morale Australian soldiers put their knives on the tip of their guns and shouted and ran towards the orchard without hesitation. The North Korean soldiers inside the orchard were startled by the Australian forces and threw away their weapons and equipment and ran outside. North Korean forces were unable to travel between American and Australian forces. Most of them were shot and captured while looking for a place to hide, and there were also many North Korean soldiers who surrendered after hiding among the straw bales.

Fierce battles against the Chinese troops

At the end of October 1950, Australian forces first encountered Chinese forces. It was a battle that was fought in Parkcheon, Pyongan Province. On October 19th, the Chinese and Australian forces had to withdraw on the 30th because the Chinese army entered the war. The allies continued to retreat, and the Chinese forces continued to pursue them. In the middle, the Chinese counterattacked and fought fiercely. Australian forces launched a counterattack to reclaim the Chinese-occupied Pakcheon-Sinanju road. At that time, UN forces fighters carried out aerial bombardment to support the friendly forces, and the fighters that took off were Mustang fighters of the Australian Air Force. Upon learning of this, the morale of the Australian soldiers seemed to skyrocket. Eventually, the Australian battalion reclaimed the road between Parkcheon-Sinanju and continued its mission to protect the road. The Battle of Bakcheon helped the UN forces cross the Cheongcheon River and retreat.

From April 23 to 25, 1951, the Australian Army fought fiercely against the Chinese forces in Gapyeong as a Commonwealth Army including Canadian and New Zealand forces. This battle was a major battle in response to the 5th Offensive of the Chinese Communist Army. The 27th Infantry Brigade of the Commonwealth Army established a defensive position in the Gapyeong area. The 3rd Battalion of the Australian Army and the 2nd Battalion of the Canadian Light Infantry were tasked with defending the front, and the New Zealand Artillery Brigade agreed to support them.

On April 22, the Chinese Communist forces first attacked the ROK 6th Division near the Battle of Sachang-ri in Hwacheon. The soldiers of the ROK 6th Division, who were defeated at the Battle of Sachang-ri, had to withdraw through the canyon. Mixed with the withdrawing ROK forces, the area where the Australian army was located fell into great chaos. On the night of the 23rd, the Chinese forces attacked the Australians, and the battle continued until the next day.

The Chinese army had an incomparable number of soldiers compared to their allies. So they could appear anywhere on your team. The Australian Army's A, B, and D companies continued to fight with the Chinese Communist Forces while communication with the headquarters was cut off. The Australian battalion had to engage in fierce battles with huge numbers of Chinese forces over two days, around the clock. The Chinese were unable to break through the Australians, even with hundreds of casualties. The Australian forces prevented the enemy from coming down south, and the enemy's attempt to occupy the Gapyeong-Cheongpyeong road failed the plan. The 3rd Battalion of the Australian Army was nicknamed 'Gapyeong Battalion' because of the achievements made in the Battle of Gapyeong.

The Battle of Hook Hill was fierce until the moment of armistice.

On July 28, 1951, the 1st Commonwealth Division was formed, consisting of the British Army, the 3rd Battalion of the Australian Army, the 25th Brigade of the Canadian Army, and the 16th Artillery Regiment of the New Zealand Army. In October of that year, the 1st Commonwealth Division carried out an operation to secure the Jamestown Line connecting the Imjin River - Hill 264 - Gojak - Yeokgokcheon - Yangjichon. At this time, the 3rd Battalion of the Australian Army was ordered to attack Mt. Maryang. The Australian Battalion, which started the attack on October 3, fought fiercely for three days, repulsing the stubborn resistance of the Chinese Army, and occupied the Mt. Maryang on the evening of October 5. With the success of this operation, the UN forces were able to protect the road from Cheorwon-Yeoncheon-Seoul.

From 9 July to 26 July 1953, Australian forces engaged in fierce battles with Chinese forces at Hook Hill. The next day, the 27th, an armistice was signed, and the Australian Army defended Hill Hook until the end. Hook Hill in Jangnam-myeon, Yeoncheon-gun, Gyeonggi-do is located in the friendly control area just south of the present Military Demarcation Line. It is the highest point among the ridges extending west of Samicheon and overlooks the rear bases of the enemy and allies. It was a very important point for both allies and enemies, and it was a place where fierce battles were often fought.

Moreover, from mid-July, ahead of the armistice, the enemy's offensive became more intense. On the night of the 24th, the CCP fired about 2,000 rounds of shells at the area of the Australian 2nd Battalion at Hook Hill. And then they attacked C Company. However, Company C quickly repulsed the enemy.

The next day, after firing more than 4,000 artillery rounds, the Chinese attacked the Australian positions. However, the friendly fighter jets sortie and defeated the enemy. On the night of the 26th, the Chinese forces attacked again. The Australians fought the enemy all night long and defeated the enemy. This was the last battle fought by the Australian ground forces in the Korean War. The battle at Hook Heights just before the armistice was signed, the friendly forces was won.

Australian Navy and Air Force actively supported ground forces

The Australian Navy entered the war on July 1, 1950, when two frigates were assigned to the US Far East Navy. Afterwards, during the war, they took turns participating in the war, maintaining the level of one aircraft carrier, two destroyers and one frigate. The Sydney scrambled her planes to find and destroy the communist units, troop gathering points, and munitions bases hidden near the coastline. During the war, the Australian Navy provided a variety of support to ground forces, including naval blockades, coastal bombardment and support for amphibious operations. The destroyers Watan and Waramunga also participated in the Operation Chromite.

In the Australian Air Force, squadrons, transport battalions, maintenance battalions, and signal battalions participated in the war. They performed missions such as air bombing, dogfighting with communist aircraft, and covering UN forces transport and bombers. The squadron made a total of 18,872 sorties for three years from July 1, 1950, shooting down communist planes and destroying numerous buildings, vehicles, and bridges.

◉ Battle Monument to the Australian Army
(691-1, Mokdong-ri, Buk-myeon, Gapyeong-gun, Gyeonggi-do)

The Australian Battle Monument stands opposite the Monument to the Participation of the New Zealand Army. The 4.6m tall tower built on the base is shaped like a cross. At the top of the monument, there is a bronze plate engraved with the animals kangaroo and ostrich, which symbolize Australia, and on the left side of the monument, there is a war veteran engraved on the bronze plate. In front of the monument is the Australian 3rd Battalion, which fought fiercely here in Gapyeong against the Chinese forces in April 1951.

13. 뉴질랜드

'케이 포스'라 이름 붙은 포병 부대

뉴질랜드는, 유엔이 한국에 군사 지원을 하기로 결의한 지 30시간 만에 참전을 결정했습니다. 뉴질랜드의 빠른 참전 결정은 유엔 결의가 많은 유엔 회원국의 적극적인 지지를 받는 데 큰 도움이 되었지요. 처음 뉴질랜드는 해군만 참전하기로 하고 1950년 7월 3일 프리깃함 두 척을 한국으로 보냈습니다. 그런데 한국에서의 전황이 나빠지자 유엔 사무총장은 회원국들에 지상군 보내줄 것을 다시 요청했습니다. 뉴질랜드는 포병 부대를 새로 만들어 파병하기로 하였고 이는 곧 뉴질랜드 의회의 승인을 얻었습니다.

뉴질랜드 육군은 새로 만들어진 파병 부대에 '케이 포스(한국 부대)'라는 이름을 붙이고 지원자를 모집하였습니다. 모집을 시작한 지 열흘도 지나지 않아 전국에서 6,000명에 가까운 지원자가 몰려들었습니다. 뉴질랜드 육군은 그중 1,000명을 선발하였습니다. 포병 부대가 중심이었기 때문에 병사들에 대한 훈련과 교육이 특히 더 중요했습니다. 선발된 병사 중에는 경험자도 있었지만 군 복무 경험이 없는 사람들도 있었어요. 뉴질랜드 육군은 1,000명 중 다시 700명에 가까운 우수한 장병을 뽑아 포병 부대를 만들었습니다. 나머지 인원은 의무대, 통신대, 수송 소대 등 포병 연대를 지원하는 병력이 되었습니다. 뉴질랜드 포병 연대는 1950년의 마지막 날 부산항에 도착하여 영연방군 제27여단에 배속되었습니다.

영연방군의 전투를 승리로 이끈 든든한 지원군

1월 25일부터 유엔군의 선더볼트작전이 시작되었습니다. 중공군이 참전한 이후 처음 시행된 반격 작전이었어요. 중공군도 이에 질세라 2월 11일 제4차 공세를 벌였지요. 이에 한국군 2개 사단이 중공군에 밀리고 그 여파로 미 제2사단 제23연대가 경기도 양평군 지평리에 고립되었습니다. 뉴질랜드 포병 연대가 포함된 영연방군 제27여단은 지평리 일대의 유엔군 전선 중 20km를 맡으라는 명령을 받았습니다. 2월 15일 새벽, 중공군은 112고지에 자리 잡은 영국군 미들섹스 대대를 공격했습니다. 뉴질랜드 연대는 밀려오는 중공군을 향해 포를 쏘아 수많은 적을 격퇴했습니다. 하지만 살아남은 적은 영국군 대대의 전방 소대로 쳐들어왔어요. 미들섹스 대대를 지원하러 전방 관측소에

뉴질랜드군 참전 기념비 / The monument to the participation of the New Zealand Army

나가 있던 뉴질랜드군 록스버 대위와 통신병 맥구빈 하사는 적을 향해 포를 쏘아줄 것을 A포대에 요청했습니다. 그리고는 곧이어 들이닥친 중공군을 소총과 수류탄으로 격퇴했습니다. 이 두 장병의 활약으로 중대 관측소를 지킬 수 있었지요.

그해 4월 22일 시작된 제5차 공세 때 뉴질랜드 포병 연대는 호주, 캐나다군과 함께 가평에서 중공군에 맞서 싸웠습니다. 먼저 철수하던 국군 제6사단은 중공군의 기습 공격으로 지휘 체계가 마비되었습니다. 이후에도 상황은 계속 나빠져 국군 제6사단을 지원하러 간 영연방군까지 고립될 위기에 처했지요. 결국 제6사단 전체가 붕괴되었고 영연방군은 철수를 허락받았습니다. 제6사단을 물리치고 남쪽으로 내려온 중공군은 호주와 캐나다군 진지 정면으로 다가왔습니다. 23일 밤 중공군 1개 대대가 호주군 대대 본부를 공격했어요. 뉴질랜드 연대는 철수하자마자 쉴 틈도 없이 호주군 대대 본부에 지원 포격을 했습니다. 하지만 중공군의 공격은 그치지 않았습니다. 중공군은 호주군 B중대를 뚫고 이어 D중대까지 쳐들어왔습니다. 곧이어 대대 지휘소까지 침범해 여단 전체가 위험해질 상황이었습니다.

그때 제27여단장은 호주군에게도 철수 명령을 내렸습니다. 호주군 대대가 철수하자 중공군은 그 뒤를 쫓아왔지요. 뉴질랜드 포대는 쫓아오는 중공군을 향해 집중적으로 포탄을 쏘았습니다. 뉴질랜드 연대의 포격에 수많은 사상자가 발생하자 중공군은 공격의 끈을 늦추기 시작했어요. 포격으로 길이 막힌 중공군은 방향을 바꿔 왼쪽에 있던 캐나다군을 공격하기 시작했습니다. 공격은 밤새도록 계속되었지만 이번에도 뉴질랜드 포병 연대의 활약으로 중공군을 격퇴할 수 있었습니다. 4월 23일부터 25일까지 뉴질랜드 연대는 적을 향해 약 1만 발의 포탄을 쏘았습니다. 포병들은 밤잠도 못 자고 포신이 달아올라 페인트가 벗겨질 정도로 포를 쏘았어요. 이로써 한꺼번에 가평으로 내려오려던 중공군을 막아낼 수 있었습니다.

1951년 10월 3일, 뉴질랜드 포병 연대는 영연방군 제1사단의 일원으로, 경기도 연천군 전곡에서 실시된 코멘도 작전에 참가했습니다. 그때 연대는 고왕산, 마량산 공격 작전을 지원했는데 엿새 동안의 전투에서 7만 2,000여 발의 포탄을 발사했습니다. 이는 뉴질랜드 포병이 참전한 이래 하나의 작전에서 가장 많은 포탄을 쏜 것으로 기록되었습니다. 뉴질랜드 연대의 활약에 힘입어 영연방군은 10월 8일 마량산을 포함한 제임스타운선의 목표를 모두 점령하게 되었습니다.

뉴질랜드군 참전 기념비
The monument to the New Zealand Army

1952년 10월 23일에도 고왕산에서 전투가 벌어졌습니다. 이날 1개 대대 규모의 중공군은 캐나다 대대를 공격하였지요. 뉴질랜드 연대는 캐나다 대대를 지원하기 위해 중공군이 모여 있는 곳을 향해 집중 포격을 했습니다. 뉴질랜드 연대의 포격은 후크고지 전투 때도 계속되었습니다. 뉴질랜드 연대의 포격은 유엔군 모두에게 커다란 위안이 되었으며 수많은 적을 물리치고 전투를 승리로 이끈 원동력이 되었습니다.

뉴질랜드 해군 전 병력의 절반을 파병

뉴질랜드 해군의 프리깃함 푸카키호와 투티라호는 지상군보다 먼저 뉴질랜드를 떠나 1950년 7월 30일 우리 해역에 들어왔습니다. 뉴질랜드 해군은 6·25전쟁 동안 여덟 척의 함정을 교대로 한국에 보냈어요. 이들은 수송 선단을 보호하고 함포 사격을 하는 등 지상군 지원 임무를 수행했습니다. 이 여덟 척의 함정에서 복무한 장병의 수는 총 1,350명이었는데 이는 당시 뉴질랜드 해군 전 병력의 절반에 이르는 수였습니다.

1950년 11월 한국에 온 로토이티호는 1951년 8월 25일 영국 해병 특공대와 함께 서해안 숙도의 공산군 진지를 기습 공격했습니다. 로토이트호 수병 일곱 명이 포함된 특공대는 보트로 갈아타고 숙도 해변 가까이 다가갔어요. 그런데 그곳에서 공산군의 기관단총 공격을 받고 철수해야 했습니다. 특공대는 수류탄을 던지며 적에 대항했지만 그 과정에 로토이트호 수병 한 명이 적의 총탄을 맞고 전사하였습니다. 이 수병은 6·25전쟁 동안 뉴질랜드 해군에서 발생한 단 한 명의 희생자입니다.

◉ 뉴질랜드군 참전 기념비(경기도 가평군 북면 묵동리 691-1)

호주군 참전비와 마주 보고 서 있는 뉴질랜드군 참전비는 참전 16개국 참전비 중 가장 규모가 작습니다. 1.5m 정도 높이의 자연석 한쪽 면에 붙은 동판에는 "유엔 헌장의 숭고한 원리를 수호하기 위하여 한국에서 복무한 모든 뉴질랜드 용사들의 공헌을 기념한다"라는 짧은 비문이 새겨져 있습니다.

13. New Zealand

An artillery unit named 'K-Force'

New Zealand decided to join the war 30 hours after the UN decided to provide military support to South Korea. New Zealand's quick decision to participate in the war helped a great deal to gain the active support of many UN member states for the UN resolution.

Initially, New Zealand decided to participate only in the navy and sent two frigates to Korea on July 3, 1950. However, as the war situation in Korea worsened, the UN Secretary-General again requested the member countries to send ground troops. New Zealand decided to create and deploy a new artillery unit, which was soon approved by the New Zealand Parliament.

The New Zealand Army recruited volunteers by naming the newly created contingent 'K-Force (Korean unit)'. However, within ten days of starting the recruitment process, nearly 6,000 applicants from all over the country flocked in. The New Zealand Army selected 1,000 of them. As the artillery units were central, the training and education of the soldiers was especially important. Some of the selected soldiers had experience, but others had no military experience.

The New Zealand Army again recruited close to 700 excellent soldiers out of 1,000 to form an artillery unit. The remaining personnel became troops supporting the artillery regiments, such as medical battalions, signal battalions, and transport platoons. The New Zealand Artillery Regiment arrived at Busan Port on the last day of 1950 and was assigned to the 27th Brigade of the Commonwealth Army.

Reliable reinforcements that led the battle of the Commonwealth Army to
victory

Operation Thunderbolt by UN forces began on January 25th. It was the first
counterattack operation carried out since the Chinese Communist Army entered
the war. The Chinese Communist Army also suffered from this and launched the
4th Offensive on February 11th. As a result, the 2nd divisions of the ROK Army
were pushed back by the Chinese forces, and in the aftermath, the 23rd Regiment
of the US 2nd Division was isolated in Jipyeong-ri, Yangpyeong-gun, Gyeonggi-
do. The 27th Brigade of the Commonwealth Army, including the New Zealand
Artillery Regiment, was ordered to cover 20km of the UN forces' front in the
Jipyeong-ri area.

At the dawn of February 15, the Chinese attacked the British Middlesex
Battalion at Hill 112. The New Zealand regiments fired artillery at the incoming
Chinese forces, repulsing numerous enemies. However, the surviving enemy
attacked the front platoon of the British battalion. New Zealand Army Capt.
Roxver and Signal Sergeant Sgt McGuvin, who were out at the forward
observatory to support Middlesex Battalion, asked Battery A to fire artillery at
the enemy. He then quickly defeated the oncoming Chinese forces with rifles and
grenades. These two soldiers were able to protect the Company Observatory.

During the 5th Offensive, which began on April 22 of that year, the New
Zealand Artillery Regiment along with Australian and Canadian forces fought
against the Chinese in Gapyeong. At this time, the New Zealand regiment
performed two tasks. First, they supported the withdrawing ROK 6th Division
and fought directly against the Chinese Communist forces from the 23rd to the
25th. The command system of the ROK 6th Division was paralyzed by a surprise
attack by the Chinese forces. After that, the situation continued to deteriorate, and
even the Commonwealth Army, which had gone to support the ROK 6th Division,

was in danger of being isolated. Eventually, the entire 6th Division collapsed and the Commonwealth forces were allowed to withdraw.

After defeating the 6th Division, the Chinese Communist forces moved south and approached the positions of the Australian and Canadian forces. On the night of the 23rd, one Chinese battalion attacked the Australian battalion headquarters. As soon as the New Zealand Regiment finished withdrawing, they opened fire on the headquarters of the Australian Battalion without a break. However, the Chinese attack did not stop. The Chinese Communist Army penetrated the Australian Army's B Company and then attacked D Company. Soon after, even the battalion command post was invaded, putting the entire brigade in danger.

At that time, the commander of the 27th Brigade also ordered the Australian forces to withdraw. When the Australian battalion withdrew, the Chinese came after them. The New Zealand batteries focused their shells on the pursuing Chinese forces. As the New Zealand regiment's shelling resulted in numerous casualties, the Chinese began to slow down their attack. The Chinese forces, blocked by artillery fire, changed direction and began to attack the Canadian forces on the left. The attack continued all night, but this time the New Zealand Artillery Regiment was able to repel the Chinese forces.

From 23 to 25 April, for 3 days and 2 nights, the New Zealand regiment fired about 10,000 rounds of shells at the enemy. The artillerymen could not sleep at night, and the barrel heated up and they fired so much that the paint peeled off. This made it possible to stop the Chinese Communist forces from coming down to Gapyeong at once.

On October 3, 1951, the New Zealand Artillery Regiment, as a member of the 1st Division of the Commonwealth Army, participated in Operation Commando in Jeongok, Yeoncheon-gun, Gyeonggi-do. At that time, the regiment supported the attack on Mt. Gowang and Mt. Maryang, firing 72,000 rounds of shells in the six-day battle. This was the record for the most rounds fired in a single operation since New Zealand artillery entered the war. Thanks to the efforts of the New Zealand Regiment, the Commonwealth Forces captured all targets of the Jamestown Line including Mt. Maryang on October 8.

On October 23, 1952, a battle was also fought at Mt. Gowang. On that day, the Chinese battalion of one battalion attacked the Canadian battalion. The New Zealand Regiment opened fire on the site where the Chinese had gathered to support the Canadian The artillery fire of the New Zealand regiment continued during the Battle of Hook Heights. The artillery fire of the New Zealand Regiment was a great comfort to all the UN forces and became a driving force in defeating numerous enemies and winning the battle.

Dispatched half of New Zealand's naval forces

The New Zealand Navy's frigates Pukaki and Tutira left New Zealand before ground forces and entered our waters on July 30, 1950. The New Zealand Navy alternately sent eight ships to Korea during the Korean War. They performed ground support missions, such as protecting transport fleets and firing artillery fire. A total of 1,350 men served on these eight ships, or half of New Zealand's naval force at the time.

◉ Monument to the Participation of the New Zealand Army
(691-1, Mukdong-ri, Buk-myeon, Gapyeong-gun, Gyeonggi-do)

The New Zealand Army Monument stands opposite the Australian Army Monument. A copper plate affixed to one side of a 1.5-meter-long natural stone is engraved with a short inscription: "To commemorate the contribution of all New Zealand veterans who served in Korea to uphold the noble principles of the Charter of the United Nations."

전사하거나 실종된 캐나다 장병들을 기리는 조형물. 어린이들이 안고 있는 단풍잎과 무
궁화는 실종자를 상징한다(유엔기념공원).
A Statue commemorating fallen or missing Canadian soldiers. Maple leaf and
Mugunghwa held by children symbolize the missing person.(UNMCK)

14. 캐나다

자국 수호 병력의 절반 정도 파병

캐나다는 6·25전쟁이 일어났을 때 우리나라와는 아무런 관계도 없던 나라입니다. 그런데 유엔 회원국으로서 세계 평화를 위한 유엔의 결의에 적극적인 지지를 보냈지요. 캐나다는 다섯 번째로 전투 부대를 파견하였고 미국, 호주, 태국과 더불어 육·해·공군을 모두 파병한 나라입니다. 그중 해군과 공군을 먼저 한국으로 보냈어요. 1950년 7월 4일 캐나다를 떠난 세 대의 구축함은 30일 우리 해역에 들어왔습니다. 공군은 공중전 경험이 있는 전투기 조종사 스물두 명을 미 공군에 파견했고 수송기 여섯 대를 보내왔습니다. 당시 캐나다 정규 육군에는 3개 보병 연대, 2만 명 정도의 병력이 있었을 뿐입니다. 그런데 한국에 보낼 1개 보병 여단을 새로 만들기로 한 것입니다.

8월 7일 지상군 파견을 결정하고 지원병을 모집했습니다. 파병 장병은 전투 경험을 가진 퇴역 장병 중에서 우선 선발하기로 했어요. 1950년 11월 초 3개 대대로 편성된 캐나다 제26여단이 창설되었습니다. 파병 부대 병사의 수는 자국을 지키는 병력 수의 절반 정도에 이르렀습니다. 이 부대의 이름은 PPCLI(Princess Patricia's Canadian Light Infantry)이었습니다. '패트리샤 공주의 캐나다 경보병 연대'라는 뜻입니다. 패트리샤 공주는 영국 빅토리아 여왕의 손녀였지만 서민이었던 영국 해군 장교와 결혼한 뒤에 왕족의 특권을 포기하였지요. 캐나다에는 그녀의 이름을 딴 지명이 많습니다. 패트리샤 공주는 PPCLI부대의 명예 연대장으로, 부대에 많은 지원을 했습니다. 캐나다는 입헌군주국입니다. 영국 국왕이자 캐나다 국왕이 국가 원수이지요. 그래서 캐

캐나다군 전투 기념비 / The battle monument to the Canadian Army

나다 공군(Royal Canadian Air Force)과 해군(Royal Canadian Navy)에도 모두 '왕립'이

라는 말이 붙어 있습니다.

지친 아군에 새로운 활력을 불어넣은 캐나다군

캐나다 파병 부대가 만들어졌을 무렵 한국에서는 인천상륙작전을 성공리

에 마치고 압록강까지 진격하여 통일을 눈앞에 두고 있었습니다. 전쟁은 유

엔군의 승리로 쉽게 끝날 것으로 보였습니다. 그래서 한국에 와 있는 유엔군

장병들은 그해 크리스마스를 고국에서 가족과 함께 보낼 수 있을 것이라 기

대하고 있었습니다. 이에 캐나다는 파병 규모를 줄여 1개 대대만 한국으로 보

내기로 했지요. 캐나다군은 전쟁을 끝내고 점령군 임무를 수행한다는 가벼

운 마음으로 배에 올랐습니다.

그러나 캐나디 대대가 부산항에 도착한 12월 18일에는 전황이 완전히 달

라져 있었습니다. 대규모의 중공군이 참전하였고 아군은 혹독한 추위와 굶주림, 절망감에 떨며 후퇴해야 했습니다. 아군이 지친 상황에서 캐나다군은 그 무렵 한국에 온 프랑스 대대와 함께 6·25전쟁의 '신선한 피'로 새로운 활력을 아군에게 불어 넣어주었지요. 1차로 한국에 온 캐나다군 제2대대는 영연방군 제27여단에 배속되었습니다. 1951년 2월 영연방군 제27여단은 지평리에 고립된 미 제2사단 제23연대를 구출하는 작전에 참여하였습니다. 경기도 장호원에 있던 캐나다 대대는 남한강을 건너 지평리로 향했어요. 그곳에서 마치 파도처럼 밀려오는 중공군의 공격을 막아내고 2월 16일 작전을 종료했습니다.

캐나다 내대는 2월 21일부터 시작된 '킬러작전'에서 제27여단의 선두가 되어 작전에 임했습니다. 대대는 21일 폭설과 얼음으로 미끄러운 협곡을 밤새도록 통과하여 다음 날 아침, 목표인 451고지에 이르렀습니다. 맨 앞에 있던 제1·2소대가 중공군과 한 시간 가까이 접전을 벌여 451고지를 점령했어요. 그런데 이 전투에서 캐나다 병사 네 명이 전사하고 한 명이 부상했습니다. 이들은 캐나다군이 참전한 이래 처음으로 발생한 희생자였습니다.

캐나다군은 다시 B중대를 선두로 521고지를 공격했습니다. 521고지에 있던 중공군은 완강히 저항했습니다. 다음 날인 23일 아침 C중대와 D중대를 추가로 보내고 미 공군의 공중 지원을 받았지만 적을 무너뜨릴 수 없었습니다. 24일에는 뉴질랜드 포병과 미 공군의 폭격 지원까지 동원되었습니다. 하지만 521고지는 아군 손에 들어오지 않았습니다. 사흘이나 공격이 늦어지자 제27여단장 코드 준장은 공격 목표를 521고지에서 614고지로 바꾸었지요. 2월 27일 호주군 대대가 614고지를 점령하였고 캐나다군 대대는 처음 목표였던 521고지를 다시 공격하여 마침내 중공군을 몰아낼 수 있었습니다. 이로써 영연방군은 킬러작전의 목표였던 주요 고지를 모두 점령할 수 있었습니다.

캐나다군이 배속된 영연방군 제27여단은 3월 7일에 시작된 '리퍼작전'에도 참여하였습니다. 이 작전은 양평–가평–춘천을 잇는 선을 따라 38도선으로 진격하는 작전이었습니다. 3월 7일 캐나다군 대대는 호주군과 함께 홍천을 목표로 공격을 개시했습니다. 526고지를 공격하려던 캐나다군의 2개 중대는 곳곳에서 중공군의 기관총 공격을 받아 전진이 늦어지고 있었습니다. 캐나다 제2대대 대대장 스톤 중령은 중공군의 기관총을 먼저 없애기 위해 대대의 중화기를 모두 동원했습니다. 그리고 뉴질랜드 연대에 포격을, 미군에 항공 폭격을 요청하였어요. 공중에서 날아온 폭탄이 사방에서 터지는 가운데 치열한 전투가 벌어졌습니다.

캐나다군은 소대장이 다치자 바턴 일등병 앞장서서 공격을 이끌었습니다. 그런데 그도 이미 세 차례나 부상한 상태였어요. 그렇게 맹렬히 싸웠는데도 불구하고 적의 저항을 뚫지 못했습니다. 3월 8일 새벽, 캐나다군 대대 B중대는 526고지를 향해 다시 공격을 시작했습니다. 그런데 전날과는 다르게 아무런 저항 없이 고지를 점령할 수 있었습니다. 캐나다군은 이후 685고지, 642고지 등을 점령하고 지평리 북쪽 상광리까지 진출하여 리퍼작전을 종료하였습니다.

가평에서 치른 가장 위대한 전투

1951년 4월, 영연방군 제27여단은 가평에서 국군 제6사단을 추격해온 중공군과 맞서 싸웠습니다. 영국군을 중심으로 캐나다·뉴질랜드·호주군이 포함된 제27여단은 무려 다섯 배가 넘는 중공군과 격전을 벌여야 했지요. 이 전투에서 호주군 대대와 캐나다군 대대, 영국군 미들섹스 대대 등 3개 대대 병력은 뉴질랜드 포병 대대의 지원을 받아 사흘 동안 혈전을 치렀습니다. 4월 25일에 이르자 미군은 가평 전투에서 유엔군이 패배했다고 판단했습니다. 그

캐나다군이 활약한 홍천의 전투 전적비 / The monument of the Battle of Hongcheon, where the Canadian Army fought fiercely

때 캐나다군과 함께 가평을 지키던 호주군이 병력의 절반 가까이 잃고 후퇴했고 중공군은 캐나다군 쪽으로 공격 방향을 돌렸어요. 전선을 지키던 캐나다군 1개 대대 450명이 중공군 1개 사단 6,000명을 상대로 싸워야 하는 상황이었습니다. 하지만 캐나다군은 중공군을 끝내 막아냈습니다. 가평 전투에서 4,000명 가까이 병력을 잃은 중공군은 38선까지 후퇴했습니다.

이 전투에서 캐나다군은 중공군이 참호까지 밀고 들어오자 뉴질랜드군 포병 대대에 자신들이 현재 있는 위치에 포격해달라고 요청하기도 했습니다. 참호 안에서 방어하는 캐나다군보다는 바깥에서 노출된 채 공격해오는 중공군의 피해가 더 클 것이라 판단한 것이지요. 무전을 받은 뉴질랜드군 포병은 잠시 주저했습니다. 아군이 있는 곳을 향하여 포를 쏠 수 없었기 때문입니다. 하지만 결국 캐나다군의 머리 위로 포격을 했고 수많은 중공군을 물리칠 수 있었습니다. 캐나다군과 호주군 2개 대대는 중공군 사단의 격렬한 공격을

캐나다군 전투 기념비 / The battle monument to the Canadian Army

막아내는 데 성공했습니다. 이 가평 전투는 6·25전쟁에서 캐나다군과 호주 군이 수행한 전투 중 가장 위대한 전투로 유명해졌습니다.

    캐나다 해군 구축함 카유가호와 수호, 에서베스칸호는 7월 30일 한국 해 역에 도착하여 미 극동 해군 사령부의 지휘를 받았습니다. 캐나다 해군은 1955년 9월까지 총 여덟 척의 구축함을 교대로 보내왔는데 세 척이 항상 한 국에 머물며 유엔군의 작전을 도왔습니다. 함포와 자동 기관포 등 화기를 장 착한 캐나다 구축함은 주로 서해안에서 해안 봉쇄, 해안의 적 진지 포격, 항 공모함 호위 등을 담당했어요. 이들은 인천상륙작전에도 참가했습니다.

    캐나다 공군은 1950년 7월 21일 1개 항공수송대를 파병했습니다. 이 항공 수송대는 미국과 일본의 공군 기지를 다니며 병력과 군수품을 실어날랐습니

캐나다군 PPCLI부대가 참전했음을 알리는 비석들 / The monuments announcing that the Canadian Army's PPCLI unit participated in the Korean War

다. 또 미 공군에 파견된 전투기 조종사들은 공중전과 항공 폭격 등으로 적의 비행 활동을 막고 기동성 있게 적을 격퇴하는 데 큰 활약을 했습니다.

◉ 캐나다 전투 기념비(경기도 가평군 북면 이곡리 207-4)

캐나다 전투 기념비는 배 모양의 기단에 돛처럼 서 있습니다. 비석 윗부분에는 캐나다를 상징하는 단풍잎이 새겨져 있어요. 참전비 앞에는 양쪽으로 돌 비석들이 서 있는데 오른쪽 비석의 동판에는 '한국전에서의 캐나다의 기여'라는 글이 한글과 영어, 프랑스어로 쓰여 있습니다. 왼쪽 비석에는 참전 부대가 PPCLI부대임을 알리는 동판이 붙어 있습니다.

14. Canada

About half of the country's defense forces are dispatched

Canada was a country that had no relationship with Korea when the Korean War broke out. However, as a member of the United Nations, Canada actively supported the United Nations' resolution for world peace.

Canada is the fifth country to dispatch combat units, and is the country that dispatched the Army, Navy, and Air Force along with the United States, Australia, and Thailand. Among them, the navy and air force were sent to Korea first. The three destroyers who left Canada on July 4, 1950 entered our waters on the 30th. The Air Force has sent 22 fighter pilots with air combat experience to the US Air Force and has sent six transport aircraft.

At that time, the Canadian Regular Army had only three infantry regiments, with a force of about 20,000 men. However, it was decided to create a new infantry brigade to be sent to Korea. On August 7th, we decided to dispatch ground troops and recruited volunteers. It was decided that the dispatched soldiers would be selected first from among the veterans with combat experience. In early November 1950, the Canadian 26th Brigade, consisting of three battalions, was established. The number of contingent troops reached about half of the number of troops defending the country.

The unit was called Princess Patricia's Canadian Light Infantry (PPCLI). It means 'Princess Patricia Canadian Light Infantry Regiment'. Princess Patricia said she was the granddaughter of Queen Victoria of England, but she was a commoner, and she relinquished her royal privileges after she married a British naval officer. Still, there are many places named after her in Canada. Princess

Patricia is an honorary regimental commander in the PPCLI unit, and she provided many support to the unit during her lifetime.

Canada is a constitutional monarchy with Queen Elizabeth II, King of the United Kingdom and King of Canada, as head of state. That's why both the Royal Canadian Air Force and the Royal Canadian Navy have the word "Royal" attached to them.

Canadian Army reinvigorating exhausted allies

By the time the Canadian contingent was formed, Korea had successfully completed the Operation Chromite and advanced to the Yalu River, the border with China, nearing unification. The war seemed likely to end easily with a victory for the UN forces. So the UN soldiers in Korea were looking forward to spending Christmas that year with their families in their home countries. In response, Canada decided to reduce the size of its troops and send only one battalion to Korea. The Canadian forces boarded the ship with a light heart to end the war and carry out their occupation force missions.

However, on December 18, when the Canadian Battalion arrived at Busan Port, the situation was completely different. An unexpectedly large-scale Chinese army entered the war, and the allies had to retreat, trembling in the harsh cold, hunger, and despair. In a situation where our allies were exhausted, the Canadian army, together with the French battalion that came to Korea at that time, breathed new energy into our allies with the "fresh blood" of the Korean War.

The 2nd Battalion of the Canadian Army, which came to Korea for the first time, was attached to the 27th Brigade of the Commonwealth Army. In February 1951, the 27th Brigade of the Commonwealth Army participated in the operation to rescue the 23rd Regiment of the US 2nd Division isolated in Jipyeong-ri. The Canadian Battalion in Janghowon, Gyeonggi-do, crossed the Namhan River and headed for Jipyeong-ri. There, they stopped the attack of the Chinese forces coming in like waves and ended the operation on February 16th.

The Canadian Battalion took the lead of the 27th Brigade in the 'Operation Killer' that started on February 21st. On the 21st, the battalion passed through a slippery canyon with heavy snow and ice overnight to reach its target, Hill 451, the next morning. The 1st and 2nd platoons in the front occupied Hill 451 after a close battle with the Chinese forces for nearly an hour. In this battle, four Canadian soldiers were killed and one wounded. These were the first casualties of Canadian forces in the war.

The Canadian Army again attacked Hill 521 with B Company in the lead. The Chinese forces on Hill 521 stubbornly resisted. The next day, on the morning of the 23rd, C and D Company were sent additionally and received air support from the US Air Force, but they were unable to bring down the enemy. On the 24th, New Zealand artillery and bombing support from the US Air Force were also mobilized. However, Hill 521 did not fall into friendly hands.

After three days of delay in the attack, the 27th Brigade commander, Brigadier General Cod changed the target of the attack from Hill 521 to Hill 614. On February 27, the Australian Battalion captured Hill 614 and the Canadian Battalion attacked Hill 521 again, which was their initial target, and finally drove the Chinese out. This allowed Commonwealth forces to capture all of the key highlands that were the targets of Operation Killer.

The 27th Brigade of the Commonwealth Army, to which the Canadian Army was attached, also participated in Operation Reaper, which began on March 7. This operation was an operation to advance to the 38th parallel along the line connecting Yangpyeong-Gapyeong-Chuncheon. On March 7th, the Canadian Battalion, along with the Australian Army, launched an attack targeting Hongcheon. The two companies of the Canadian Army, which were trying to attack Hill 526, were being attacked by Chinese machine guns from various places, delaying their advance.

Lieutenant Colonel Stone, commander of 2nd Battalion Canada, mobilized all of his battalion's heavy weapons to get rid of the Chinese machine guns first. And he asked the New Zealand Regiment to bombard them and the Americans to bomb them by air. A fierce battle ensued as bombs from the air exploded in all directions. When the Canadian platoon commander was injured, Private Barton took the lead and led the attack. But he had already been injured three times. Despite fighting so fiercely, he could not break through the enemy's resistance.

At the dawn of March 8, Company B of the Canadian Battalion started attacking again towards Hill 526. However, unlike the previous day, they were able to occupy the highlands without any resistance. The Canadian Army then occupied Hills 685 and 642, and advanced to Sanggwang-ri, north of Jipyeong-ri, ending Operation Reaper.

The greatest battle fought in the Korean War

In April 1951, the 27th Brigade of the Commonwealth Army fought against the Chinese Communist forces that were pursuing the ROK 6th Division at Gapyeong. The 27th Brigade, which included British troops and Canadian, New Zealand, and Australian troops, had to engage in a fierce battle with the Chinese forces more than five times as much. In this battle, three battalions of Australians, Canadians, and British Middlesex Battalions, supported by a New Zealand artillery battalion, fought a bloody battle for three days.

By April 25, the US military had determined that the UN forces had been defeated in the Battle of Gapyeong. At that time, the Australian Army, which was guarding Gapyeong with the Canadian Army, lost nearly half of its force and retreated, and the Chinese Army turned to the Canadian Army. One battalion of 450 Canadians guarding the frontline was in a situation where the Chinese had to fight against 6,000 men in one division. However, the Canadians finally managed to block the Chinese. The Chinese forces, which lost nearly 4,000 men in the Battle of Gapyeong, retreated to the 38th parallel.

In the battle, the Canadians even asked the New Zealand artillery battalion to open fire on their current positions as Chinese forces pushed into the trenches. It was judged that the damage of the Chinese forces attacking from the outside would be greater than the Canadian forces defending in the trenches. New Zealand's artillery, receiving the radio, hesitated for a moment. Because they couldn't fire their guns towards where the allies were. In the end, however, they fired over the Canadian head and defeated a number of Chinese troops.

Two battalions, Canadian and Australian, were able to resist a heavy attack by the Chinese divisions. The Battle of Gapyeong became famous as one of the greatest battles fought by Canadian and Australian forces in the Korean War.

The Canadian Navy destroyers Cayuga, Suho and Esvescan arrived in Korean waters on July 30 and were commanded by the US Far East Naval Command. By September 1955, the Canadian Navy had sent a total of eight destroyers alternately, three of which were always in Korea to assist the UN forces in operations. Canadian destroyers equipped with firearms such as artillery and automatic machine guns were primarily responsible for coastal blockades on the west coast, shelling enemy positions along the coast, and escorting aircraft carriers. They also participated in the Operation Chromite.

The Canadian Air Force dispatched one air transport on July 21, 1950. These air convoys carried troops and munitions to and from air bases in the United States and Japan. In addition, fighter pilots dispatched to the U.S. Air Force played a major role in blocking enemy flight activities through air battles and air bombing, and repulsing the enemy with maneuverability.

◉ Battle Monument to the Canadian Army

(207-4, Igok-ri, Buk-myeon, Gapyeong-gun, Gyeonggi-do)

The Battle Monument to the Canadian Army stands like sails on a ship-shaped base. A maple leaf, the symbol of Canada, is engraved on the top of the monument. In front of the war memorial, there are stone monuments on both sides. On the right side of the monument, the words "Canada's Contribution in the Korean War" are written in Korean, English, and French. On the left side of the monument, there is a copper plate stating that the unit that participated in the war is a PPCLI unit.

COLOMBIA

6·25전쟁에 참전했던 콜롬비아 부대의 마크
The mark of the 'Patayon Colombia' unit that participated in the Korean War

15. 콜롬비아

나라의 혼란 중에도 파병 결정한 콜롬비아

콜롬비아는 남미 대륙의 서북단에 위치한 나라로 국토 면적은 한반도 크기의 다섯 배 정도입니다. 콜롬비아는 맛있는 커피로도 이름나 있고 석유가 수출할 수 있을 정도로 많이 생산되며 초록색 보석 에메랄드 생산도 세계 1위입니다. 1819년 스페인과의 전쟁에서 승리하여 1821년 독립한 콜롬비아는 중남미에서는 단 하나뿐인 참전국입니다. 6·25전쟁에 참전한 부대 이름 '빠타욘 콜롬비아'는 1824년 볼리바르가 이끄는 콜롬비아 독립군의 이름으로부터 유래했습니다. 이 이름은 승리와 영광을 상징하지요.

콜롬비아는 남미 나라 중 가장 먼저 소련의 외교 사절을 받아들인 나라였습니다. 그런데 1948년 소련과의 외교 관계를 끊었고 6·25전쟁을 계기로 소련의 위성국들과의 경제 관계를 금지하는 법령도 발표하였습니다. 콜롬비아 국내에서 정치적 폭력 사태가 일어나고 극심한 혼란에 빠졌는데 콜롬비아 사람들은 "국내 폭력 사태의 주범은 공산주의자들"이라고 판단했기 때문입니다. 콜롬비아의 국내 정치는 제2차 세계대전 직후 극도로 불안한 상황에 빠졌습니다. 1940년대 중반 이후 일어난 정치적 폭력 사태인 비올렌시아 사건 때문입니다. 이 사건은 보수당과 자유당 사이의 갈등이 심해지면서 발생하였습니다. 두 당의 폭력적 갈등으로 국가 기관이 붕괴되고, 정부가 사회적 불안을 통제할 수 있는 능력은 한계에 이르렀어요.

이렇게 반정부 게릴라 집단의 반란으로 나라가 혼란에 빠졌지만 콜롬비아는 유엔의 결정에 따라 한국 파병을 결정했습니다. 콜롬비아는 북한군의 남

참전비 앞에 서 있는 칼을 든 용사와 기도하는 여인 동상 / In front of the monument, sculptures of a standing warrior with a sword, and a praying woman

침으로 시작된 전쟁을, 국제공산주의의 팽창 전쟁이고 유엔헌장에 대한 명백한 위반이라고 간주했습니다. 소련 공산주의의 팽창을 막기 위해 콜롬비아 자국의 참전을 결의하였을 뿐만 아니라 유럽 국가들도 유엔을 도와 즉각 참전해야 한다고 강조하였어요. 콜롬비아의 고메즈 대통령은 "서구 세계가 한국에서 공산주의의 팽창을 막지 못할 경우 유럽은 공산전체주의 위협을 피할 수 없는 상황에 놓이게 될 것이다"라고 말했습니다. 집단 안보 보장에의 도덕적 책임, 간접적인 국가 방위, 자유 세계의 민주주의 수호라는 명분 아래 결정된 정부의 파병안에는 갈등하던 두 당 모두 지지하였습니다.

1950년 8월 중순 유엔 사무총장으로부터 정식으로 파병 요청을 받은 콜롬비아 정부는 해군 함정 프리깃함도 한 척 보내기로 했습니다. 또 그해 11월 14일, 콜롬비아 정부는 1개 보병 대대를 한국에 보내 세계 평화 수호를 위한 유엔 회원국으로서 책임을 다할 것을 선언했지요. 콜롬비아군이 파병을 검토하고 있을 무렵 한반도에서는 유엔군이 38도선을 넘어 북진하여 완전 통일을 눈앞에 두고 있었습니다. 전쟁이 곧 끝날 것이라 판단한 유엔군 사령부는 추가 병력을 한국에 보내는 문제를 재검토하도록 미군에 요청했습니다. 이런 상황에서도 콜롬비아 정부는 1950년 12월 26일 파병을 위한 보병 대대를 창설했습니다.

그런데 1951년 4월 중공군의 춘계 공세로 한반도에서의 전황이 불리해지자 콜롬비아군은 4월 22일 프리깃함 파딜라호를 먼저 출발시켰고 5월 21일에는 지상군이 콜롬비아를 떠났습니다. 출발 25일 만인 6월 15일 부산항에 도착한 콜롬비아군은 미 24사단에 배속되어 전투에 참여했습니다. 유엔군 중 마지막으로 도착한 지상군이었습니다.

결사대가 된 콜롬비아군

1952년 6월 21일, 김화 부근에서 실시된 400고지 기습 공격은 미주리 선상 작전 중 가장 성공적인 작전이었습니다. 콜롬비아군 A중대 제3소대는 중공군이 차지하고 있는 가파른 고지를 기어올라 25분 만에 적의 진지에 접근했습니다. 소대는 수류탄과 자동 화기 사격을 퍼부으며 돌격을 개시했지요. 얼마 후 진지는 폭파되었고 그 안에서 저항하던 적도 진지와 함께 폭사했습니다. 이로써 콜롬비아군은 공격 개시 한 시간 30분 만에 400고지 점령했고 튼튼하게 만들어진 중공군의 벙커 열한 개를 모두 파괴하는 전과를 올렸습니다.

이후 콜롬비아군 대대는 전투마다 승리를 차지했습니다. 콜롬비아

콜롬비아군 참전 기념비 / The monument to the participation of the Colombian Army

돛단배 모양의 콜롬비아군 참전 기념비
The monument to the participation of the Colombian Army in the shape of a sailboat

군 대대는 자신감에 넘쳤어요. 8월 17일 해가 저문 후 대대는 포로를 잡기 위해 소대 규모의 전투 정찰대들을 324고지와 400고지로 파견했습니다. 대대장이던 노보아 중령은 "적의 정확한 상황을 파악하지 못하고는 군사 작전의 성과를 기대할 수 없다"라며 각 중대장에게 정찰의 중요성을 강조하였지요. 그런데 각 정찰대가 고지에 도착하기도 전에 중공군은 정찰대를 향해 기습 공격을 시작했습니다. 거의 포위당하다시피 한 콜롬비아군 정찰대는 속수무책으로 당할 수밖에 없었습니다.

이날 정찰전에서 콜롬비아군은 장교 두 명과 사병 94명이 전사하는 엄청난 비극을 겪었습니다. 이 사건은 6·25전쟁에서 그 유례를 찾아볼 수 없는 충격적인 사건으로 기록되었어요. 대대장 노보아 중령은 작전 실패를 스스로 책망하며 며칠 동안 식음을 전폐하였고, 징병들의 사기는 바닥으로 떨어졌습니다. 콜롬비아군이 참전 이후 맞이한 최악의 상황이었습니다. 본국의 콜롬비아 육군성은 장병들의 죽음을 애도하고 대대장을 위로하는 편지를 대대에 보냈습니다. 가까스로 다시 힘을 얻은 콜롬비아 장병들은 적에 대한 분노와 복수심을 품고 이후 전투마다 전우의 원수를 갚는 자세로 치열하게 임했습니다. 콜롬비아군은 이때부터 대대 전체가 결사대가 되어 싸운 것입니다.

명예의 상징, 빠타욘 콜롬비아 대대

콜롬비아 해군은 1951년 5월 8일부터 1955년 10월 11일까지 AR형 프리깃함 세 척을 번갈아 가면서 참전했습니다. 유엔군 해군 소속이 된 콜롬비아 프리깃함은 한국 동해와 서해에서 보급품 수송 선단을 호위하고 해안 순찰, 함포 사격, 소해정 엄호 등 다양한 임무를 수행했습니다.

6·25전쟁 때 참전했던 콜롬비아 병사들은 대부분 고등학교를 막 졸업한

참전비 옆, 총을 들고 진격하는 콜롬비아 병사의 동상
A statue of a Colombian soldier advancing with a gun standing next to the monument

어린 나이의 소년들이었습니다. 그들은 몸에 잘 맞지 않는 커다란 미군 군복을 입고 치열한 전투를 치러야 했지요. 그들에게는 혹독한 겨울의 추위도, 괴기스러운 중공군의 피리 소리도 그 자체로 모두 참기 힘든 고통이었을 것입니다. 콜롬비아 참전 용사였던 라울 마르티네스 예비역 장군은 "당시 콜롬비아 정부와 군인들은 유엔의 부름에 응하는 데 오랜 시간이 걸리지 않았다. 군인들은 피와 희생을 두려워하지 않고, 대한민국의 자유뿐 아니라 전 세계와 인류를 위해 조국에서 아주 먼 나라로 떠났다. 가장 힘든 것은 가혹한 추위였다. 그 추위로 수많은 병사가 세상을 떠났다"라고 회고했습니다.

빠타욘 콜롬비아 대대는 참전을 무척 명예롭게 여겼습니다. 그래서 아직도 '빠타욘 콜롬비아 대대'라는 이름으로 대대를 유지하고 있어요. 이 대대는 장군을 많이 배출하여 콜롬비아 육군 장교는 누구나 이 대대에서 근무하기를 원한다고 합니다. 빠타욘 콜롬비아 대대는 현재 좌익 게릴라들로부터 수도 보고타 지키는 임무를 수행하고 있습니다.

◉ 콜롬비아군 참전 기념비(인천시 서구 연희동 213-7)

콜롬비아군 참전 기념비는 배를 형상화한 모습으로 만들어졌습니다. 뱃전에는 칼을 든 용사와 기도하는 여인 동상이 서 있고 그 뒤에 돛 모양의 하얀 벽이 있습니다. 돛 모양 벽 뒤쪽에는 콜롬비아 전통 문양들이 부조되어 있고 탑 옆쪽에는 총을 들고 진격하는 콜롬비아 병사의 동상이 따로 서 있습니다. 참전비에는 "카리브 바다의 정기를 타고난 콜롬비아 용사들! 국제연합의 깃발을 높이 들고 자유와 평화를 위해 싸우다가 마침내 611명의 고귀한 생명이 피를 흘렸다. 우리는 그들을 길이 기념하고자 여기에 비를 세운다"라는 비문이 한글과 영어, 에스파냐어로 새겨져 있습니다.

15. Colombia

Colombia decided to send troops in the midst of national chaos

Colombia is a country located in the northwestern part of the South American continent, and its land area is about five times the size of the Korean Peninsula. Known for its beautiful natural environment, Colombia is also known for its delicious coffee. In addition, oil is produced enough to be exported, and the green gem emerald is the world's number one producer.

Colombia is the only country in Latin America to participate in the war. The name of the unit that participated in the Korean War, 'Patayon Colombia', is derived from the name of the Colombian Independence Army led by Bolivar in 1824. This name symbolizes victory and glory.

Colombia was the first South American country to accept a diplomatic envoy from the Soviet Union. However, in 1948, diplomatic relations with the Soviet Union were cut off, and in the wake of the Korean War, a decree was issued to ban economic relations with Soviet satellite countries. In Colombia, political violence broke out and the country was in extreme chaos because Colombians judged that "the main culprits of domestic violence are communists."

Colombia's domestic politics fell into an extremely unstable situation immediately after World War II. This is because of the Violencia Incident, a political violence that has occurred since the mid-1940s. The incident occurred as the conflict between the Conservatives and Liberals escalated. The violent conflict between the two parties has disrupted state institutions, and the government's ability to control social unrest has reached its limits.

Although the country was thrown into chaos due to the rebellion of the antigovernment guerrilla group, Colombia decided to send troops to South Korea according to the decision of the United Nations. Colombia regarded the war that began with the North Korean army's invasion of South Korea as an international communist expansionary war and a clear violation of the Charter of the United Nations. Not only did Colombia decide to participate in the war to prevent the expansion of communism in the Soviet Union, but he also emphasized that European countries should help the United Nations and immediately participate in the war. Colombia's President Gomez said, "If the Western world fails to stop the expansion of communism in Korea, Europe will be in a situation where it will be unavoidable from the threat of totalitarianism." Both parties supported the government's decision to send troops in the name of moral responsibility to ensure collective security, indirect national defense, and defending democracy in a free world.

In mid-August 1950, the Colombian government received a formal request for dispatch from the UN Secretary-General, and decided to send a naval warship frigate as well. Also, on November 14 of that year, the Colombian government sent one infantry battalion to South Korea and declared that it would fulfill its responsibilities as a member of the United Nations for the protection of world peace.

By the time the Colombian Army was considering dispatching troops, UN forces crossed the 38th parallel and advanced north on the Korean Peninsula, nearing complete unification. The United Nations Command, determined that the war would soon be over, asked the US military to reconsider sending additional troops to South Korea. Despite these circumstances, the Colombian government created an infantry battalion for dispatch on December 26, 1950.

However, when the war situation on the Korean Peninsula became unfavorable due to the Chinese spring offensive in April 1951, the Colombian Army set off the frigate Padilla first on April 22, and the ground forces left Colombia on May

21. The Colombian Army, which arrived at Busan Port on June 15, 25 days after departure, was attached to the US 24th Division and participated in the battle. It was the last ground force to arrive among the UN forces.

Colombian Army did not afraid even the death.

The surprise attack on Hill 400 near Gimhwa on June 21, 1952 was the most successful of the Missouri shipboard operations. The 3rd Platoon of A Company of the Colombian Army approached the enemy's position in 25 minutes by climbing up the steep hill occupied by the Chinese forces. The platoon opened fire with grenades and automatic fire. After some time, the camp was blown up, and the enemy who had resisted in it also exploded together with the camp. As a result, the Colombian army occupied Hill 400 within an hour and a half of the attack, and destroyed all eleven bunkers of the Chinese army that had been built strong.

Since then, the Colombian battalion won every battle. The Colombian battalion was full of confidence. After the sun went down on August 17th, the battalion dispatched a platoon-sized combat reconnaissance patrol to Hills 324 and 400 to capture the prisoners. Lieutenant Colonel Noboa, who was the commander of the battalion, emphasized the importance of reconnaissance to each company commander, saying, "You cannot expect the results of a military operation unless you understand the exact situation of the war."

However, before each reconnaissance team could reach the high ground, the Chinese army launched a surprise attack on the reconnaissance team. Nearly besieged, the Colombian army's reconnaissance was left helpless.

In the reconnaissance battle that day, the Colombian Army suffered a tremendous tragedy, in which two officers and 94 enlisted men were killed. This incident was recorded as a shocking incident that is unprecedented in the Korean War. Battalion commander Lieutenant Colonel No Boa blamed himself for the failure of the operation and stopped eating and drinking for several days, and the morale of his soldiers plummeted. It was the worst situation the Colombian army faced since entering the war.

The Colombian Army Department, home country, sent a letter to the battalion mourning the deaths of the soldiers and consoling the battalion commander. The Colombian soldiers, who had managed to regain their strength, kept their wrath and revenge against their enemies, and fought fiercely with the attitude of avenging their comrades in each subsequent battle. From this point on, the entire battalion of the Colombian Army fought as a death squad.

Symbol of honor, Patayon Colombia Battalion

From May 8, 1951 to October 11, 1955, the Colombian Navy alternated between three AR-type frigates. The Colombian frigate, which became a member of the United Nations Navy, escorted a supply transport fleet in the East and West Seas of Korea, and performed various missions, including coastal patrol, gunfire, and cover for minesweepers.

Most of the Colombian soldiers who participated in the Korean War were young boys who had just graduated from high school. They had to fight fiercely in oversized American uniforms that didn't fit well. For them, neither the harsh winter cold nor the grotesque sound of the Chinese flute must have been an unbearable pain in itself.

Reservist General Raul Martinez, a former Colombian veteran, said, "After the UN Security Council's decision at that time, it did not take long for the Colombian government and soldiers to respond to the UN's call. The soldiers were not afraid of blood and sacrifice, and went to a country far from their homeland, not only for the freedom of the Republic of Korea, but also for the world and mankind. The hardest part was the harsh cold. The cold has killed many soldiers," he recalled.

However, the Patahon Colombia Battalion was very honored to participate in the war. Therefore, the battalion is still maintained under the name of 'Patayon

Colombia Battalion'. This battalion has produced many generals, and it is said that any Colombian army officer wants to serve in this battalion. The Patayon Colombia Battalion is currently tasked with defending the capital, Bogota, from left-wing guerrillas.

◉ Monument to the Participation of the Colombian Army

(213-7, Yeonhui-dong, Seo-gu, Incheon)

The Monument to the Participation of the Colombian Army was made in the shape of a ship. A statue of a warrior with a sword and a praying woman stand in front of the boat, and behind it stands a white wall in the shape of a sail. Behind the sail-shaped wall, there are reliefs with traditional Colombian patterns, and on the side of the tower stands a statue of a Colombian soldier advancing with a gun.

The monument read, "Colombian warriors born with the spirit of the Caribbean sea! Holding the flag of the United Nations high and fighting for freedom and peace, 611 noble lives were finally shed. We erect a monument here to commemorate them along the way." The inscription is inscribed in Korean, English and Spanish.

다부동 전적기념관 충혼비 앞에서
묵념하는 참배객들(칠곡)
A visitors paying silent tribute in front of
a monument in Dabudong War Memorial
Museum(Chilgok Korea)

16. 미국

북한군의 침략에 즉각 대응한 미 해군과 공군

"우리는 무슨 수를 써서라도 그 나쁜 놈들을 막아야 합니다."

미국의 트루먼 대통령은 북한 공산군이 남침했다는 전화를 받고 이렇게 소리쳤습니다. 곧이어 미국 정부가 개입하였고 위기에 처한 대한민국은 엄청나게 큰 도움을 받을 수 있었습니다. 한국 시각으로 1950년 6월 26일 아침, 미국에서는 국가안전보장회의가 열렸습니다. 회의 참석자는 국무부 장관, 국방부 장관, 육·해·공군 참모총장 등 외교와 국방을 맡은 주요 인사들이었어요. 그 다음 날 아침 다시 개최된 두 번째 안보회의에서는 미 극동군 해군과 공군이 38선을 넘어온 북한군을 공격해도 좋다고 결정되었습니다. 이에 따라 극동군 사령관인 맥아더 장군이 한국에서의 작전을 지휘할 수 있게 되었습니다.

6월 26일 가장 먼저 미 극동 해군 구축함 두 척이 공군기의 엄호를 받으며 한국 해역에 들어왔습니다. 27일에는 순양함 주노호와 구축함 드 헤이븐호에 북한군 함정을 격파하라는 명령이 내려졌습니다. 미 극동 공군도 38선 이남의 적에 대한 공격을 실시했습니다. 26일 북한의 야크기가 미군 수송기를 공격하자 미 F-82가 공중전을 벌여 야크기 세 대를 격추했지요. 29일에는 미 전투기 열다섯 대가 출격하여 북한군을 공격했습니다.

당시 일본에 있던 맥아더 장군은 29일 오전, 전선을 시찰하기 위해 한국으로 왔습니다. 한강 방어선을 둘러본 맥아더 장군은 "미 지상군 전투 부대가 투입되어야 한국을 침략군으로부터 구할 수 있다"라고 판단했습니다. 그

미국군 참전 기념비와 트루먼 대통령 동상(임진각)
US war monument and statue of the President Harry S. Truman(Imjingag)

는 "현 전선을 유지하고 빼앗긴 땅을 회복하기 위해서는 미 지상군을 투입해야 한다. 허락해준다면 이 지역에 1개 연대 전투단을 보내고 일본에 주둔하고 있는 미군 2개 사단을 증강하여 반격 작전을 펼칠 것이다"라는 내용의 보고서를 국방부로 보냈어요. 트루먼 대통령은 2개 사단 증강은 나중에 결정하기로 하고 1개 연대 전투단을 보내는 문제를 곧바로 승인하였습니다. 30일에는 미 해군과 공군이 38도선 이북에서 작전할 수 있도록 허가하였습니다.

6·25전쟁 당시 미군 병력은 138만 명이었습니다. 육군은 59만 명이었는데 그중 36만 명이 미 본토에 있었고 나머지 23만 명은 외국에 주둔하고 있었습니다. 극동군은 약 11만 명이었는데 그중 한국에서 가장 가까운 곳에 주일미군이 있었습니다. 6월 30일 미 지상군 참전이 결정되었습니다.

육군의 경우 집단군―야전군―군단―사단―연대―대대―중대―소대―분대

등으로 편성되고 사단과 연대 중간 정도 되는 여단도 있습니다. 나라마다 조금씩 다르지만 1개 분대는 8~15명으로 구성되고 집단군은 40만~150만 명에 이르지요. 미군은 6·25전쟁 때 1개 야전군, 3개 군단, 8개 보병 사단, 1개 해병 사단, 2개 연대 전투단이 포함된 제8군을 비롯하여 극동 공군, 극동 해군, 미 제7함대, 일본 군수 사령부 등의 병력을 보내왔습니다. 연 참전 인원은 178만 9,000명에 이르고 전쟁 기간 중 많을 때는 30만 명의 병력을 한국에 주둔시켰어요. 1952년 유엔군이 가장 많았을 때 지상군의 경우 국군 50%, 미군 40%, 미국 외 참전국이 10%였습니다. 당시 국군은 장비나 병력의 역량이 미군에 비해 훨씬 뒤졌던 것을 감안할 때 6·25전쟁의 작전은 거의 미군의 작전이었다고 볼 수 있습니다.

오산에서 치러진 스미스 부대의 초전

일본에 있던 미군 중 6·25전쟁에 가장 먼저 투입된 부대는 제8군 제24사단이었습니다. 7월 1일 스미스 중령이 지휘하는 제21연대 제1대대가 사단의 선발대로 부산 수영 비행장에 도착했어요. 스미스 중령은 사단장 딘 소장으로부터 "가능한 한 부산에서 먼 북쪽으로 진출하여 적을 막으라"라는 명령을 받았습니다. 그는 보병과 포병으로 이루어진 특수 임무 부대를 구성하여 오산 북쪽 죽미령 일대 고지에 방어 진지를 마련하고 보병 406명을 배치했습니다.

그런데 미군은 그때까지만 해도 제2차 세계대전 때 최강 독일과 일본을 이긴 승전국 군대라는 자부심과 오만함에 가득 차 있었습니다. 그래서 "북한 공산군은 미군이 참전했다는 사실만으로도 두려워할 것이고, 또 미군의 모습을 실제로 보기만 해도 도망칠 것"이라고 생각했지요. 한두 차례 정찰 작전을 마치면 일본으로 돌아갈 수 있으리라고 낙관적으로 생각하기도 했습니다.

그때까지만 해도 미군은 국군과 협조하여 작전할 것도 전혀 염두에 두지 않았습니다.

미군과 북한군이 처음 만난 날은 7월 5일 아침이었습니다. 북한군은 수원을 점령하고 오산으로 내려오던 중이었어요. 전차 여덟 대를 앞세우고 접근하는 북한군 사단을 발견하고 스미스 중령은 포격을 명령했습니다. 그런데 전차는 포탄을 맞고도 계속 움직였습니다. 전차가 스미스 부대 진지 600m 앞까지 다가왔을 때 미군은 75mm 무반동총으로 사격해 전차에 명중시켰습니다. 놀랍게도 북한군 전차는 잠시 멈칫할 뿐 계속 전진하여 고지를 향하여 올라왔습니다. 소련제 무기로 무장한 북한군의 전력을 미리 알지 못했던 스미스 대대는 전차를 보고 공포스러워하기 시작했습니다.

북한군 전차는 미군의 보병 진지를 짓밟고 쳐들어왔습니다. 지원하기로 한 포병 대대와는 통신 두절 상태였고, 통신이 되었다 하더라도 이미 미군 진지 안에 북한군이 쳐들어왔기 때문에 포를 쏠 수 없었습니다. 오히려 적의 박격포탄과 전차 포탄이 아군의 참호 속에 떨어졌습니다. 스미스 대대는 이 전투에서 400여 명 중 150명이 전사하거나 행방불명되는 큰 피해를 입었어요. 이어 북한군의 전차 30여 대는 포대 진지까지 뚫고 지나갔습니다. 제52포병 대대는 모든 화포를 잃었고 131명 중 31명이 전사 또는 행방불명되었습니다. 파괴된 두 대를 제외한 북한군의 전차 대부분은 미군 스미스 부대의 방어선을 지나 남쪽으로 내려갔습니다. 이 전투를 통해 북한군은 미 지상군이 참전했다는 것을 확인했고 맥아더 장군은 북한군의 전력을 추정할 수 있게 되었습니다.

죽미령 초전을 적의 전력을 파악하지 못한 오만한 미군의 부끄러운 패배라고 말하는 사람들도 있습니다. 그러나 모든 전투가 전진하여 적의 고지에 깃발을 꽂아야만 성공하는 것은 아니지요. 지켜야 할 곳을 지키는 방어 전투,

다른 부대가 이동할 수 있도록 시간을 끌어주는 지연 전투 등도 충분히 가치 있는 전투입니다. 격전을 치르던 스미스 부대는 적에게 포위되었음을 뒤늦게 깨달았습니다. 그러나 결코 포기하지 않고 최선을 다해 싸웠고 최선을 다해 적절한 시기까지 버텼어요. 여섯 시간 15분 동안의 이 전투는 국군과 유엔군이 반격을 준비할 수 있는 시간을 벌어주었던 의미 있는 전투였습니다.

미 제24사단 제34연대 연대장이던 로버트 마틴 대령은 제2차 세계대전 때 제24사단장인 딘 소장과 함께 유럽에서 전투한 경험이 있습니다. 마틴 대령의 용맹성을 알고 있던 딘 소장은 일본에서 복무 중이던 마틴 대령을 불러 연대장을 맡겼습니다. 7월 8일 천안에서는 제34연대와 북한군이 마주쳤습니다. 미군은 바주카포와 수류탄으로 북한의 전차에 맞서 싸워야 했어요. 마틴 대령도 소총수처럼 직접 무기 들고 적에 저항했고 바주카포로 전차를 포격했습니다. 결국 마틴 대령은 85밀리 전차 포탄에 맞아 전사하였습니다.

초전 기념비(오산) / War monument for the first combat in Korean War(Osan Korea)

천안이 뚫리자 워커 미 8군 사령관은 사단장 딘 소장에게 7월 20일까지 대전을 지키라고 명령하였습니다. 포항에 상륙할 해병 1사단을 추풍령 전선에 배치할 시간이 필요했던 것입니다. 교통의 요지인 대전의 도로는 옥천, 유성, 논산, 금산, 조치원 등 다섯 개 지역으로 뻗어 있었습니다. 그래서 수비 병력도 나뉘어야 했는데 병력은 형편없이 부족했습니다. 포병 전문가였던 딘 장군이 직접 바주카포를 메고 적 전차를 파괴하기도 했습니다. 기어이 적은 대전 시내로 들어왔고 통신까지 불통이 되어 예하 각 부대와 연락도 되지 않은 채 사단은 북한군과 힘든 싸움을 벌여야 했습니다.

20일까지 버티던 사단은 철수 명령을 내렸고 딘 소장은 50여 대의 차량을 모아 철수 길에 올랐어요. 그런데 딘 소장이 타고 있던 차량의 운전병이 옥천–영동 방향으로 좌회전해야 할 길을 지나쳐 남쪽으로 계속 달리는 실수를 저질렀습니다. 길가에 숨어 있던 적이 공격해왔고 대원들은 각각 흩어져 몸을 피해야 했습니다. 딘 소장은 부상병을 포함한 대원 몇 사람과 함께 산속으로 숨어들었습니다. 부상병에게 줄 물을 찾아 계곡 아래로 내려가던 딘 소장은 굴러떨어져 의식을 잃었지요. 사단장을 찾다 포기한 대원들이 떠난 후 의식을 되찾은 딘 소장은 혼자 산속에 남게 되었습니다.

적군의 눈을 피해 낮에는 자고 밤에 이동하던 딘 소장은 허기를 달래려고 밭에 버려진 날감자를 먹었다가 심한 이질을 앓기도 했습니다. 전북 무주군 적상면에 이르러 딘 소장은 한 농가에 들어가 손짓 발짓을 하여 음식을 얻어먹을 수 있었어요. 그런데 딘 소장은 다시 길을 나섰다가 마을 사람의 밀고로 북한군의 포로가 되었습니다. 북한으로 끌려간 딘 소장은 신분을 감추느라 심한 고초를 겪었습니다. 딘 소장이 살아있다는 사실은 1951년 12월 18일 호주 종군 기자의 인터뷰 기사로 세상에 알려졌습니다. 딘 장군은 1953년 휴전 후 포로 교환 때 인민군 총좌와의 교환 형식으로 풀려났습니다.

가장 치열했던 다부동-왜관 전투

다부동-왜관 전투는 낙동강 방어 전투의 하나로 6·25전쟁 당시 가장 치열했던 전투로 꼽힙니다. 북한군은 1950년 8월 1일 진주-김천-점촌-안동-영덕을 연결하는 선까지 쫓아 내려왔어요. 7월 20일 김일성은 북한군 전선사령부가 있는 수안보에 왔습니다. 거기서 그는 "8월 15일까지는 반드시 부산을 점령하라"라고 독촉했습니다. 그 독촉을 받은 북한군 지휘부는 마음이 매우 조급해졌습니다. 그래서인지 8월 초 낙동강 방어선을 공격하는 북한군은 동원할 수 있는 부대의 절반인 5개 사단을 대구 북쪽에 배치했습니다. 낙동강 전투에 총력을 다하겠다는 의미였습니다. 그때 한반도의 서쪽은 이미 북한군이 점령한 상태였으니 대구만 뚫으면 부산까지 차지하고 한반도 전체를 점령하는 것은 시간 문제라고 생각한 것입니다.

8월 3일 미군은 마산-왜관-영덕을 잇는 낙동강 방어선을 설정했습니다. 그 지역의 방어를 맡은 아군 병력은 국군 제1·제6사단, 미 제1기병 사단 등 3개 사단밖에 없었습니다. 그나마 이 3개 사단은 서로 연결되지 못하고 각자

다부동 전적기념관(칠곡) / Dabudong War Memorial Museum(Chilgok Korea)

적과 힘든 전투를 벌이고 있었어요. 8월 16일 4만여 명 인민군 병력이 왜관 지역 낙동강 서북쪽 일대에 모여 있다는 첩보가 들어왔습니다. 오전 열한 시 58분부터 26분 동안 100대에 가까운 미군 B29 폭격기가 출격해 폭탄 960t을 왜관 서북쪽 일대에 퍼부어 적진을 초토화했지요. 심리적으로 큰 충격을 받은 북한군 지휘관들은 더 이상 다부동 전선 돌파할 수 없다고 판단, 8월 20일 영천 방면으로 전진 방향을 틀었습니다.

8월 21일 밤, 다부동 계곡에서는 6·25전쟁 최초로 전차전이 벌어졌습니다. 북한군은 전차와 자주포를 앞세우고 야간에 공격해왔어요. 미 제27연대와 북한군 전차 부대는 다부동 계곡에서 다섯 시간 동안이나 서로 전차포를 주고 받았습니다. 제27연대 장병들은 이 전투를 '볼링장 전투'라고 불렀습니다. 불덩이 같은 철갑탄이 어둠을 뚫고 좁은 계곡을 따라 상대방 전차를 향해 날아가는 모양이 마치 볼링 공이 맞은 편에 세워진 핀을 향하여 미끄러져 가는 모양과 비슷하다고 하여 붙여진 이름입니다.

불가능을 극복하고 한국을 구한 인천상륙작전

인천 앞바다는 좁은 물길, 10m에 달하는 조수 간만의 차이 등 상륙 해안으로서의 악조건은 모두 다 가지고 있었습니다. 그러나 맥아더 장군은 인천이 상륙 작전에 적합하지 않은 곳이기 때문에 적군도 방어를 소홀히 할 것이라 주장하며 반대하는 사람들을 설득했습니다. 1950년 가을, 인천 해안에서 상륙 작전이 가능한 날은 9월 15일, 10월 11일, 11월 3일과 이 날짜를 포함한 전후 2~3일뿐이었습니다. 그런데 10월은 상륙하기에 늦은 시기이므로 9월 15일이 가장 적당한 날이라고 결정되었습니다.

8월 26일 맥아더는 상륙 작전을 담당할 제10군단을 편성했습니다. 주요 부대는 미 제1해병사단과 미 제7보병사단이었어요. 그런데 이로는 병력이 부족

인천상륙작전을 형상화한 부조. 앞쪽으로 맥아더 장군의 모습이 보인다(인천).
The relief showing Operation Chromite. General MacArthur is seen in the front(Incheon Korea).

하자 한국 청년 8,000여 명을 선발하여 일본에서 훈련한 후 작전에 배치하였습니다. 주한 미군에 배속된 한국군인 '카투사'는 이렇게 생겨났습니다.

미 제7함대를 주축으로 한 유엔군 261척의 함정과 미 제10군단 예하 국군 2개 연대를 포함한 미군 2개 사단 등 총 7만여 명의 병력으로 구성된 지상군 부대는 9월 15일 새벽 두 시 인천상륙작전을 개시했습니다. 상륙 작전은 2단계로 전개되었는데, 제1단계는 월미도 점령, 제2단계는 인천 해안의 교두보를 확보하는 것이었습니다. 제1단계 작전에서 미 해군이 함포 사격을 하는 동안 미 해병 연대가 월미도 상륙에 성공했습니다. 인천상륙작전에 성공한 미 제10군단은 서울로 진격하여 9월 28일 서울을 되찾았습니다.

"후퇴는 없다, 새로운 방향으로의 공격이다"

1950년 10월 1일 국군은 북한군을 추격하여 38선을 넘었습니다. 며칠 후 유엔군도 38선을 넘어 북진에 나섰습니다. 평양에 첫발을 디딘 부대는 국군 제1사단이었습니다. 미 제7사단 제17연대는 유엔군 부대로서는 처음으로 압록강 상류 국경선에 도달하였습니다. 국군과 유엔군은 한반도가 통일되고 곧

고립된 해병대에게 멋진 선물
이 된 투시 롤 / Tootsie Rolls
make a great gift for isolated
Marines

전쟁이 끝나리라는 기대에 가득 차 있었지요. 그런데 11월 중공군이 참전하여 유엔군은 남쪽으로 철수해야 했습니다. 유엔군 사령관 맥아더 원수는 적을 먼저 공격하여 제압하려는 계획을 세웠습니다. 반격 명령에 따라 동부 지역을 담당한 미 제10군단 알몬드 소장은 국경선을 목표로 다시 북쪽으로 진격하기로 했어요. 이후 장진호 지역의 전황이 갑자기 바뀌자 알몬드 소장은 북진을 멈추고 함흥–흥남으로 이동하라고 장진호 부근 모든 부대에 명령하였습니다.

그런데 미 제10군단 예하 미 제1해병사단은 장진호 북쪽에서 중공군 제9병단 예하 7개 사단 12만 병력에 포위당했습니다. 해병 사단은 중공군의 포위를 뚫고 함흥까지 이동해야 했는데 장진호와 흥남을 잇는 길은 양쪽 험한 절벽 사이에 있는 좁은 계곡의 외길이었지요. 중간중간 중공군의 공격은 해병 사단을 극한의 고통과 공포로 몰아넣었습니다. 심지어 1950년 11월 말의 장진호 기온은 영하 32도까지 내려가는 혹한이었습니다. 해병 사단은 극심한 추위라는 또 다른 강적과도 싸워야 했어요. 수많은 장병이 동상에 걸리고 무기는 얼어붙어 제대로 작동하지 않았습니다. 12월 4일 중국 베이징방송은 "미 해병 제1사단의 전멸은 시간 문제다"라고 방송했습니다. 하지만 해병 사단은 중공군의 포위망 뚫고 장진호 남쪽 끝에 있는 하갈우리로 이동했습니다. 유담리에서 하갈우리까지 22㎞를 돌파하는 데는 77시간이 걸렸지요.

그런데 중공군 제60사단은 이미 더 남쪽인 고토리까지 내려가 하갈우리에서 함흥에 이르는 길을 막고 있었습니다. 제1해병 사단 사령부가 있는 하갈우리에는 1만 명의 미군 병력뿐만 아니라 1,500명의 피란민이 있었습니다. 게다

한미해병대 참전비(파주) / The war monument to the U.S. and Korean Marines(Paju Korea)

가 4,300명의 부상자까지 데리고 함흥까지 철수하는 것은 불가능해 보였습니다. 그때 극동군 수송사령관 터너 장군이 "모든 전투 장비를 버리고 병력만이라도 공중 철수할 것"을 제의했습니다. 그러나 제1해병 사단장 올리버 프린스 스미스 소장은 정상적인 방법으로 철수할 것을 고집했습니다.

"후퇴라고? 우리는 여기 해병 사단으로서 왔다. 후퇴라니 말도 안 돼! 해병대 역사상 그와 같은 불명예는 없었다."

해병대원들도 분개하며 소리쳤어요.

"해병대원들에게 후퇴란 절대 없다!"

사단장은 대원들에게 말했습니다.

"사단은 철수하는 것이 아니다. 후방의 적을 무찌르고 함흥까지 진출하는 새로운 방향으로의 공격이다."

중공군은 모든 지원과 물자를 차단한 후 해병 사단을 전멸시키려 했습니다. 미 공군 수송기는 고립된 병력과 피란민들에게 필요한 탄약, 혈장, 식량, 휘발유 등을 모두 공중으로 보급했습니다. 사단은 피란민들을 데리고 불도 저로 길을 뚫으며 전진했어요. 너무 피로하고 추워서 전쟁의 공포까지 사라질 지경이었습니다. 악전고투 끝에 12월 11일 미 제1해병사단은 모두 함흥에 들어갈 수 있었습니다. 이로써 장진호 전투가 마무리되었지요. 이 작전 중 미군에는 전사 393명, 부상 2,152명, 실종 76명의 인명 피해가 발생했습니다. 중공군 제9병단은 장진호 전투에서 막대한 인원 손실을 입고 궤멸되었습니다. 덕분에 중공군의 함흥 진출은 2주간이나 지연되었고 서부 전선의 미 제8군을 위협하던 부대에 병력이 지원되는 것을 막을 수 있었습니다. 미 군사 역사 전문가인 마셜은 "장진호 전투는 현대전에서 가장 위대한 공격적 후퇴"라고 말하기도 했습니다.

　장진호 전투와 관련한 흥미로운 일화가 하나 있습니다. 장진호에 고립된 미 해병대는 후방 보급부대에 박격포탄을 보내달라는 통신을 띄웠습니다. 해병대원들 사이에서 박격포탄이 '투시 롤'이라는 은어로 불렸는데 이를 모르는 보급부대는 진짜 투시 롤 사탕을 비행기에 싣고 가 해병대원들에게 던져주었어요. 투시 롤은 병사들 사이에 정말 산더미만큼 쌓였습니다. 그런데 잘못 보내진 투시 롤은 박격포탄만큼 유용하게 쓰였습니다. 식량이 얼어붙어 먹지 못하는 상황에서 투시 롤은 멋진 식량이 되었습니다. 또 녹여 붙이면 추위 때문에 금방 굳어서 구멍난 연료통이나 철모를 땜질하는 데 사용되었지요. 투시 롤은 적에게 포위된 해병대에게 희망과 즐거움을 주고 그들을 살린 사탕이었습니다. 그래서 지금도 장진호 전투 참전 용사 모임에서는 투시 롤을 나누어준다고 합니다.

크리스마스의 기적, 흥남철수작전

함흥에서 가까운 항구인 흥남 부두에는 국군과 미군 병력 10만 5,000명과 2만 대에 가까운 차량, 3만 5,000여t의 전투 물자가 이동을 기다리고 있었습니다. 미 해군은 125척의 수송선을 동원했지만 배는 절대 부족했습니다. 철수 순서도 정했는데, 제1해병사단을 가장 먼저 보내고 피해가 많은 부대 순서대로 배에 오르기로 했어요. 12월 15일 철수를 시작했는데 엄청난 수의 피란민이 부두로 몰려왔습니다. 국군의 김백일 소장과 현봉학 통역관은 피란민들을 배에 태워달라고 미군에게 요청했습니다. 처음에는 거부하던 미 제10군단장 알몬드 장군은 그들에 감동되어 마음을 바꾸었지요. 알몬드 장군이 유엔군 사령부를 설득하여 피란민을 포함한 흥남철수작전을 할 수 있게 되었습니다. 이로써 10만 명 가까운 피란민이 자유를 찾을 수 있게 되었어요.

미국군 가평 전투 참전 기념비(가평) / The monument to the Gapyung battle of US Army in the Korean War(Gapyung Korea)

12월 24일 마지막으로 흥남을 떠난 배는 메러디스 빅토리호였는데 이 배는 7,600t급 화물선이었습니다. 이 배의 선장 레오날드 라루에는 피란민 태울 자리를 마련하기 위해 배에 있던 화물을 바다에 버리고 1만 4,000명을 태웠습니다. 배에는 음식물도 넉넉지 않았고 날씨도 무척 추웠지요. 사흘의 항해 끝에 피란민 모두 무사히 거제도에 도착했는데 그 숫자는 다섯 명이 더 늘어나 있었습니다. 배 위에서 새로 다섯 명의 아기가 태어난 것이에요. 미군은 새로 태어난 아기들에게 '김치'라는 이름을 지어주었습니다. 이렇게 '김치' 아기는 1호부터 5호까지 태어났습니다. 12월 25일에 마무리된 흥남철수작전을 사람들은 '크리스마스의 기적'이라고도 합니다. 메러디스 빅토리호는 한 척의 배로 가장 많은 생명을 구출한 기록으로 2004년 기네스북에 올랐지요.

제213포병대대와 해군, 공군의 활약

가평 지역은 서울로 진입하기 위해 반드시 거쳐야 하는 중서부 지역의 전략적 요충지였습니다. 그래서 이곳에서는 6·25전쟁 중 치열한 전투가 많이 벌어졌어요. 6·25전쟁 때 가평 전투에 참전한 미 제213야전포병대대는 미국 남부 유타주의 작은 도시인 시다, 필 모어, 비버, 세인트 조지, 리치필드 출신의 청년들로 구성된 부대였습니다. 17~23세의 대학생, 교육자, 학자, 농부 등 평범한 민간인이었던 그들은 동방의 작은 나라의 평화 수호를 위해 기꺼이 참전한 것입니다.

1951년 5월 말, 중공군은 가평 지역에 대해 대대적인 공세를 퍼부었습니다. 그때 미 제213야전포병대대는 미 제24보병사단 제21보병연대를 지원하라는 명령을 받았습니다. 그런데 보병 사단은 중공군을 포위하기 위하여 전진해버렸고 포병 대대는 보병의 엄호 없이 고립되었지요. 5월 26일 밤, 4,000명의 중공군은 본부 및 본부 포대와 A포대가 방어하고 있는 좁은 계곡으로 공

클리랜드 장군과 카이저 하사(가평고등학교)
General Cleland and sergeant Kaizer(Gapyung high school)

격해왔습니다. 포병 대대의 240명 장병은 유타주에서 함께 성장한 형제, 친척 및 친구들이었어요. 이들은 포대장 레이 콕스 대위를 중심으로 일치단결하여 필사적으로 전투를 치렀습니다. 그 결과 진지를 지켜내는 데 성공하였고 단 한 명의 아군 희생자 없이 중공군 사살 350명, 포로 830명의 엄청난 전과를 거뒀어요.

미 제40보병사단은 6·25전쟁 중 가평에 주둔했던 부대입니다. 사단장 조셉 클리랜드 장군은 전쟁 중에도 천막 교실에서 공부하는 한국 학생들의 모습을 보고 감동했습니다. 장군은 1만 5,000여 사단 장병과 함께 2달러씩 모아 학교 건립을 지원했지요. 처음에는 클리랜드 장군의 이름을 따서 학교 이름을 짓자는 의견이 있었습니다. 그런데 장군은 제40사단 장병 중 6·25전쟁에서 처음으로 전사한 카이저 하사의 이름을 붙이자고 했습니다. 이렇게 세워진 '카이저 중·고등학교'는 지금 가평고가 되었어요. 클리랜드 장군은 휴전

후에도 몇 차례 이 학교에 방문하는 등 지원을 아끼지 않았습니다.

미 해군과 공군은 1950년 6월 27일부터 6·25전쟁에 참전했습니다. 전쟁 기간 미 해군은 수없이 많은 항공모함, 전함, 순양함, 구축함 등을 보내주었습니다. 항공모함만도 열여섯 척이 동원되었지요. 미 해군은 인천상륙작전, 흥남철수작전 등 주요 해상 작전을 성공으로 이끌었고 해군 항공과 함포로 지상군을 지원하였어요. 또 해상 수송 부대는 수많은 병력과 물자를 실어날랐습니다. 6·25전쟁 동안 일본에 있던 미 극동 공군 사령부는 4개 예하 부대인 제5공군, 폭격 사령부, 제314항공사단, 전투 화물 사령부인 제315항공사단을 통해 한국에서의 작전을 수행하였습니다. 전쟁에 참가한 미군 전폭기는 B-26과 B-29였어요.

미군 지도층이 보여준 노블레스 오블리주

월턴 워커 중장은 1950년 7월 13일 미 제8군 사령관으로서 우리나라에 왔습니다. 그는 우리나라가 가장 심각한 위기에 처했을 때 낙동강 전투에서 "우리는 더 이상 물러설 수 없고, 더 이상 물러설 곳도 없다. 무슨 일이 있어도 결코 후퇴란 있을 수 없다"라며 장병들을 독려했지요. 1950년 12월, 워커 장군의 아들인 샘 S. 워커 대위는 6·25전쟁에 참전하여 은성 무공 훈장을 받게 되었습니다. 23일, 장군은 아들의 수상을 축하하기 위해 이동하던 중 경기도 양주군 노해면(지금의 서울 도봉구 도봉동)에서 차량 전복 사고를 당했습니다. 현장에서 사망하여 순직한 장군은 대장으로 추서되었고 미국 알링턴 국립묘지에 안장되었어요. 이후 샘 워커 대위는 미국의 군사 역사상 최연소 대장으로 진급했고 미 육군 역사상 유일하게 아버지와 아들이 나란히 대장에 진급되는 영광을 안았습니다.

제임스 밴 플리트 중장은 미 제8군 사령관이었습니다. 그의 아들 지미 밴 플리트 2세 중위는 B-26 전폭기 조종사로 참전했어요. 1952년 4월 밴 플리트 2세 중위는 압록강 남쪽 순천 지역 야간 폭격 작전에 투입되었다가 적의 대공포에 격추되어 실종되었습니다. 참모들이 100여 대의 전투기를 투입하여 수색하겠다고 했지만 밴 플리트 장군은 정규 수색 작업 이외에는 무리한 작전을 하지 말라고 말렸습니다. 장군의 아들이라고 특별한 혜택을 베풀

워커 장군이 사고를 당한 곳임을 알리는 비석(서울) / The headstone to inform the spot where General Walker had the accident(Seoul Korea)

어서도 안 되지만 혹시 적지 수색 작업 중 다른 군인이 다칠 우려도 있으니 중단하라고 한 것입니다.

한국을 '제2의 고향'이라고 말했던 밴 플리트 장군은 육군사관학교 창설과 한국군 증강에 기여했습니다. '한강의 기적'이라는 표현을 밴 플리트가 처음 사용했는데 그가 이 말을 할 때는 한강의 기적이 일어나기 한참 전인 1962년이었습니다. 1962년 경제개발5개년계획이 시작되자 밴 플리트는 더 많은 미국인의 투자를 이끌어내기 위해 미국에서 "박정희 대통령의 대한민국은 반드시 성공할 것"이라는 내용의 연설을 했지요. 이 연설의 제목이 바로 '한강의 기적'이었던 것입니다.

리처드 위트컴 장군은 6·25전쟁 때 미군 군수 사령관이었습니다. 전쟁 막바지이던 1953년 초, 부산에 큰불이 나자 장군은 군용 담요, 옷, 소시지, 밀가루 등 군수 물자를 부산 시민에게 나눠주었습니다. 군수 물자를 민간인에

위트컴 장군과 부인 한묘숙 씨의 묘비(유엔
기념공원) / The Gravestone of General
Whitcomb and his wife Han Myo-
suk(UNMCK)

게 나눠주는 것은 불법이고 군사재판에 회부될 일이었습니다. 위트컴 장군
은 미 의회 청문회장에 불려갔지요. 미국의 여야 의원들은 "어떻게 전쟁 중
에 군수 물자를 민간인에게 나눠줄 수 있느냐"라며 일제히 장군을 비난했습
니다. 이때 위트컴 장군은 당당하게 말했습니다.

　　"전쟁은 총과 칼로만 하는 것이 아닙니다. 그 나라 국민을 위하는 것이 진
　　정한 승리입니다."

　　장군의 말에 감동한 모든 의원은 자리에서 일어나 오래도록 박수를 쳤습
니다. 덕분에 장군은 다시 한국으로 돌아올 수 있었지요. 그는 전쟁이 끝나
고도 미국으로 돌아가지 않았습니다. 장진호 전투에서 중공군에 밀려 버려
두고 나올 수밖에 없었던 부하들의 유해를 찾기 위해서였습니다. 이후 위트
컴 장군은 전쟁 고아들을 보살피고 있던 한묘숙 씨와 결혼하여 북한에 남겨
진 미군 유해 찾는 작업을 계속했습니다. 1982년에 세상을 떠날 때까지 집

한 채 소유하지 않고 부하 찾기에 모든 힘을 바쳤지요.

부인 한묘숙 씨는 남편과의 약속을 지키기 위해 남은 재산과 열정을 다 바쳤습니다. 미국인과 결혼하여 미국 국적을 얻었던 한묘숙 씨는 북한에 가서 김일성을 만나기도 했고, 장진호에도 몇 번을 찾아갔습니다. 북한 사람들은 길쭉한 뼈만 나오면 한묘숙 씨에게 보냈지만 90%는 가짜였습니다. 그래도 한묘숙 씨는 달라는 대로 돈을 다 주고 그 뼈를 사들였어요. 가짜라고 돈을 안 주면 더 이상 뼈를 안 가져오고 유해를 못 찾을까 봐 알고도 돈을 지불한 것입니다. 그 뼈들은 모두 하와이에 있는 미군 유해발굴단과 국방부 포로송환국으로 보내졌는데 한묘숙 씨가 사들인 뼈 가운데는 국군 전사자들의 유해도 있었습니다.

1951년 6월 10일 인제 지구 전투에 참가한 리빙스턴 소위의 소대는 인제 북쪽 2km 지점에 매복하고 있던 중공군의 기습을 받았습니다. 적과 격전을

리빙스턴 다리(인제). 긴박했던 당시 상황을 보여주는 조형물들이 서 있다.
Livingston bridge(Inje Korea). The statues that show the tense situation at the time.

윌리엄 쇼 대위 동상(서울) / The statue of US navy
captain William Hamilton Shaw(Seoul Korea)

벌이다 작전상 후퇴를 하기 위해 강을 건너려 했어요. 그런데 그때 갑자기 폭우가 쏟아져 강물이 범람했습니다. 대부분의 소대원이 거센 물살과 중공군의 총격에 희생되었고 리빙스턴 소위도 중상을 입었습니다. 리빙스턴 소위는 후송된 후 세상을 떠났는데 그는 사망하기 전 특별한 유언을 했습니다. "이 강에 다리가 있었다면 그렇게 많은 부하가 희생되지 않았을 것"이라 한탄하며 미국에 있는 부인에게 "사재를 털어서라도 이곳에 다리를 놓아달라"라는 부탁을 남겼어요. 이를 전해 들은 그의 부인은 1957년 12월 4일 길이 150m, 폭 3.6m의 아이빔에 붉은 페인트를 칠한 나무 다리를 강 위에 놓았습니다.

서울 녹번동 은평평화공원에는 군복 차림의 미군 동상이 서 있습니다. 동상의 주인공은 1950년 9월 22일 서울 수복 작전 때 녹번리 전투에서 29세로 전사한 미 해군 대위 윌리엄 해밀턴 쇼입니다. 그는 선교사 윌리엄 얼 쇼의 외아들로 1922년 6월 5일 평양에서 태어났습니다. 미국에서 대학교를 졸업한 쇼 대위는 1947년 한국으로 돌아와 해군사관학교 교관으로 군 복무를 했습니다. 제대 후 하버드대에서 박사 과정을 밟던 중 6·25전쟁이 일어났지요. 그

때 쇼 대위는 "내 조국에 전쟁이 났는데 어떻게 마음 편히 공부만 하고 있겠는가. 조국에 평화가 온 다음에 공부를 해도 늦지 않다"라며 다시 군인이 되었습니다.

쇼 대위는 유창한 한국어 실력으로 맥아더 장군을 보좌하며 인천상륙작전에 참여했습니다. 그후 그는 해병대가 되어 서울 탈환 작전에 나섰다가 인민군의 습격을 받고 전사한 것입니다. 그의 아내는 하버드대 박사 과정을 마치고 서울로 와 이화여대 교수와 세브란스병원 자원봉사자로 평생을 헌신했어요. 그의 아들과 며느리도 하버드대에서 한국사 박사학위를 받고 한국으로 와 한·미 학술 교류에 힘썼습니다. 3대에 걸쳐 한국을 위해 몸 바쳐 일한 것입니다.

◉ 미국군 참전 기념비(경기도 파주시 문산읍 사목리 494-1)

미국군 참전 기념비는 임진각 평화누리공원 안에 있습니다. 참전비는 검은 삼각형 조형물 네 개가 모여 있는 형태로 만들어졌는데 이는 육·해·공군과 해병대의 참전을 의미한다고 합니다. 기념비 주변에 걸려 있는 국기 50개는 미국의 50개 주를 상징하지요. 기념비 앞에는 참전을 결정한 트루먼 당시 미국 대통령 동상이 있습니다. 또 그 앞에는 미 제2사단 6·25 참전비, 미 육군 제187공수전투단 참전 기념비, 일본계 미군 장병 추모비, 괌의 차모르 병사 추모비 등이 좌우로 서 있습니다.

16. The United States of America

The U.S. Navy and Air Force immediately responded to the North Korean aggression.

"We must do everything we can to stop those bad guys."

President Truman of the United States shouted this when he received a phone call that the North Korean communist forces had invaded South Korea. Soon after, the US government intervened immediately, and Korea, in crisis, was able to receive tremendous help.

On the morning of June 26, 1950, Korean time, the National Security Council was held in the United States. The participants of the meeting were key figures in charge of diplomacy and national defense, such as the Minister of State, Defense Minister, and Chief of Staff of the Army, Navy, and Air Force. At the second security meeting held again the next morning, it was decided that the US Far East Navy and Air Force could attack the North Korean forces that had crossed the 38th parallel. As a result, General MacArthur, commander of the Far East Forces, was able to command operations in Korea.

On June 26, the first two destroyers of the US Far East Navy entered Korean waters under the cover of air force aircraft. On the 27th, the cruiser Juno and the destroyer De Haven were ordered to destroy North Korean ships. The US Far East Air Force also conducted an attack on the enemy south of the 38th parallel. On the 26th, when North Korean yakis attacked a US transport plane, US F-82s launched an air battle and shot down three yakis. On the 29th, fifteen US fighter jets scrambled to attack the North Korean forces.

General MacArthur, who was in Japan at the time, came to Korea to inspect the front lines on the morning of the 29th. General MacArthur, who looked around the Han River defenses, judged, "We can save Korea from the invading forces only when the U.S. ground combat units are deployed." "In order to maintain the current front line and recover the lost land, we need to send in the US ground forces," he said. If you allow it, we will send one regiment combat group to this area and reinforce the two U.S. divisions stationed in Japan to carry out a counterattack operation." President Truman immediately approved the issue of sending one regiment combat group, with a decision to build two divisions later. On the 30th, the US Navy and Air Force were permitted to operate north of the 38th parallel.

During the Korean War, there were 1.38 million US troops. The Army had 590,000 men, of which 360,000 were in the US mainland and 230,000 were stationed abroad. The Far East Army had about 110,000 soldiers, of which there was an American in Japan closest to Korea. On June 30, it was decided that the U.S. ground forces would participate in the war.

In the case of the Army, it is organized into Group Army - Field Army - Corps - Division - Regiment - Battalion - Company - Platoon - Squad, and there are brigades that are intermediate between divisions and regiments. Each country is slightly different, but a squad is made up of 8 to 15 men, and an Army Group can have 400,000 to 1,500,000 men.

During the Korean War, the U.S. Army included the 8th Army, which included 1 field army, 3 corps, 8 infantry divisions, 1 marine division, and 2 regimental combat groups, as well as the Far East Air Force, Far East Navy, US 7th Fleet, and Japanese munitions. We have sent troops such as the headquarters. The annual number of people participating in the war reached 1789,000, and at most during the war, 300,000 troops were stationed in Korea. In 1952, when the number of UN forces was highest, in the case of ground forces, the ROK military accounted for 50%, the US military accounted for 40%, and countries other than the United

States participated in the war at 10%. Considering that the ROK military at that time was far behind that of the US in equipment and capabilities, it can be said that the operation of the Korean War was almost an operation of the US military.

First battle of the Smiths Battalion in Osan

The 24th Division was the first U.S. military unit to be deployed in the Korean War in Japan. On July 1st, the 1st Battalion, 21st Regiment, commanded by Lieutenant Colonel Smith, arrived at Busan Suyeong Airfield as the division's advance team. Lieutenant Colonel Smith received orders from the division commander, Major General Dean, to "stop the enemy by advancing as far north as possible from Busan." He formed a special task force consisting of infantry and artillery, set up a defensive position on the hill near Jukmiryeong, north of Osan, and deployed 406 infantrymen.

However, up to that point, the US military was full of pride and arrogance as the victorious army that defeated the strongest Germans and Japanese in World War II. So, I thought, "The North Korean communist forces will be afraid just by the fact that the US military has participated in the war, and they will run away just by seeing them in action." So I was optimistic that I would be able to return to Japan after one or two reconnaissance operations were completed. Until then, the US military had no intention of operating cooperatively with the ROK military.

The first meeting between the US and North Korean forces was on the morning of July 5th. The North Korean army had occupied Suwon and was on its way down to Osan. Seeing a North Korean division approaching with eight tanks ahead, Lt. Col. Smith ordered an artillery fire. However, the tank continued to move even after being hit by shells. When the tank approached 600m in front of Smith's position, the Americans fired a 75mm recoilless rifle and hit the tank. Surprisingly, however, the North Korean tank stopped for a moment, but continued to advance and climbed up to the high ground. The Smith Battalion, not aware of the power of the North Korean army armed with Soviet-made weapons, began to panic when they saw the tank.

North Korean tanks trampled the US infantry positions and attacked them. Communication with the artillery battalion to be supported was lost, and even if communication was established, the artillery could not be fired because the North Korean forces had already invaded the US positions. Instead of the friendly shells falling on the enemy line, enemy mortar and tank shells fell into the friendly trenches. The Americans suffered a devastating defeat in this battle, with 150 killed or missing out of 400 or so. Then, about 30 North Korean tanks passed through the battery positions. The 52nd Artillery Battalion lost all its artillery and 31 of its 131 men were killed or missing.

Two North Korean tanks were destroyed, but most of the other tanks made their way south past the US Smith's defenses. Through this battle, the North Korean army confirmed that US ground forces were involved, and General MacArthur was able to estimate the strength of the North Korean army.

Some people say that the first battle of Jukmiryeong is a shameful defeat for the arrogant American who failed to understand the enemy's strength. However, not all battles are successful unless you advance and plant a flag on the enemy's high ground. Defensive battles to defend where you need to be defended, and delayed battles that lengthen the time for other units to move are also well worth fighting for. The Smiths, who were engaged in a fierce battle, later realized that they were surrounded by the enemy. But the Smith battalion never gave up, They fought to the best of my ability, and they did their best to hold out until the right time. This battle, which lasted for six hours and fifteen minutes, was a meaningful battle that gave the ROK and UN forces time to prepare for a counterattack.

Colonel Robert Martin, commander of the 34th Regiment, 24th Division, U.S. 24th Division, had experience fighting in Europe during World War II with Major General Dean, commander of the 24th Division. Admiral Dean, who was aware of

Colonel Martin's bravery, called Colonel Martin, who was serving in Japan, and appointed him as the regimental commander. On July 8, the 34th Regiment and North Korean forces met in Cheonan. The Americans had to fight North Korean tanks with bazookas and grenades. Like a rifleman, Colonel Martin took up his own weapons and resisted the enemy. Colonel Martin bombarded the tank with a bazooka. Just then, tanks were fired at Colonel Martin. Colonel Martin killed at that point.

When Cheonan was breached, 8th Army Commander Walker ordered division commander Major General Dean to defend Daejeon until July 20. It needed time to deploy the 1st Marine Division, which will land in Pohang, on the Chupungnyeong Front. The road in Daejeon, a major transportation hub, stretched into five areas: Okcheon, Yuseong, Nonsan, Geumsan, and Jochiwon. So, the defense forces had to be divided, but the troops were terribly short. General Dean, an artillery expert, himself carried a bazooka and destroyed enemy tanks.

The division had to fight hard with the North Korean army without even being able to communicate with each subordinate unit as it came into Daejeon. The division, which lasted until the 20th, gave an order to withdraw, and Major General Dean gathered about 50 vehicles and went on the evacuation route. However, the driver of the vehicle in which General Dean was riding made the mistake of continuing to drive south past the road where he had to turn left in the Okcheon-Yeongdong direction. Enemies hiding by the roadside attacked, and the crew had to separate themselves and flee. Major general Dean hid into the mountains with several of his men, including his wounded. As he was going down the valley to find water for his wounded, Major General Dean tumbled and lost consciousness.

Dean, who regained his consciousness after the crew who had given up in search of his division commander left, was left alone in the mountains. Dean, who was sleeping during the day and looking at the constellations at night to avoid the enemy's eyes, ate a potato that had been abandoned in the field to appease his hunger, and he suffered from severe dysentery. Upon arriving at Jeoksang-myeon, Muju-gun, Jeollabuk-do, Major Dean entered a farmhouse and beckoned to get food. However, after spending two nights in the house, Major Dean went out again, and was informed by a villager that he was captured by the North Korean army.

Dean, who was taken to North Korea, suffered severe hardship while hiding his identity. The fact that Major General Dean was alive was made known to the world on December 18, 1951, in an interview with an Australian war correspondent. General Dean was released in exchange for the General of the People's Army during a prisoner exchange after the 1953 armistice.

The most fierce battle between Dabudong and Waegwan

The Battle of Dabudong and Waegwan is one of the battles to defend the Nakdong River and is considered the fiercest battle during the Korean War. On August 1, 1950, the North Korean army drove down the line connecting Jinju, Gimcheon, Jeomchon, Andong, and Yeongdeok. On July 20, Kim Il-sung arrived at Suanbo, where the North Korean Front Headquarters is located. There, he urged, "Be sure to occupy Busan by August 15." The North Korean commander's heart was very impatient when he was prompted.

That is why, in early August, the North Korean army attacking the Nakdong River defense line deployed five divisions, half of the troops it could mobilize, to the north of Daegu. It meant that North Korea would do their best to fight the Nakdong River. At that time, the western part of the Korean Peninsula was already occupied by the North Korean army, so they thought that it was only a matter of time to occupy Busan and occupy the entire Korean Peninsula if only Daegu were penetrated.

On August 3, the US military established the Nakdong River defense line linking Masan, Waegwan, and Yeongdeok. There were only three divisions, the

ROK 1st and 6th divisions and the US 1st Cavalry Division, in charge of defense of the area. Unfortunately, these three divisions were not connected to each other and each was fighting a difficult battle with the enemy.

On August 16, information came in that some 40,000 people of the People's Army were gathered in the area northwest of the Nakdong River in the Waegwan region. From 11:58 a.m. to 26 minutes, nearly 100 US B29 bombers scrambled and poured 960 tons of bombs on the area northwest of Waegwan, devastating enemy positions. The North Korean commanders, who were psychologically shocked, decided that they could no longer break through the Dabudong Front, so on August 20, they turned to the direction of Yeongcheon.

On the night of August 21st, the first tank battle of the Korean War took place in Dabudong Valley. The North Korean army used tanks and self-propelled artillery to attack at night. The US 27th Regiment and North Korean tank units exchanged tank guns with each other for five hours in Dabudong Valley. Soldiers of the 27th Regiment called the battle the "Battle of the Bowling Alley." It got its name from the fact that the shape of the fireball-like armor-piercing bullets piercing through the darkness and flying toward the opponent's tank through a narrow valley resembles the shape of a bowling ball sliding towards a pin standing on the opposite side.

Operation Chromite to overcome impossibility and save Korea

The coastal waters of Incheon had all the bad conditions for an amphibious operation, such as a narrow waterway and a 10m difference in the tidal range. However, General MacArthur persuaded his opponents by arguing that the enemy would also neglect their defenses because Incheon was not a suitable place for an amphibious operation.

In the fall of 1950, the only possible days for amphibious operations off the coast of Incheon were September 15, October 11, and November 3, as well as two or three days including these dates. However, since October is a late time for landing, it was decided that September 15 would be the most suitable day.

On August 26, MacArthur formed the X Corps to take charge of the amphibious operation. The main units were the US 1st Marine Division and the US 7th Infantry Division. However, when there was a shortage of troops, about 8,000 Korean youth were selected, trained in Japan, and then deployed to the operation. This is how KATUSA Soldiers, Korean soldiers assigned to the USFK, were born.

The ground force unit, which consists of a total of 70,000 troops, including 261 ships of the United Nations, led by the US 7th Fleet, and 2 divisions of the US Army, including two ROK regiments under the US 10th Corps, carried out the Operation Chromite at 2 am on September 15th. started. The amphibious operation was carried out in two stages: the first stage was to occupy Wolmi Island, and the second stage was to secure a bridgehead along the Incheon coast. During the first phase of the operation, the US Marine Regiment successfully landed on Wolmi Island while the US Navy was firing artillery fire. The US X Corps, which succeeded in the Incheon Landing, advanced to Seoul and reclaimed Seoul on September 27.

"There is no retreat, it is an attack in a new direction"

On October 1, 1950, ROK forces crossed the 38th parallel and pursued North Korean forces. A few days later, the UN forces also crossed the 38th parallel and advanced north. The unit that first set foot in Pyongyang was the ROK 1st Division. The 17th Regiment of the US 7th Division was the first United Nations unit to reach the upper border of the Yalu River. The ROK and UN forces were full of anticipation that the Korean Peninsula would be reunified and the war would soon end.

However, the Chinese Communist forces entered the war in November and the UN forces had to withdraw to the south. The commander of the UN forces, Marshal MacArthur, planned to attack and subdue the enemy first. According to the counterattack order, Major General Almond of the US X Corps, who was in charge of the eastern region, decided to advance north again targeting the border. Then, when the war situation in the Jangjin Lake area suddenly changed, Major Almond ordered all units near the Jangjin Lake to stop advancing north and move to Hamheung-Hungnam.

However, the US 1st Marine Division under the US 10th Corps was surrounded by 120,000 troops from 7 divisions under the 9th Corps of the Chinese Communist Army north of Jangjin Lake. The marine division had to break through the Chinese siege and move to Hamheung, but the road connecting Jangjin Lake and Heungnam was a single road in a narrow valley between the steep cliffs on both sides. In the interim, the Chinese attack drove the Marine Division into extreme pain and fear. Even at the end of November 1950, Jangjin Lake was so cold that the temperature dropped to minus 32 degrees Celsius. The Marine Division also had to fight another formidable foe: the extreme cold. Thousands of soldiers were frostbitten and their weapons froze and did not function properly. On December 4, China's Beijing Broadcasting Service broadcasted, "It is only a matter of time before the US 1st Marine Division is annihilated." However, the marine division broke through the Chinese encirclement and moved to Hagaruri at the southern end of Lake Jangjin. It took 77 hours to break through the 22km from Yudam-ri to Hagar-uri.

Hagaruri was the headquarters of the 1st Marine Division and its supply facilities. However, the 60th Division of the Chinese Communist Army had already moved further south to Gotori, blocking the road from Hagar-uri to Hamhung. In Hagaruri, there were 1,500 refugees as well as 10,000 American troops. Moreover, it seemed impossible to evacuate to Hamhung with 4,300 wounded.

At that time, General Turner, the transport commander of the Far East Army, proposed to "throw away all combat equipment and withdraw even the troops in the air". However, 1st Marine Division commander Major General Oliver Prince Smith insisted on withdrawing in the normal way.

"Retreat? We came here as a marine division. Retreat is nonsense! There has never been such a disgrace in the history of the Marine Corps."

Even the Marines shouted in indignation.

"There is no retreat for Marines!"

The division commander said to his crew.

"Satan is not withdrawing. It is an attack in a new direction by defeating the enemy in the rear and advancing to Hamheung."

After cutting off all support and supplies, the Chinese attempted to annihilate the Marine division. U.S. Air Force transport planes airborne all the ammunition, plasma, food, and gasoline needed for the isolated troops and refugees. Satan took the refugees and advanced with a bulldozer. It was so tired and cold that even the fear of war disappeared.

After a difficult battle, on December 11th, the US 1st Marine Division were all able to enter Hamhung. This ended the Battle of Jangjinho. During this operation, US troops lost 393 killed, 2,152 wounded and 76 missing. The 9th Corps of the Chinese Communist Army was annihilated at the Battle of Jangjin Lake, with huge losses in personnel. Thanks to this, the Chinese army's advance into Hamhung was delayed for two weeks, and it was possible to prevent the reinforcement of troops from threatening the US 8th Army on the Western Front. "The Battle of Jangjin Lake is the greatest offensive retreat in modern warfare," said Marshall, an expert in US military history.

There is an interesting anecdote related to the Battle of Jangjinho. The U.S. Marines, isolated on the Jangjin Reservoir, sent a message asking the rear supply units to send mortar shells. Among the Marines, mortar shells were called a slang term for 'TuSi roll', but the supply units, unaware of this, loaded real sight-roll candy into the plane and threw it at the Marines. These candys really piled up mountains among the soldiers.

But the misdirected 'TuSi roll' was just as useful as a mortar shell. In a situation where food is frozen and impossible to eat, 'TuSi rolls' have become a wonderful food. Also, when melted and glued, it hardens quickly due to the cold, so it was used to solder a hole in a fuel tank or helmet. The see-through roll was a candy that gave hope and joy to the Marines besieged by the enemy and saved them. So even now, They say that 'TuSi rolls' are distributed at the Jangjinho Battle Veterans' Association.

Miracle of christmas, Operation Heungnam Evacuation

At Heungnam Pier, a port close to Hamheung, 105,000 ROK and US troops, nearly 20,000 vehicles, and 35,000 tons of combat supplies were waiting to be moved. The U.S. Navy mobilized 125 transport ships, but ships were absolutely scarce. The order of withdrawal was also decided, and the 1st Marine Division was sent first and the units that suffered the most damage were to board the ship. On December 15th, the evacuation began, and a huge number of refugees flocked to the pier.

ROK Army Major General Kim Baek-il and interpreter Hyun Bong-hak asked the US military to put the refugees on the ship. General Almond, commander of the US X Corps, who had initially refused, was moved by their persuasion and changed his mind. General Almond persuaded the UN Command to conduct the evacuation operation from Hungnam, including the refugees. This enabled nearly 100,000 refugees to find freedom.

The last ship that left Heungnam on December 24 was the Meredith Victory, a 7,600-ton cargo ship. The ship's captain, Leonard Laroue, dumped the ship's cargo into the sea to make room for the refugees and carried 14,000 people. In the threr was no enough food and the weather was very cold. After three days of voyage, all the refugees arrived safely on Geoje Island, but the number had increased by five more. Five new babies were born on board. The US military gave newborn babies the name 'Kimchi'. In this way, 'kimchi' babies were born from No. 1 to No. 5. The Heungnam evacuation operation, which ended on December 25, is also referred to as the "Miracle of Christmas". The Meredith Victory entered the Guinness Book of Records in 2004 for the most lives saved by a single ship.

Activities of the 213th Artillery Battalion and the Navy and Air Force

The Gapyeong region was a strategic point in the midwest region that one had to pass through to enter Seoul. Therefore, there were many fierce battles during the Korean War. The US 213th Field Artillery Battalion, which participated in the Battle of Gapyeong during the Korean War, was composed of young men from the small towns of Sida, Fillmore, Beaver, St. George, and Litchfield in southern Utah. College students, educators, scholars, farmers and other ordinary civilians aged 17 to 23 years old, they were willing to participate in the war to protect the peace of a small country in the East.

At the end of May 1951, the Chinese Communist Army launched a massive offensive against the Gapyeong area. At that time, the US 213th Field Artillery Battalion was ordered to support the 21st Infantry Regiment, US 24th Infantry Division. However, the infantry division advanced to encircle the Chinese forces, and the artillery battalion was isolated without infantry cover. On the night of May 26, 4,000 Chinese troops attacked the headquarters and the narrow valley defended by headquarters battery and A battery.

The 240 men of the artillery battalion were brothers, relatives, and friends who grew up together in Utah. They united and fought desperately, led by battery commander Captain Ray Cox. As a result, they succeeded in defending the position, and without a single casualty, the Chinese killed 350 Chinese soldiers and 830 prisoners of war.

The US 40th Infantry Division was stationed in Gapyeong during the Korean War. Division commander General Joseph Cleland was moved to see Korean students studying in tent classrooms even during the war. The general, together with 15,000 division soldiers, raised $2 each to support the construction of the school. Initially, there was an opinion that the school should be named after General Cleland. However, the general asked for the name of Sgt. Kaiser, who was the first to be killed in the Korean War in the Korean War among the 40th Division soldiers. 'Kaiser Middle and High School' built in this way is now Gapyeong High School. General Cleland continued to support the school, visiting the school several times after the armistice.

The US Navy and Air Force participated in the Korean War on June 27, 1950. During the war, the U.S. Navy sent countless aircraft carriers, battleships, cruisers, and destroyers. Sixteen aircraft carriers alone were mobilized. The U.S. Navy successfully led major naval operations such as the Operation Chromite and the Heungnam Evacuation Operation, and supported the ground forces with naval aviation and artillery. The maritime transport units also carried a large number of troops and supplies.

During the Korean War, the US Far East Air Force Command, which was in Japan during the Korean War, conducted operations in Korea through its four subordinate units: the 5th Air Force, the Bombing Command, the 314th Air Division, and the 315th Air Division, the Combat Cargo Command. The US fighter-bombers that participated in the war were the B-26 and B-29.

Noblesse oblige shown by the American leadership

Lieutenant General Walton Walker came to Korea on July 13, 1950 as commander of the US Eighth Army. In the battle of the Nakdong River when our country was in the most serious crisis, he said, "We can no longer retreat, and there is no place to retreat any more. No matter what happens, there will never be a retreat," he encouraged his soldiers.

In December 1950, Captain Sam S. Walker, the son of General Walker, participated in the Korean War and was awarded the Silver Star Medal for Military Service. On the 23rd, while the general was traveling to celebrate his son's award, he had a vehicle overturn in Nohae-myeon (Dobong–dong, Dobong–gu), Yangju-gun, Gyeonggi-do. The general, who died on the spot, was crowned full general, and he was buried in Arlington National Cemetery, USA. Since then, Captain Sam Walker has been promoted to the youngest commander in U.S. military history, and is the only U.S. Army history to have his father and son promoted to general side by side.

Lieutenant General James Van Fleet was the commander of the Eighth Army. His son, Lieutenant Jimmy Van Fleet II, served as a B-26 fighter pilot. In April 1952, Lieutenant Van Fleet II went missing during a night bombing operation in the Suncheon area south of the Yalu River, after being shot down by enemy anti-aircraft guns. His staff said they would send 100 fighters to search, but General Van Fleet told him not to carry out unreasonable operations other than regular search operations. As the general's son, he shouldn't be given any special benefits, but he said that he should stop because there is a risk that other soldiers may be injured during the search operation of the enemy.

General Van Fleet, who referred to Korea as "a second home," made a decisive contribution to the establishment of the Military Academy and the reinforcement of the Korean military. Van Fleet first used the expression 'Miracle on the Han River' when he said it in 1962, long before the Miracle on the Han River. When the Five-Year Economic Development Plan began in 1962, Van Fleet gave a speech in the United States saying, "President Park Chung-hee's Republic of

Korea will surely succeed" in order to attract more American investment. The title of this speech was 'Miracle on the Han River'.

General Richard Whitcomb was the commander of U.S. military logistics during the Korean War. In early 1953, at the end of the war, when a big fire broke out in Busan, the general distributed military supplies such as military blankets, clothes, sausages, and flour to the citizens of Busan. Distributing military supplies to civilians was illegal and would result in military tribunals. General Whitcomb was brought before the US Congressional hearings. US lawmakers from the opposition parties all criticized the general, saying, "How can you distribute military supplies to civilians during a war?" At this time, General Whitcomb said proudly.

"War is not just about guns and swords. It is a real victory to serve the people of that country."

All the lawmakers, moved by the general's words, got up from their seats and applauded for a long time. Thanks to this, the general was able to return to Korea.

He did not return to America after the war was over. He was trying to find the remains of his men, who had to be left behind by the Chinese at the Battle of Jangjinho. Afterwards, General Whitcomb married Han Myo-suk, who was caring for war orphans, and continued the search for the remains of American soldiers left in North Korea. He did not own a single house until his death in 1982, and devoted all his energies to finding his men.

Her wife, Myo-suk Han, dedicated the rest of her fortune and passion to keep her husband's promise. Han Myo-suk, who obtained American citizenship by marrying an American, said that she went to North Korea to meet Kim Il-sung, and she also visited Jangjin-ho several times. North Koreans sent only long bones to Ms. Han Myo-suk, but 90% of them were fake. Still, Mr. Myo-suk Han gave them all her money as she asked and bought the bones. She said it was a fake, so if you didn't pay them, they would not bring any more bones and would not find any more remains, so they paid it knowingly. All of the bones were sent to the US military body excavation team and the Ministry of National Defense POW repatriation agency in Hawaii.

On June 10, 1951, Lieutenant Livingston's platoon participating in the Battle of Inje District was ambushed by the Chinese Communist forces 2km north of Inje. After a fierce battle with the enemy, he tried to cross the river in order to strategically retreat. Then suddenly, a heavy rain fell and the river overflowed. Most of the platoon members were killed by the strong currents and Chinese gunfire, and Lieutenant Livingston was also seriously injured.

Lieutenant Livingston died after being evacuated, and he made a special will before his death.

He lamented, "If there had been a bridge on this river, so many men would not have been sacrificed," and left a request to his wife in the United States to "build a bridge here, even if you had lost your money." Upon hearing this, his wife, on December 4, 1957, built a 150m long and 3.6m wide ivy-painted wooden bridge over the river.

At Eunpyeong Peace Park in Nokbeon-dong, Seoul, there is a statue of an American soldier in military uniform. The bronze statue is of US Navy Captain William Hamilton Shaw, who died at the age of 29 at the Battle of Nokburnley during Operation Seoul Restoration on September 22, 1950. He was born on June 5, 1922 in Pyongyang, the only son of missionary William Earl Shaw. After graduating from university in the United States, Captain Shaw returned to Korea in 1947 to serve as an instructor at the Naval Academy. After he was discharged from the military, the Korean War broke out while he was doing his PhD at Harvard University. At that time, Captain Shaw said, "There is a war in my country, how can I study comfortably? It is not too late to study after peace has come to the country."

Capt. Shaw, with his fluent Korean proficiency, assisted General MacArthur and participated in the Operation Chromite. After that, he became a Marine and embarked on an operation to retake Seoul, but was attacked by the People's Army and died. His wife completed her PhD at Harvard University and she devoted her life to Seoul, where she was a professor at Ewha Womans University and a volunteer at Severance Hospital. His son and daughter-in-law also received a doctorate in Korean history from Harvard University and came to Korea to engage in academic exchanges between Korea and the United States. It is a work devoted to Korea for three generations.

◉ Monument to the Participation of the US Army

(494-1 Samok-ri, Munsan-eup, Paju-si, Gyeonggi-do)

The U.S. Army Monument is located in Imjingak Pyeonghwa Nuri Park. The monument was made in the form of four black triangular sculptures, which means the participation of the Army, Navy, Air Force and Marines in the war. The 50 veterans flags hanging around the monument represent the 50 states of the United States. In front of the monument is a statue of then-US President Truman, who decided to participate in the war. Also, in front of it are the monument to the participation of the US 2nd Infantry Division on the 6/25th, the 187th Airborne Combat Team, the monument to the participation of the US Army, the memorial to Japanese American soldiers, and the memorial to the Chamorro soldier in Guam standing on the left and right.

의료지원국 참전 기념비 위에 세워진 조형물
The statue on a monument to the participation
of medical support countries

의료지원국

6·25전쟁이 치열해지면서 군인은 물론 민간인도 엄청난 피해를 입었습니다. 이에 유엔 안전보장이사회는 1950년 7월 31일 '한국 민간인에 대한 구호'를 결의했어요. 이 결의에 따라 유엔 회원국은 의료 및 물자를 지원하여 유엔군의 군사 작전과 한국의 민간인 구호에 큰 도움을 주었습니다. 또 이들이 전수해준 의료 기술과 장비 덕분에 우리나라의 의료 수준과 시설, 의료 체계 등이 크게 발전할 수 있었습니다. 6·25전쟁 때 여섯 나라가 의료 지원을, 38개 나라가 물자 지원을 했습니다. 이 책에서 의료지원국은 앞에 소개하고 물자 지원국은 뒤에 나라 이름만 적었습니다.

스웨덴

스웨덴은 의료 지원 의사를 유엔에 가장 먼저 밝혔고 가장 오랫동안 한국에서 의료 활동을 했습니다. 스웨덴은 영세중립국이었지만 1950년 7월 14일 1개 야전병원단을 파견하겠다고 유엔에 알렸지요. 파병안이 의회의 동의를 얻자 스웨덴 정부는 이 임무를 적십자사에 맡겼습니다. 모집한 지 한 달도 채 안 되어 600여 명이 전쟁터로 가서 일손을 거들겠다고 지원했습니다. 스웨덴 적십자사는 그중 의사, 간호사 등 176명을 뽑아 야전병원단을 만들었어요.

스웨덴 야전병원단은 9월 14일 부산항에 도착하였습니다. 미 제8군 배속되어 200개의 병상 규모로 이동 야전병원으로 운영될 계획이었습니다. 야전병원은 전투 지역과 가까운 곳에 설치되어 부상병을 일시적으로 수용하고 응급 치료를 하는 병원입니다. 그런데 유엔군 사령부는 스웨덴 적십자병원이 유엔군 부상자들을 한국 전선에서 일본으로 후송하기 전 일시 거쳐 가는 후송병원 역할을 하기 원했습니다. 그래서 스웨덴 적십자병원은 부산에서 활동하기로 했지요. 스웨덴 적십자병원은 부산상업고등학교에 차려졌습니다. 10월 초에는 내과, 외과, 소아과, 치과, 안과, 방사선과와 수술실, 연구실, 조제실이 갖춰진 병원을 열 수 있었습니다. 스웨덴 적십자병원은 6년 6개월 동안 한국에서 활동하였습니다.

1951년 말 아군이 중공군에게 밀리면서 환자 수가 엄청나게 늘어났습니다. 더구나 겨울이 되면서 동상 환자도 많아졌어요. 스웨덴 병원에서는 부상한 군인뿐만 아니라 노무자, 적군 포로, 한국 민간인까지 가리지 않고 치료했습니다. 의료진은 몰려드는 많은 환자에 쉴 틈이 없었지요. 정신과와 소아과 진료를 담당했던 스웨덴 의사 그루네발트 씨는 2010년 6월 동아일보와의 인터뷰에서 당시 상황을 다음과 같이 회상했습니다.

"부산 도착해 보니 일회용 반창고도 제대로 없었습니다. 한국인은 끝까지 고통을 참으며 부상을 이겨냈습니다. 이런 한국인 모습은 내가 힘든 시기를 겪을 때마다 극복하는 힘이 되었습니다."

미 육군 전사에는 "400개의 병상을 갖춘 후송 병원이었던 스웨덴 적십자병원은 열 명의 의사 중 여덟 명이 외과 의사였기 때문에 후방의 이동 외과 병원처럼 기능했다"라고 기록되어 있습니다. 스웨덴 병원 의료진은 다른 병원에서 의뢰하는 방사선 촬영을 지원하고 민간 병원이던 철도병원과 적기병원에는 스웨덴 간호사를 파견하여 근무하게 했어요. 또 내과, 외과 의사들은 매주 한 번씩 이들 병원에 가서 한국 의사들에게 의료 기술을 가르치고 환자 치료도 했습니다. 1952년부터는 어린이 병실을, 1953년 4월에는 결핵 환자를 위한 병상을 따로 만들기도 했지요. 결핵 병동의 진료비는 전액 무료였어요. 스웨덴 의사와 간호사들은 결핵 퇴치를 위해 부산 전역에서 결핵 예방 주사

스웨덴 참전 기념비(부산)
The monument to the participation of Sweden in the Korean War(Busan Korea)

인 BCG접종에 나서기도 했습니다.

스웨덴 병원에서 일하는 직원의 근무 기간은 6개월이었습니다. 그런데 체류 기간을 연장하거나 재파견을 자원한 경우도 많아 1~2년 이상 장기 근무자들도 있었어요. 스웨덴에서 보내오는 의료 기자재나 수술 장비는 질이 좋았고 의약품이나 혈액도 넉넉했습니다. 파견대 이외에도 스웨덴의 이름난 의사들이 스스로 한국에 와 봉사하기도 했습니다.

1953년 정전협정이 맺어진 후 스웨덴 적십자병원은 부상한 군인은 물론 가난한 사람들을 무료로 치료하는 병원이 되었습니다. 스웨덴 병원은 한국 병원에서 치료하기 어려운 수많은 중환자의 생명을 살렸어요. 또 스웨덴은 노르웨이, 덴마크와 긴밀히 협조하여 서울에 국립의료원 설립하였습니다. 1957년에 설립된 이 병원은 이 세 나라에 의해 10년 동안 공동 운영되며 한국 의학 발전에 큰 도움을 주었습니다.

인도

인도는 1947년 8월 15일 독립한 후 중립국임을 내세웠습니다. 유엔 안전보장이사회의 비상임 이사국이었던 인도는 한국에 유엔군을 보내는 것에 대해서는 지지하지 않았습니다. 그래서 군사 원조를 결의할 때는 기권하였지요. 하지만 유엔이 '한국 민간인에 대한 구호'를 결의하자 의료 지원 부대 파견을 결정하였고 의료지원국 중 가장 많은 의료진을 한국에 보냈습니다. 인도 정부는 제2차 세계대전에 참전했던 제60야전병원을 한국에 보내기로 했습니다. 이 야전병원은 공수 훈련을 받은 의무 장병 등 총 331명으로 구성되었어요. 이들 구성원 대부분은 제2차 세계대전뿐만 아니라 인도 서북부 국경의 캐시미르 산악 지대에 18개월간 배치된 경험이 있는 사람들이었습니다.

한국에 온 인도 야전병원은 당시 북진 중이던 영국군 제27여단을 지원하기 위해 1950년 12월 4일, 6개월분의 의약품과 장비를 가지고 평양으로 이동했습니다. 그런데 중공군의 개입으로 인도 의료진은 평양에서 철수해야 했어요. 그때 제60야전병원은 정상적으로 철수하기 위한 수송 수단을 확보할 수 없었습니다. 가지고 간 의료 장비와 의약품을 포기해야 하는 것은 물론 대원들의 안전도 보장받기 어려웠습니다. 하지만 인도 의료진은 자신들이 가진 귀중한 장비와 의약품을 버릴 수 없었습니다.

그런데 대원들이 평양역 구내를 정찰하던 중 방치된 기관차와 덮개가 있는 화차 몇 대를 우연히 발견했습니다. 위생병 중에 기관차 조수로 근무한 경력이 있는 대원이 있었지요. 그가 기관차를 움직였고 전 대원은 기관차에 화차를 연결했습니다. 석탄을 구할 수 없어 목탄을 모으고 물탱크에 물을 채운 후 모든 의료 장비와 의약품을 빠짐없이 화차에 실었습니다. 인도 야전병원을 태운 기차는 12월 5일 낮 평양역을 출발했어요. 그리고 미 공병대가 대동강 철교를 폭파하기 직전 그 다리를 통과하는 데 성공했습니다. 이 열차는 당

의료지원국 참전 기념비 / The monument to the participation of medical support countries

시 평양에서 남쪽으로 내려오는 마지막 열차가 되었습니다.

1950년 12월 31일, 중공군의 신정 공세가 시작되자 의정부 북쪽에 있던 인도 야전병원은 부상자로 넘쳐났습니다. 숙련된 의료 기술과 투철한 봉사 정신을 가진 인도 의료진은 중환자를 응급 조치하여 후방 병원으로 보내는 데온 힘을 다 쏟았습니다. 겨울에는 혹한을 극복해야 하는 또 다른 어려움도 있었어요. 액체로 된 의약품이 얼거나 파손될 우려가 있어 각별한 주의가 필요했습니다. 그래서 제60야전병원의 마취과 의사들은 수술 시 기체로 된 마취약을 사용했습니다. 겨울의 야전병원 난로가에서 불이 붙을 위험이 있었지만 다른 도리가 없었습니다.

1951년 3월 하순 유엔군 사령부는 공산군의 퇴로를 막기 위해 문산 지역에 공수부대를 투하하는 작전을 준비했습니다. 이 임무는 미 제187공수연대 전투단이 맡았고 제60야전병원은 지원 부대로 포함되었어요. 부대원 전원이 본국에서 공수 낙하 훈련을 받은 인도 야전병원은 군의관 다섯 명 등 열세 명으로 편성된 외과반을 파견했습니다. 인도 공수 의료 파견대는 4,000여 명의 미 공수부대원들과 함께 C-119 수송기를 타고 문산 지역으로 이동하여 공수 낙하했지요. 무사히 낙하한 인도 의료 파견대는 서둘러 의료소를 만들고 낙하 과정과 문산리 일대 전투에서 발생한 부상병들을 치료했습니다.

1951년 10월 3일 영연방 제1사단의 제임스타운선 진격 작전이 시작되었습니다. 인도 야전병원 대원들은 의약품과 수술 기구를 가지고 공격 부대의 뒤를 따랐습니다. 험한 지형인 그곳에서 대원들은 부상자들을 응급 조치하고 후송 활동도 활발하게 벌였습니다. 그런데 부상자를 후송하던 중 의료 요원 두 명이 공산군의 총격과 포격에 전사하고 열네 명이 부상했습니다. 의료진도 전투 요원 못지않게 위험하고 힘든 상황을 겪어야 했던 것이지요.

1952년 후반기, 공산군의 야포 및 박격포 사격이 늘어났고 포탄은 후방 지역까지 날아들었습니다. 9월 중순에는 중공군 포탄이 제60야전병원 본부에 떨어져 한 명이 전사하고 일곱 명이 중상을 입는 일도 있었어요. 또 작업 중이던 두 명이 파편상을 입었는데 이들은 치료를 위한 후송을 거부하고 응급 조치만 받은 후 아군 부상병 치료에 전념했습니다.

휴전 후 인도 정부는 포로 중 중립국으로 가기 원하는 '송환 거부 포로'를 관리하기 위해 인도 관리군을 파견하였습니다. 제60야전병원은 그동안 배속되었던 영연방 사단을 떠나 인도 포로송환관리단에 합류하여 1954년 2월까지 포로 송환 업무를 지원하였습니다.

덴마크

덴마크는 한국에 의료 지원을 하기 위해 덴마크와 뉴욕을 오가던 8,500t급 상선 유틀란디아호를 병원선으로 개조하였습니다. 유틀란디아호에서는 100명 내외의 인원이 복무했어요. 이때 간호사로 지원한 사람은 200여 명이 었는데 그중 평균 40세의 경험자 30명을 선발하였습니다. 병원선의 사령관

해머리히는 예비역이었는데 현역에 복귀하여 한국행을 지원했습니다. 유틀란디아호는 5주가 넘는 항해 끝에 1951년 3월 7일 부산에 도착하였습니다. 유틀란디아호는 400개에 가까운 병상과 의료 시설 외에도 오락실, 도서실 등을 갖추고 있었습니다. 그래서 한국 사람들은 이 병원선을 '황홀한 병원 천국'이라 불렀어요.

유틀란디아호가 한국에 왔을 때는 유엔군이 38도선으로의 반격 작전을 펼치고 있을 때였습니다. 유틀란디아호는 부산항에 정박하고 있다가 적 포격의 위험을 무릅쓰고 전방 지역 항구로 이동하여 의료 지원 활동을 펼쳤습니다. 그런데 덴마크 병원선에는 특별한 고충이 하나 있

의료지원국 참전 기념비
The monument to the participation of medical support countries

었습니다. 그것은 등화관제 문제였어요. 등화관제는 적에게 노출되는 것을 막고 야간 공습이나 포격 등의 목표가 되는 것을 방지하기 위해 조명을 켜지 않는 것입니다. 원래 병원선은 보호받을 수 있도록 제네바협약에 정해져 있습니다. 하지만 적십자 표시등이 켜져 있을 때만으로 한정되어 있습니다. 적십자 표시등을 끄면 병원선으로서 보호받을 수 없지만 그렇다고 불을 켜면 그 근처에서 유엔군이 군사 작전을 펼치고 있다는 것이 드러나지요. 덴마크 병원선은 유엔군과 협의하여 안전한 항구에서는 등화관제를 해제하고 그 밖의 경우에는 불을 끄기로 했습니다.

병원선의 의료진은 전선에서 몰려드는 전상자를 치료하느라 바쁜 중에도

육지에 내려 어린이 병원에서 진료를 돕고 의약품을 제공하기도 했습니다. 1951년 7월부터는 민간인의 입원과 치료도 허용했어요. 1951년 7월에 교대를 위해 덴마크로 돌아갔던 유틀란디아호는 11월 26일 다시 부산항으로 돌아왔습니다. 병원선은 요원들의 휴가와 병원선 정비 등을 위해 며칠 동안 일본으로 가 있는 일이 많았습니다. 이때마다 30일 안에 전선으로 돌려보낼 수 없는 부상자들을 일본으로 실어날랐지요. 병원선이 일본에 가 있는 동안 한국에 남은 덴마크 의사와 간호사 중 일부는 자신들의 휴가를 반납하고 전방 야전병원이나 의무부대에서 외과 수술을 지원하기도 했습니다. 유틀란디아호가 세 번째로 한국에 올 때는 헬리콥터 한 대를 싣고 왔습니다. 이 헬리콥터 덕분에 전선의 응급 환자를 더욱 빠르게 병원으로 옮길 수 있었어요.

1951년 6월 30일, 당시 유엔군 사령관은 유틀란디아호를 휴전 회담 장소로 정하자고 제안하였습니다. 덴마크 정부도 이 제의에 동의해 모든 편의를 제공하려고 하였어요. 하지만 공산군 측이 거부하여 회담은 유틀란디아호가 아닌 판문점에서 열렸습니다. 유틀란디아호는 교대를 위한 몇 차례의 귀국 길에 태국, 영국, 벨기에, 에티오피아, 튀르키예, 프랑스, 그리스, 네덜란드 등 다른 참전국 부상자, 포로 등 수백 명을 배에 태워 도중에 이들 국가마다 내려주는 등 유엔군의 귀국도 지원했지요. 덴마크, 노르웨이, 스웨덴 세 나라는 서로 협조하여 서울에 국립의료원 설립하여 한국 의학 발전에 큰 도움을 주었습니다.

노르웨이

노르웨이는 당시 유엔 안전보장이사회 비상임 이사국이었습니다. 유엔의 군사 지원 결의안에 찬성표를 던진 것은 물론 1950년 7월 초순 해상 운송을 위한 선박을 지원하겠다고 유엔에 세의했어요. 노르웨이는 유엔의 요청에 따라 적십자사를 통해 의료 지원 부대를 파견하기로 했습니다. 6월 22일 한국에 도착한 노르웨이 대원 83명은 미 제1군단을 지원하기 위해 동두천으로 이동하여 천막 임시 건물에서 진료를 시작했습니다. 노르웨이 외과는 참전 기간 중 크고 작은 수술을 합하여 총 9,600회의 수술을 했습니다. 하루 평균 8회의 수술을 한 셈이지요. 전선에서 치열한 전투가 계속될 때는 하루 64회의 수술을 한 기록도 있습니다. 1953년 7월 노르웨이 의료진 중 한 명이었던 페르 외베란 씨가 가족에게 보낸 편지를 보면 당

노르웨이 참전 기념비(유엔기념공원)
The monument to the participation of Norway in the Korean War(UNMCK)

시 의료진들이 얼마나 긴박한 상황에 처했는지 알 수 있습니다.

"지난 몇 주간 야전병원 역사상 가장 길고 분주했던 시간을 경험했습니다. 한번은 조금 숨을 돌릴 수 있나 싶었는데, 곧 엄청나게 많은 부상자가 이송되어 오더군요. 태어나서 제 두 눈으로 보았던 가장 참혹한 부상자의 모습을 보았습니다. 두 명의 한국 군인이었는데, 한 명은 온몸에 95%의 화상을 입었고, 다른 한 명은 80%의 화상을 입었습니다. 이들은 벙커 속에 있었는데, 중공군이 쏜 화염방사기에 크게 부상했다고 합니다. … 이들 두 부상자는 밤새 괴로워하다가 결국 숨을 거두었습니다."

노르웨이 야전병원에서 가장 바쁜 부서는 방사선과였습니다. 전선에서 전투가 한창일 때는 촬영 업무가 폭주하였지만 한가할 때는 지역 내 장병들의 건강 검진을 위한 가슴 촬영도 지원했습니다. 노르웨이 의료진의 근무 기간은 6개월이었고 전쟁 중 일곱 차례 교대가 있었습니다. 연인원 623명이었는데 그중 100명 이상은 스스로 복무 기간을 연장하여 1~2년 동안 한국에서 근무하였습니다. 또 그들은 틈나는 대로 민간 병원에서 의료 봉사를 하였지요.

노르웨이 참전자 중 운전병 크리스티안센 하사와 라이새터 중위 외 항해기술자 한 명 등 세 명이 전쟁 중 한국에서 사망하였습니다. 이들은 의료 부대를 지원하는 동안 피격되거나 교통 사고 등으로 희생되었습니다. 노르웨이도 덴마크, 스웨덴과 협조하여 서울에 국립의료원을 설립하였습니다.

이탈리아

이탈리아는 6·25전쟁이 일어날 당시 유엔 회원국이 아니었습니다. 그럼에도 불구하고 의료 부대를 파견했어요. 이탈리아는 참전국 중 단 하나뿐인 유엔 비회원국이었습니다. 이탈리아 파견 제68적십자병원는 의무 장교, 간호사, 약제사 등과 이들을 지원할 사병 50명 등 60여 명으로 편성되었습니다. 이들은 수많은 의약품과 부수 장비를 가지고 수송선으로 1951년 11월 16일 한국에 도착했습니다. 제68적십자병원은 12월 6일 서울 영등포 우신초등학교에 병원을 열었지요.

이탈리아 적십자병원은 전선에서 후송되는 부상자뿐만 아니라 민간인 치료에도 성실히 임했습니다. 1952년 9월 17일 구로동 부근에서 경인선 열차 충돌 사고가 났을 때 이탈리아 적십자병원은 응급 비상 대기반을 현장으로 출동시켜 구조 활동을 펼쳤습니다. 그런데 1952년 11월 말에는 원인을 알 수 없는 화재로 병원 건물이 소실되는 피해를 입었습니다. 인명 피해는 없었지만 귀한 의료 장비들이 불에 타버렸어요. 이탈리아 적십자병원은 화재가 난 지 3개월도 안 되는 1953년 2월 23일 새로운 퀀셋 건물을 완공했습니다. 그리고 이전보다 더 많은 의료 장비를 확보하였지요.

1953년 정전협정이 맺어진 후에도 제68적십자병원에는 많은 환자가 있었습니다. 그래서 이탈리아 의료진의 업무는 1년 후까지 계속되었어요. 민간인도 많이 진료했는데 당시 민간인 입원 환자의 대부분이 기생충 관련 환자였음이 밝혀졌습니다. 이에 이탈리아 의료진은 본국으로부터 긴급히 구충제를 지원받아 기생충 박멸 사업에도 공헌했습니다.

독일

서독이라 불리던 통일 전 독일은 전쟁이 끝난 후 우리나라에 의료진을 보냈습니다. 제2차 세계대전이 끝난 후 서독에는 반공 정권이 세워졌지만 여전히 점령국의 지배받는 처지라 주권 회복이 우선 과제였지요. 그런데 1953년 4월 7일, 서독 총리는 야전병원을 파견하겠다고 아이젠하워 미국 대통령에게 제안했습니다. 그 소식을 들은 한국 정부는 "제 나라 부흥도, 통일도 채 이루지 못한 패전국이 이토록 원조할 수 있다는 점에 놀랄 일"이라는 반응을 보였습니다.

서독 의료진은 항공기로, 병원 시설은 배로 이동하였는데 선발대는 1954년 1월 하순 서울역에 도착했습니다. 서독 적십자병원은 부산 서대신동에 있는 부산여고 건물을 인수하여 5월 17일에 첫 환자를 받았습니다. 서독 병원이 문을 열자 새벽부터 진료를 받으려는 환자들이 몰려들었어요. 환자들끼리 다투기도 하고 질서 유지를 위해 나누어준 진료권이 암시장에서 비싼 값에 팔리기도 했습니다. 서독 의사들이 치료를 잘한다고 소문나자 가난한 사람들뿐만 아니라 형편이 넉넉한 환자들도 서독 적십자병원에서 진료를 받으려고 했어요. 가난한 사람들을 우선 치료해주었던 서독 병원에서는 이런 문제를 해결하기 위해 직원이 진료권을 나누어줄 때 환자 상태와 함께 빈곤 상황을 고려하기도 했습니다.

서독 적십자병원은 1954년 5월에 개원하여 1959년 2월까지 진료를 계속하였습니다. 그럼에도 독일은 전쟁이 끝난 후 한국에 의료진을 파견했기 때문에 한동안 의료지원국에 속하지 않았어요. 그런데 2018년 우리 정부가 독일의 의료 지원 활동에 대한 학계의 의견을 모아 독일을 의료지원국에 포함하게 되었습니다.

◉ 의료지원국 참전 기념비(부산시 영도구 동삼동 1016-119)

의료지원국 참전 기념비는 부산 태종대 유원지 입구에 세워졌습니다. 20m 높이의 탑에는 적십자 표시와 의료지원단을 보낸 여섯 나라의 국기가 붙어 있어요. 탑 아래 양쪽 기단에는 부상자를 부축하는 모습의 동상이 서 있고, 기단 뒤쪽 벽에는 병원 주둔지가 표시된 한반도 지도와 참전 약사를 새긴 동판이 붙어 있습니다.

◉ 물자를 지원해준 나라(38개국)

과테말라, 도미니카, 라이베리아, 레바논, 리히텐슈타인, 멕시코, 모나코, 바티칸시티, 버뮤다. 베네수엘라, 베트남, 사우디아라비아, 스위스, 시리아, 아르헨티나, 아이슬란드, 아이티, 에콰도르, 엘살바도르, 오스트리아, 온두라스, 우루과이, 이란, 이스라엘, 이집트, 인도네시아, 일본, 자메이카, 캄보디아, 코스타리카, 쿠바, 타이완, 파나마, 파라과이, 파키스탄, 페루, 칠레, 헝가리

Medical Support Countries

As the Korean War intensified, not only soldiers but also civilians suffered tremendous damage. Accordingly, on July 31, 1950, the UN Security Council resolved to "relief for Korean civilians." In accordance with this resolution, UN member states provided medical and supplies, which greatly helped the UN military's military operations and the relief of civilians in South Korea. Also, thanks to the medical technology and equipment they passed on, Korea's medical standards, facilities, and medical system were able to develop significantly.

During the Korean War, six countries provided medical support and 38 countries provided material support. In this book, the Medical Support Countries is introduced first, and the Material Support Countries are written only the name of the country on the back.

Sweden

Sweden was the first to announce its intention to provide Medical Support to the United Nations, and it has been in Korea for the longest time. Sweden was a permanently neutral country, but on July 14, 1950, it informed the United Nations that it would dispatch one field hospital corps. After the draft was approved by parliament, the Swedish government entrusted this task to the Red Cross. Within a month of recruiting, more than 600 people went to the battlefield and applied to help. The Swedish Red Cross selected 176 of them, including doctors and nurses, to create a field hospital corps.

The Swedish Field Hospital Group arrived at Busan Port on September 14. It was assigned to the US 8th Army and was planned to be operated as a mobile field hospital with 200 beds. A field hospital is a hospital that is installed close to the battle area to temporarily accommodate wounded soldiers and provide emergency treatment. However, the UN Command wanted the Swedish Red Cross Hospital to serve as a temporary evacuation hospital before evacuating the UN soldiers from Korea to Japan. So, the Swedish Red Cross Hospital decided to work in Busan. The Swedish Red Cross Hospital was established at Busan Commercial High School. In early October, we were able to open a hospital with internal medicine, surgery, pediatrics, dentistry, ophthalmology, radiology and operating rooms, laboratories and dispensing rooms.

The Swedish Red Cross Hospital has been active in Korea for 6 years and 6 months. At the end of 1951, the number of patients increased dramatically as our allies were defeated by the Chinese. Moreover, as winter came, the number of frostbite patients increased. The Swedish hospital treated not only wounded soldiers, but also laborers, prisoners of war and Korean civilians. The medical staff did not have time to rest due to the large number of patients.

Swedish doctor Grunewald, who was in charge of psychiatric and pediatric care, recalled the situation at the time in an interview with the Dong-A Ilbo in June 2010:

"When I arrived in Busan, there were no disposable bandages. Koreans endured the pain to the end and overcame the injury. This kind of Korean appearance has given me strength to overcome whenever I go through a difficult time."

A U.S. Army warrior wrote: "The Swedish Red Cross Hospital, which was a 400-bed evacuation hospital, functioned like a rear mobile surgical hospital, as eight out of ten doctors were surgeons."

Medical staff at Swedish hospitals supported radiography commissioned by other hospitals, and Swedish nurses were dispatched to work in railroad hospitals and red flag hospitals, which were private hospitals. Also, internal medicine and surgeons went to these hospitals once a week to teach Korean doctors medical techniques and to treat patients. In 1952, a children's ward was created, and in April 1953, a separate bed was made for tuberculosis patients. The cost of treatment in the tuberculosis ward was completely free. Swedish doctors and nurses even started to vaccinate BCG, a tuberculosis vaccine, across Busan to fight tuberculosis.

The tenure of an employee working in a Swedish hospital was 6 months. However, in many cases they extended their stay or volunteered to be re-dispatched, so there were some long-term workers for more than one or two years. Medical equipment and surgical equipment sent from Sweden were of good quality, and medicines and blood were plentiful. In addition to the delegation, well-known doctors from Sweden also came to Korea to volunteer.

After an armistice was signed in 1953, the Swedish Red Cross Hospital became a free hospital for the poor as well as the wounded. Swedish hospitals have saved the lives of many critically ill patients that are difficult to treat in Korean hospitals. In addition, Sweden established the National Medical Center in Seoul in close cooperation with Norway and Denmark. Founded in 1957, the hospital was jointly run by these three countries for 10 years and has contributed greatly to the development of Korean medicine.

India

After gaining independence on August 15, 1947, India claimed to be a neutral country. India, a non-permanent member of the UN Security Council, did not support sending UN forces to South Korea. So when UN decided to give military aid, India abstained. However, when the United Nations resolved to "relief for Korean civilians," India decided to dispatch medical support units and sent the largest number of medical personnel among medical support countries to Korea.

The Indian government decided to send the 60th Field Hospital to Korea, which served in World War II. This field hospital has a total of 331 people, including medics who have received airborne training. Most of these members had 18 months of experience serving in World War II as well as the Kashmir Mountains on the northwestern border of India.

The Indian Field Hospital that came to Korea moved to Pyongyang on December 4, 1950 with 6 months' worth of medicines and equipment to support the 27th Brigade of the British Army, which was advancing north at the time. However, the intervention of the Chinese forces forced the Indian medical staff to withdraw from Pyongyang. At that time, the 60th Field Hospital was unable to secure the means of transport for a normal evacuation. It was difficult to ensure the safety of the crew as well as having to give up the medical equipment and medicines they brought with them. However, Indian medical staff could not throw away their valuable equipment and medicines.

However, while the crew was scouting the premises of Pyongyang Station, they stumbled upon an abandoned locomotive and several covered wagons. One of the medics had experience working as a locomotive assistant. He moved the locomotive and the ex-members hooked up a wagon to the locomotive. Since coal was not available, they gathered charcoal, filled water tanks with water, and loaded all the medical equipment and medicines into the wagons.

The train carrying the Indian Field Hospital left Pyongyang Station during the day on December 5th. And they succeeded in passing through the bridge just before US engineers bombed the Taedong River Bridge. It was the last train descending south from Pyongyang at the time.

On December 31, 1950, when the Chinese Communist Army's theocratic offensive began, an Indian field hospital in the north of Uijeongbu overflowed with wounded people. Indian medical staff with skilled medical skills and a strong spirit of service put all their efforts into delivering first aid to critically ill patients and sending them to the rear hospital. Another challenge was to overcome the severe cold in winter. There is a risk that liquid medicines may freeze or break, so special attention was required. So the anesthesiologists at the 60th Field Hospital used gaseous anesthetics during the operation. There was a danger of a fire in the hearth of a field hospital in winter, but there was no other way.

In late March 1951, the UN Command prepared an operation to drop paratroopers in the Munsan area to prevent the communist forces from retreating, including the point crossing the Imjin River. This mission was assigned to the US 187th Airborne Regiment Combat Team, and the 60th Field Hospital was included as a support unit. The Indian Field Hospital, where all members of the unit received paratrooper training in their home country, dispatched a surgical team composed of thirteen including five surgeons. The Indian Airborne Medical Detachment, along with 4,000 US paratroopers, took a C-119 transport plane to the Munsan area and airborne it. The Indian medical contingent, which fell safely, hurriedly set up a medical center and treated wounded soldiers during the fall process and the battle around Munsan-ri.

On October 3, 1951, the 1st Commonwealth Division's attack on the Jamestown Line began. Members of the Indian Field Hospital followed the attacking force with medicines and surgical instruments. In the rugged terrain, the crew first aided the wounded and actively carried out evacuation activities. However, while evacuating the wounded, two medical personnel were killed by communist gunfire and artillery fire and 14 others were injured. The medical staff had to go through as dangerous and difficult situations as the combat agents.

In the second half of 1952, communist artillery and mortar fire increased, and the shells reached the rear area. In mid-September, Chinese artillery shells fell on the headquarters of the 60th Field Hospital, killing one person and seriously injuring seven others. In addition, two people on the job suffered fragmentation injuries, who refused to be evacuated for treatment and only received first aid before concentrating on treating allied wounded soldiers.

After the armistice, the Indian government dispatched Indian officials to manage the refusal to repatriate prisoners of war who wanted to go to a neutral country. The 60th Field Hospital left the British Commonwealth division to which it was assigned, joined the Indian POW Repatriation Management Group and supported the repatriation of POWs until February 1954.

Denmark

Denmark converted the 8,500-ton commercial ship Jutlandia between Denmark and New York into a hospital ship to provide medical support to Korea. About 100 people served on the Jutlandia. At this time, about 200 people applied as nurses, and 30 people with an average age of 40 were selected based on their experiences. The commander of the hospital ship, Hammerrich, was a reservist, but voluntarily returned to active duty and supported the trip to Korea.

The Jutlandia arrived in Busan on March 7, 1951, after more than five weeks of voyage. In Jutlandia, she had nearly 400 beds and medical facilities, as well as an arcade and library. That's why Koreans called this hospital ship "a ecstatic hospital paradise."

When the Jutlandia came to Korea, the UN forces were carrying out a counterattack operation to the 38th parallel. So she was moored at the port of Busan, and she risked enemy bombardment and she moved to the local port in front of her to provide Medical Support to her.

However, the Danish hospital ship had a special problem. It was a light control problem. Light control is to turn off lights to avoid exposure to enemies and to avoid being targeted by night air strikes or artillery fire. Originally, hospital ships were stipulated in the Geneva Conventions to be protected. But only when the red cross light is on. If you turn off the red cross lights, you will not be protected as a hospital ship, but if you turn on the lights, it will be revealed that UN forces are conducting military operations nearby. The Danish hospital ship, in consultation with the UN forces, has decided to turn off the lights in safe ports and turn off the lights in other cases.

The medical staff of the hospital ship even landed on land while they were busy treating the wounded who flocked from the front line to provide medical care and medicines at the children's hospital. From July 1951, hospitalization and treatment of civilians were also allowed.

She returned to Denmark for her shift in July 1951, and Jutlandia returned to Busan Port again on November 26. Her hospital ships often went to Japan for several days for her agents' vacations and maintenance of the hospital ships. Each time she carried the wounded to Japan, who could not be returned to the front lines within 30 days. While the hospital ship was in Japan, some of the Danish doctors and nurses who remained in Korea returned their vacations and supported surgical operations at forward field hospitals or medical units.

The third time the Jutlandia came to Korea, she was carrying a helicopter. Thanks to this helicopter, we were able to get emergency patients on the front lines to the hospital more quickly.

On June 30, 1951, the commander of the UN forces proposed that the Jutlandia be the site of the armistice talks. The Danish government also agreed to the offer and tried to provide all the conveniences. However, the communist forces refused, so the meeting was held at Panmunjom, not on the Jutlandia.

The Jutlandia returned home from the UN forces, carrying hundreds of wounded and prisoners of war from other warring countries such as Thailand, England, Belgium, Ethiopia, Turkie, France, Greece and the Netherlands on the ship and dropping them off to each of these countries on the way. also supported. Denmark, Norway, and Sweden cooperated with each other to establish the National Medical Center in Seoul, which greatly contributed to the development of Korean medicine.

Norway

Norway was then a non-permanent member of the UN Security Council. Not only did they vote in favor of the UN resolution on military aid, but in early July 1950, they proposed to the UN to support ships for sea transport.

Norway has decided to send medical aid units through the Red Cross at the request of the United Nations. On June 22, 83 Norwegian crew members who arrived in Korea moved to Dongducheon to support the US 1st Corps and started treatment in a temporary tent. Norwegian Surgery performed a total of 9,600 surgeries, both large and small, during the war period. That's an average of 8 surgeries a day. There is also a record of performing 64 surgeries a day when fierce battles continued on the front lines.

In July 1953, a letter sent to his family by one of the Norwegian medical staff, Fer Overan, shows how dire the medical staff was at the time.

"The past few weeks have been one of the longest and busiest times in field hospital history. At one point I wondered if I could catch my breath for a bit, and soon a huge number of injured people were being transported. I saw the worst wounded I had ever seen with my own two eyes in my life. There were two Korean soldiers, one with burns 95% of the body and the other with burns 80%. They were in a bunker and were seriously injured by flamethrowers fired by the Chinese. These two wounded suffered all night and eventually died."

The busiest department in the Norwegian field hospital was the radiology department. When the battle was in full swing on the front line, filming was very busy, but in my spare time, I also supported chest imaging for medical examinations of local soldiers. The Norwegian medical staff worked for six months and took seven shifts during the war. The number of employees was 623, of which more than 100 had extended their service period voluntarily and worked in Korea for one to two years. In their spare time, they also volunteered at private hospitals. Three Norwegian veterans died in Korea during the war, including driver Sgt Christiansen, Lieutenant Rysator, and a navigator. They were shot or killed while supporting medical units or in car accidents.

Norway, Denmark, and Sweden worked together to establish the National Medical Center in Seoul, which greatly contributed to the development of Korean medicine.

Italy

Italy was not a member of the UN when the Korean War broke out. Nevertheless, a medical unit was dispatched. Italy was the only non-UN member of the war.

The 68th Red Cross Hospital dispatched to Italy consisted of about 60 people including medical officers, nurses, pharmacists and 50 privates to support them. They arrived in Korea on November 16, 1951 by transport with a large number of medicines and ancillary equipment. The 68th Red Cross Hospital opened on December 6th at Wooshin Elementary School in Yeongdeungpo, Seoul.

The Italian Red Cross Hospital diligently treated civilians as well as the wounded who were evacuated from the front lines. On September 17, 1952, when the Gyeongin Line train collided near Guro-dong, the Italian Red Cross Hospital dispatched an emergency waiting team to the scene to carry out rescue operations.

However, at the end of November 1952, the hospital building was destroyed by a fire of unknown cause. There were no casualties, but valuable medical equipment was burned. The Italian Red Cross Hospital completed the new Quenset building on February 23, 1953, less than three months after the fire. And we have more medical equipment than ever before.

Even after the armistice agreement was signed in 1953, there were many patients at the 68th Red Cross Hospital. So, the work of the Italian medical staff continued until a year later. Many civilians were also treated, and it turned out that most of the civilian hospitalized patients at that time were parasites. In response, Italian medical staff received urgent support from their home country for repellents and contributed to the parasite eradication project.

Germany

The pre-unification Germany, called West Germany, sent medical personnel to Korea after the war was over. After World War II, an anti-communist regime was established in West Germany, but it was still under the control of the occupying powers, so restoring sovereignty was a priority. However, on April 7, 1953, the West German Chancellor proposed to US President Eisenhower that he would send a field hospital. Upon hearing the news, the Korean government responded, "It is surprising that a defeated country that has not achieved revival or reunification of its own country can provide so much assistance."

Medical staff from West Germany were moved by plane and hospital facilities by ship, but the advance team arrived at Seoul Station in late January 1954. West Germany Red Cross Hospital took over the Busan Girls' High School building in Seodaesin-dong, Busan, and received the first patient on May 17th. When the West German hospital opened, patients flocked to receive treatment from dawn. Patients quarreled with each other, and medical tickets distributed to maintain order were sold at high prices on the black market.

As the West German doctors were rumored to be treating them well, not only the poor but also the well-to-do patients tried to seek treatment at the West German Red Cross Hospital. To solve this problem, a West German hospital that treated the poor first considered the poverty situation as well as the patient's condition when distributing treatment rights to the staff.

The West German Red Cross Hospital opened in May 1954 and continued treatment until February 1959. However, since Germany dispatched medical staff to Korea after the war, it did not belong to the Medical Support Countries for a while. However, in 2018, the Korean government gathered the opinions of academics on Germany's medical support activities and included Germany as a medical support country.

◉ Monument to the Participation of the Medical Support Countries
(1016-119, Dongsam-dong, Yeongdo-gu, Busan)

The Monument to the Participation of the Medical Support Countries is erected at the entrance to Taejongdae Amusement Park in Busan. The 20-meter-tall tower has a red cross and flags of six countries that have sent medical aid. At the base of the tower, there are statues supporting the wounded, and on the wall behind the base there is a map of the Korean Peninsula showing the hospital garrison and a copper plate engraved with war veterans.

◉ Material Support Countries

Guatemala, Dominica, Liberia, Lebanon, Liechtenstein, Mexico, Monaco, Vatican City, Bermuda. Venezuela, Vietnam, Saudi Arabia, Switzerland, Syria, Argentina, Iceland, Haiti, Ecuador, El Salvador, Austria, Honduras, Uruguay, Iran, Israel, Egypt, Indonesia, Japan, Jamaica, Cambodia, Costa Rica, Cuba, Taiwan, Panama, Paraguay, Pakistan, Peru, Chile, Hungary

유엔기념공원 영국군 묘역
Cemetery Area for UK soldiers(UN Memorial Cemetery)

유엔

창설 이후 최초로 연합군 조직

유엔은 1948년 5월 '유엔한국임시위원단'을 구성해 유엔 감시 아래 선거를 치르게 한 후 대한민국을 '한반도에서 유일한 합법 정부'로 승인했습니다. 1950년 6월 25일 북한이 대한민국을 침략하자 바로 다음 날 유엔은 긴급 안전보장이사회(이하 안보리)를 개최했습니다. 안보리는 북한군에게 "적대 행위를 즉각 중지할 것과 38도선 이북으로 철수할 것"을 요구하였습니다. 하지만 북한은 그 권고를 무시하였지요.

안보리는 28일에 다시 모였습니다. 그 자리에서 "세계 평화와 한반도의 자유를 보장하기 위해 공동 행동"하기로 결의하였습니다. 이 결의는 유엔이 최초로 국제적으로 연합군을 조직하여 공동의 적을 무찌르겠다는 뜻이었습니다. 6월 28일 유엔 결의의 목표는 세계 평화를 파괴하는 행위에 대해 군사적 제재를 가함으로써 평화를 회복하는 것이었습니다. 이 결의로써 6·25전쟁은 '북한과 대한민국의 전쟁'에서 '북한 대 유엔의 전쟁'으로 확대되었습니다.

유엔은 '유엔군 사령부'를 만들고 맥아더를 사령관으로 임명하였습니다. 유엔의 결의에 호응한 자유 진영 열여섯 개 나라가 한국으로 군대를 보냈고 여섯 나라가 의료진을 파견했어요. 유엔군 사령관 맥아더 장군은, 참전하는 국가가 실질적으로 전쟁에 기여하기 위해서는 병력이 '적절히 전투를 치를 수 있는 약 1,000명, 즉 1개 보병 대대'는 되어야 한다고 생각했습니다. 또 참전국은 '완전히 무장한 상태에서 60일분의 보급품을 가지고 작전 지역에 도착'해야 하며, '본국은 모든 병참 지원에 책임을 질 수 있어야 한다'라고 판단했습

유엔기념공원 입구 / Enterance of the UN Memorial Cemetery

니다. 미국 이외의 유엔 회원국 중 가장 먼저 군사 지원을 약속한 나라는 영연방 국가들이었습니다. 타이완도 지상군을 파견하겠다고 했지요. 그러나 그때는 중국의 국공 내전이 끝난 지 얼마 되지 않은 때라 미국은 정치적인 문제와 타이완의 전투력 약화 등을 이유로 타이완의 참전을 거부했습니다.

유엔 창설 이후 처음으로 스물두 개 나라가 유엔기 아래 모였습니다. 그들은 자유와 평화를 지키기 위해 참전한 것입니다. 이렇게 참전 목적은 같았지만 각 나라는 언어와 민족뿐만 아니라 풍속과 전통에는 큰 차이가 있었습니다. 종교적 차이는 물론 식성마저 달라 보급에도 많은 어려움이 있었지요. 대부분 무슬림인 튀르키예군은 돼지고기를, 힌두교도가 많은 인도군은 쇠고기를 안 먹었습니다. 프랑스·벨기에·네덜란드군은 미군보다 더 많은 빵과 감자를 원했고 태국군에게는 쌀과 매운 고추장을 제공해야 했습니다.

6·25전쟁은 안반노에 사는 사람들이나 참전국 장병들만의 전쟁이 아니었

습니다. 아군 스물 두 나라, 적군 두 나라가 한반도에서 얽혀 싸운 국제 전쟁
이었어요. 우리 영해 밖 큰 바다도 수많은 병력과 군수 물자를 실어나르느라,
군함이 교대를 위해 오고 가느라 부산했습니다. 또 하늘길도 부상자를 병원
으로 후송하느라 군수 물자 나르느라 비어 있을 틈이 없었지요. 뿐만 아니라
전세가 엎치락뒤치락하는 바람에 전 세계가 한반도에서 일어나는 사건에 날
마다 귀를 기울여야 했습니다. 6·25전쟁은 참전 장병이 전사했든 살아남았
든 그 가족과 주변 사람들, 그 수많은 사람에게 영향을 준 엄청난, 세계적인
사건이었습니다.

재한 유엔기념공원

부산시에 자리한 재한 유엔기념공원은 세계에 단 하나밖에 없는 유엔군
묘지입니다. 면적은 13만 3,701㎡로 축구장 열여덟 개를 합친 크기입니다. 유
엔기념공원은 1951년 1월, 전사자 매장을 위하여 유엔군 사령부가 조성하였
습니다. 전쟁이 끝난 1955년 11월에 대한민국 국회는 이곳 토지를 유엔에 영

유엔기 게양식(유엔기념공원) / UN Flag raising ceremony(UNMCK)

유엔 참전국의 전사자 명단이 새겨진 검은 벽(유엔기념공원) / A black wall engraved with the list of the fallen of the UN participating countries(UNMCK)

구히 기증했습니다. 유엔군의 희생에 보답하기 위해서였어요. 한 달 후 유엔 총회에서는 이 묘지를 유엔이 영구적으로 관리하기로 한 결의문을 채택했습니다. 1959년 11월부터 유엔한국통일부흥위원단(UNCURK, 언커크)이 이 시설을 관리했고 언커크가 해체된 1974년 이후부터는 11개국으로 구성된 유엔기념공원 국제관리위원회가 관리 업무를 맡고 있습니다.

6·25전쟁 기간 4만 896명의 유엔군이 희생되었습니다. 1951~1954년 사이에는 1만 1,000여 구의 유해가 여기 안장되어 있었어요. 그후 벨기에, 콜롬비아, 에티오피아, 그리스, 룩셈부르크, 필리핀, 태국 등 7개국 장병들의 유해 전부와 그 외 국가의 일부 장병들의 유해가 그들의 조국으로 옮겨졌습니다. 현재는 유엔군 부대에 파견 중 전사한 한국군 36명을 포함하여 11개국 2,300여 구의 유해가 안치되어 있습니다. 이는 부부 합장자 등 전쟁 후에 사망한

사람들을 포함한 숫자입니다. 각 묘소의 작은 비석에는 국적, 이름, 소속, 생년월일, 전사 시기 등을 새긴, A4 용지보다 조금 큰 동판이 붙어 있습니다.

유엔기념공원에는 각 참전국의 위령탑과 기념비가 있습니다. 뉴질랜드는 그 나라의 상징 식물인 고사리 문양을 담은 석탑을 세웠고 캐나다는 병사가 한국 아이 두 명을 데리고 있는 동상을 세웠어요. 동상 앞에는 '우리는 용감한 캐나다의 아들들을 잊지 않는다'라고 쓰여 있습니다. 아이들은 스물한 개의 단풍잎과 무궁화를 들고 있는데 이는 스물한 명의 캐나다군 실종자를 의미합니다. 유엔기념공원 중앙에는 모든 전사자의 이름을 새긴 추모 명비가 있습니다. 이름들은 검은 벽에 새겨져 있고 주변에 전사자의 철모를 형상화한 조각, 꺼지지 않는 불꽃, 침묵의 벽 등이 있습니다.

유엔기념공원에는 도은트 수로라는 물길이 있는데 '도은트'는 유엔기념공원에 안장된 최연소 참전 용사의 이름입니다. 호주에서 와 17세의 어린 나이에 세상을 떠난 소년을 기리기 위해 붙인 이름이지요. 도은트 수로는 삶(녹지)과 죽음(묘역) 사이의 경계를 흐르고 있습니다. 도은트 수로 앞쪽으로는 무명용사의 길이 이어져 있습니다.

해마다 11월 11일 오전 11시가 되면 전 세계가 부산을 향해 1분간 묵념을 합니다. 이는 부산 유엔기념공원에 안장된 6·25전쟁 유엔군 전사자들을 위해 묵념하는 '턴 투워드 부산' 행사입니다. 전 세계 사람들이 아직도 6·25전쟁과 참전 용사들을 잊지 않고 있다는 확실한 표시입니다.

유엔평화기념관

부산에 있는 유엔평화기념관은 전쟁을 겪지 않은 세대에게 전쟁이 얼마나 비참한 것인지, 정전협정이 얼마나 중요한 것인지를 알리고, 참전 용사들의 희생에 감사하는 목적으로 만들어졌습니다. 유엔평화기념관에서는 유엔군

유엔군 화장장 시설(연천) / UN Forces Crematorium Facility(Yeoncheon Korea)

참전 용사와 참전국의 명예를 높이기 위한 자료 수집·조사, 전시, 기념 행사 등 다양한 사업을 추진하고 있습니다. 유엔평화기념관 전망대에 오르면 유엔 기념공원이 한눈에 내려다 보입니다.

연천 유엔군 화장장 시설

경기도 연천군 미산면에 있는 유엔군 화장장 시설은 6·25전쟁 당시 전사한 유엔군을 화장하기 위해 만든 시설로 추정됩니다. 화장장 시설의 중심은 돌과 시멘트로 쌓은 10여m 높이의 굴뚝과 화장 구덩이입니다. 그 주변에 'ㄱ'자 형태로 맞붙어 서 있었을 건물 두 동은 아래쪽 벽체만 남아 있어요. 이 건물이 정말 화장장으로 지어졌는지, 화장장으로 쓰였는지 등에 대해서는 아직도 확실히 밝혀지지 않았습니다. 하지만 6·25전쟁 때 이 시설의 주변 지역에서 고지전이 치열하게 전개되어 유엔군이 많이 전사한 것은 사실입니다. 그래서 이 유적이 화장장 시설이라는 주장에 무게가 실리고 있습니다.

United Nations

Organized the first UN Forces since the founding of the United Nations

In May 1948, the United Nations formed the 'United Nations Temporary Commission on Korea' to hold elections under UN supervision, and then recognized the Republic of Korea as 'the only legitimate government on the Korean Peninsula'.

On June 25, 1950, when North Korea invaded the Republic of Korea, the very next day the United Nations held an emergency Security Council (hereinafter referred to as the Security Council). The Security Council has called on the North Korean military to "immediately stop hostilities and withdraw to the north of the 38th parallel." But North Korea ignored that recommendation. The Security Council met again on the 28th. On that occasion, they resolved to "take joint action to ensure world peace and freedom on the Korean Peninsula." This resolution meant that the United Nations would form the first international coalition to defeat a common enemy. The goal of the June 28 UN resolution was to restore peace by imposing military sanctions on acts that destroy world peace.

With the resolution of June 28, the Korean War expanded from a "war between North Korea and the Republic of Korea" to a "war between North Korea and the United Nations". The United Nations created the 'United Nations Forces Command' and appointed MacArthur as its commander. In response to the UN resolution, 16 countries sent troops to South Korea, and six countries sent medical staff.

General MacArthur, the commander of the UN forces, believed that in order for a participating nation to make a real contribution to the war, its troops would have to be 'about 1,000 men capable of adequately fighting, or one infantry battalion'. In addition, it was decided that the participating countries should 'arrive to the area of operation with 60 days' worth of supplies fully armed' and 'the home country should be responsible for all logistical support'.

Among the UN member states other than the United States, the first countries to pledge military aid were the Commonwealth countries. Taiwan also said it would send ground troops. However, at that time, China's civil war had just ended, and the United States refused Taiwan's participation in the war due to political problems and the weakening of Taiwan's fighting power.

For the first time since the establishment of the United Nations, twenty-two countries have gathered under the flag of the United Nations. They fought to protect freedom and peace. Although the purpose of participating in the war was the same, each country had great differences not only in language and ethnicity, but also in customs and traditions. There were many difficulties in distributing them because of their religious differences as well as their eating habits. Turkish troops, mostly Muslims, did not eat pork, and Indian troops who came to provide Medical Support made it a taboo to eat beef. The French, Belgian and Dutch forces wanted more bread and potatoes than the Americans, and the Thais had to provide rice and hot pepper paste.

The Korean War was not just a war for the people living on the Korean Peninsula or for the soldiers who participated in the war. It was an international war in which twenty-two friendly countries and two enemy countries fought intertwined on the Korean Peninsula. The large sea outside our territorial waters was also bustling with transporting numerous troops and supplies, and warships coming and going for shifts. Also, there was no empty space on the sky road to transport the wounded to the hospital and to carry military supplies. Not only that, as charter prices fluctuated, the whole world had to listen to what is happening on the Korean Peninsula every day.

The Korean War was a tremendous, global event that affected their families, people around them, and countless others, whether veterans were killed or survived.

United Nations Memorial Cemetery in Korea (UNMCK)

UN Memorial Cemetery in Korea located in Busan is the only UN military cemetery in the world. The area is 13,3701 square meters, the size of 18 soccer fields combined.

The UN Memorial Cemetery was established in January 1951 by the United Nations Command to bury the dead. After the war ended in November 1955, the National Assembly of the Republic of Korea donated the land here permanently to the United Nations. It was to repay the sacrifices of the UN forces. A month later, the United Nations General Assembly adopted a resolution to give the United Nations permanent management of the cemetery. Since November 1959, the United Nations Commission on the Reunification of Korea (UNCURK, Unkirk) has managed this facility.

During the Korean War, 40,896 UN soldiers were killed. Between 1951 and 1954, more than 11,000 remains were buried. Afterwards, all the remains of soldiers from seven countries, including Belgium, Colombia, Ethiopia, Greece, Luxembourg, the Philippines and Thailand, and some soldiers from other countries were transferred to their homeland.

Currently, the remains of 2,300 wards from 11 countries, including 36 Korean soldiers who died while dispatched to the UN forces, are enshrined. This number includes those who died before and after the war, such as husbands and wives. Each gravestone has a small bronze plate slightly larger than A4 paper engraved with nationality, name, affiliation, date of birth, and time of transcription.

The UN Memorial Cemetery has memorial towers and monuments for each country that participated in the war. New Zealand erected a stone pagoda bearing the symbol of the country, a fern, and Canada erected a statue of a soldier with two Korean children. In front of the statue is the inscription 'We do not forget the brave sons of Canada'. The children are holding twenty-one maple leaves and mugunghwa, representing the 21 missing Canadian soldiers. At the British military cemetery, there is a statue of a black lion commemorating the fallen soldiers and the rose, the national flower of England, is in full bloom.

In the center of the UN Memorial Cemetery, there is a monument engraved with the names of all the fallen. The names are engraved on the black wall, and there are sculptures simulating the helmets of the dead, unquenchable flames, and walls of silence. At the UN Memorial Cemetery, there is a waterway called the Doeunt Waterway, and 'Doeunt' is the name of the youngest war veteran buried in the UN Memorial Cemetery. It was named in honor of a boy who came from Australia and died at the young age of 17. The Doeunt Waterway runs through the boundary between life (green area) and death (cemetery). The path of the Unknown Soldier continues in front of the Doeunt Channel.

Every year on November 11th, at 11 am, the whole world pays a minute of silence towards Busan. This is a 'Turn toward Busan' event to commemorate the victims of the Korean War, which are buried in the UN Memorial Cemetery in Busan. It is a sure sign that people around the world still do not forget the Korean War and the veterans of the Korean War.

United Nations Peace Memorial Hall

The UN Peace Memorial Hall in Busan was built for the purpose of showing to the generation who have not experienced war how miserable war is, how important the armistice is, and to thank the veterans for their sacrifice. The UN Peace Memorial Hall is carrying out various projects such as data collection and research, exhibitions, and commemorative events to enhance the honor of the UN Allied Nations and veterans. If you come up to the observatory of the UN Peace

Memorial Hall, you can see the UN Memorial Cemetery at a glance.

Yeoncheon UN Forces Crematorium Facility

The UN military crematorium facility in Misan-myeon, Yeoncheon-gun, Gyeonggi-do is presumed to be a facility built for cremation of UN soldiers who died during the Korean War. The centerpiece of the crematorium facility is a chimney and cremation pit, which is about 10 meters high, made of stone and cement. Only the lower wall of the two buildings that would have stood next to each other in an 'L' shape around it remains.

It is still unclear whether this building was really built as a crematorium or was used as a crematorium. However, it is true that during the Korean War, a battle in hills were fiercely fought in the area around this facility, and many UN forces were killed. So the claim that this site is a crematorium facility is weighted.

유엔군 참전과 피해 현황 / Status of UN forces and Casualties

국가 Nations	참전 연인원(명) / Number of veterans	지상군 Army (명)	해군 Navy (척)	공군 Air Force	사망 KIA (명)	실종 MIA (명)
미국 U.S.A.	1,789,000	302,483	항공모함 포함 carrier, destroyer 261	66대대 66squadron	36,940	3,737
영국 U.K.	56,000	14,198	항공모함 포함 carrier, destroyer 17	–	1,078	179
오스트레일리아 Australia	8,407	2,282	항공모함 포함 carrier, destroyer 2	전투비행대대 fighter squadron	339	3
네덜란드 Netherlands	5,322	819	구축함 destroyer 1	–	120	–
캐나다 Canada	25,687	6,146	구축함 destroyer 3	수송기대대 transport squadron	312	1
뉴질랜드 New zealand	3,794	1,389	프리깃함 frigate 1	–	23	1
프랑스 France	3,421	1,119	구축함 destroyer 1	–	262	7
필리핀 Philippine	7,420	1,496	–	–	112	16
튀르키예 Turkiye	14,936	5,455	–	–	741	163
태국 Thailand	6,326	1,294	프리깃함 frigate 2	수송기편대 transport squadron	129	5
그리스 Greece	4,992	1,263	–	수송기편대 transport squadron	192	–
남아공 South Africa	826	–	–	전투비행대대 fighter squadron	34	–

국가 Nations	참전 연인원(명) / Number of veterans	지상군 Army (명)	해군 Navy (척)	공군 Air Force	사망 KIA (명)	실종 MIA (명)
벨기에 Belgium	3,498	900	–	–	99	4
룩셈부르크 Luxembourg	83	83	–	–	2	–
콜롬비아 Colombia	5,100	1,068	프리깃함 frigate 1	–	163	–
에티오피아 Ethiopia	3,518	1,271	–		121	–
합계 Total	1,938,330	341,227	–		40,667	4,116

참고 문헌

〈6·25전쟁〉, 양영조, 대한민국역사박물관, 2014

〈6·25전쟁 1129일〉, 이중근 편, 우정문고, 2014

〈6·25전쟁과 미국〉, 남시욱, 청미디어, 2015

〈6·25전쟁과 유엔군〉, 국가보훈처 편, 국가보훈처

〈6·25전쟁 미군 참전사〉, 국가보훈처 편, 국가보훈처, 2005

〈6·25전쟁 의료지원국 참전사 : 스웨덴, 인도, 덴마크, 노르웨이, 이탈리아, 독일〉, 국가보훈
　　처 편, 국가보훈처, 2021

〈6·25전쟁 콜롬비아군 참전사〉, 국가보훈처 편, 국가보훈처, 2008

〈6·25전쟁 프랑스군 참전사〉, 국가보훈처 편, 국가보훈처, 2004

〈강뉴-에티오피아 전사들의 한국전쟁 참전기〉, 키몬 스코르딜스 저, 송인엽 역, 오늘의 책,
　　2010

〈고마운 나라, 고마운 사람들〉, 김동현, 조갑제닷컴, 2018

〈그을린 대지와 검은 눈〉, 앤드루 새먼 저, 이동훈 역, 책미래, 2015

〈남아프리카군 6·25전쟁 참전사〉, 국가보훈처, ㈜휴먼컬처아리랑, 2015

〈네덜란드군 6·25전쟁 참전사〉, 박일송 외, 국가보훈처, 2010

〈마산 방어 전투〉, 미25보병사단, 배대균 역, 청미디어, 2020

〈미래를 향한 동반자 한국·벨룩스 : 벨기에·룩셈부르크군 6·25전쟁 참전사〉, 한국군사학회
　　편, 국가보훈처, 2011

〈브레이크 아웃-1950 겨울, 장진호 전투〉, 마틴 러스 저, 임상균 역, 나남출판, 2019

〈아테네의 후예들 : 그리스군 6·25전쟁 참전사〉, 국가보훈처 편, 국가보훈처, 2006

〈에피오피아, 13월의 태양이 뜨는 나라〉, 이해용, 도서출판 종이비행기, 2011

〈에티오피아군 6·25전쟁 참전사〉, 국가보훈처, ㈜휴먼컬처아리랑, 2015

〈영국의 6·25전쟁 참전사〉, 김상원 외, 국가보훈처, 2016

〈유엔군 전적비를 찾아서〉, 박양호, 화남, 2011

〈이것이 전쟁이다〉, 데이비드 더글라스 던컨 저, 박종왕 역, 유엔평화기념관, 2021

〈침략군을 응징한 유엔군의 주요 작전〉, 정채호 편, 용성출판사, 2014

〈캐나다·호주·뉴질랜드 6·25전쟁 참전사〉, 국가보훈처, ㈜휴먼컬처아리랑, 2016

〈콜롬비아 그리고 한국전쟁〉, 차경미, 한국학술정보(주), 2006

〈태국군 6·25전쟁 참전사〉, 한국군사학회 편, 국가보훈처, 2010

〈터키인이 본 6·25전쟁〉, 알리 데니즐리 저, 이선미 역, 대한민국역사박물관, 2014

〈필리핀군 6·25전쟁 참전사〉, 한국군사학회 편, 국가보훈처, 2009

〈한국 수호 천사 몽클라르 장군과 프랑스 대대〉, 정희주 구성, 지평리를 사랑하는 모임

〈한국전쟁5-유엔군의 반격과 중공군 개입〉, 일본육전사연구보급회 편, 육군본부, 1986

〈한국전쟁7-유엔군의 재반격〉, 일본육전사연구보급회 편, 육군본부, 1987

〈허드슨강에서 압록강까지〉, 해리 J. 마이하퍼 저, 김만종 역, 법문사, 2010

〈형제의 나라, 한국과 터키 : 터키군 6·25전쟁 참전사〉, 국가보훈처 편, 국가보훈처, 2007